of Magdeburg Mechthild, Gall Morel

Offenbarungen der Schwester Mechthild von Magdeburg

Das fliessende Licht der Gottheit

of Magdeburg Mechthild, Gall Morel

Offenbarungen der Schwester Mechthild von Magdeburg
Das fliessende Licht der Gottheit

ISBN/EAN: 9783743300828

Hergestellt in Europa, USA, Kanada, Australien, Japan

Cover: Foto ©Lupo / pixelio.de

of Magdeburg Mechthild, Gall Morel

Offenbarungen der Schwester Mechthild von Magdeburg

Offenbarungen

der

Schwester Mechthild

von Magdeburg,

oder das

fliessende Licht der Gottheit,

aus der einzigen Handschrift

des Stiftes Einsiedeln

herausgegeben

von

P. Gall Morel.

Regensburg.

Druck und Verlag von Georg Joseph Manz.

1869.

Vorrede und Einleitung.

Es möchte gewagt scheinen, diese Visionen, mystischen Ergüsse oder „Offenbarungen" einer mittelalterlichen Nonne in ihrem ganzen Umfange und ursprünglichen Gewande dem Publikum mitzutheilen, hätte nicht der gelehrte Herr Dr. Carl Greith, derzeit Bischof in St. Gallen, hiezu in seinem vortrefflichen Buche „die deutsche Mystik im Predigerorden"[1]) den Weg gebahnt, indem er nicht nur auf das Werk und die Verfasserin desselben aufmerksam machte, sondern auch eine beträchtliche Anzahl poetischer Bruchstücke dieser Visionen in erneuerter Sprache mittheilte. Auch über die, meines Wissens einzige Handschrift, welche die Visionen der Schwester Mechthild enthält, so wie über diese selbst ist in dem erwähnten Buche schon das Wichtigste gesagt, was hier theilweise wiederholt und jedenfalls ergänzt werden muss.

Die Handschrift, Nro. 277, der Stiftsbibliothek von Einsiedeln gehörend, ist ein wohlerhaltener, mit ursprünglichem weissen

---

[1]) Freiburg im Br. (Herder) 1861. 8.

a*

festen Lederbande versehener Codex in Oktavform, 221 Blätter
enthaltend, und sehr deutlich und kräftig in der bekannten gothi-
schen Minuskel des 13. bis 14. Jahrhunderts, und zwar bis Blatt 15
in einer, von da an aber in zwei Columnen geschrieben. Der
erste Theil, Mechthildens Visionen, endet mit Blatt 166 a., wor-
auf von gleicher Hand noch einige fromme Gedanken über die
sieben Tagzeiten, und ein Bruchstück aus der unbekannten Schrift
eines „Gottesfreundes" folgt, auf das wir später noch zurück-
kommen.

Der zweite Theil der Handschrift, von Blatt 169 an, ist von
anderer Hand, eben so schön und klar aber kleiner geschrieben,
und wie der erste Theil, ziemlich reich mit leicht aufzulösenden
Abkürzungen versehen. Er enthält Aufsätze und Predigten deut-
scher Mystiker, vorzüglich des Meisters Ekhart. Dieser zweite
Theil ist beinahe ganz von Dr. Franz Pfeiffer im zweiten Bande
seiner „deutschen Mystiker"[1]) herausgegeben worden.

Die Sprache der Handschrift ist die oberdeutsche, wie sie
um den Oberrhein her zu Ende des 13. und im Anfang des 14.
Jahrhunderts gesprochen und geschrieben wurde und wie sie bei
uns Schweizern im Dialekte noch grossentheils sich erhalten hat,
jedenfalls leicht verstanden wird, obschon gar viele bekannte
Worte jetzt einen andern Sinn erhalten haben.[2]) Der Styl ist
kräftig und ziemlich gedrungen, die Orthographie aber nicht eine
durchweg folgerechte. Sie konnte auch in diesem Abdrucke
nicht folgerecht durchgeführt werden, und ich hielt mich daher,

---

[1]) Die deutschen Mystiker des 14. Jahrh. Lpz. 1845. (2 B.)

[2]) Z. B. in diesem Buche: Mûtwillen statt Muth, bekantniss statt Erkennt-
niss, erlich statt herrlich, leichtfertig statt leicht, wunderlich statt wunder-
bar, unmenschlich statt übermenschlich, aber statt wieder, in statt ihnen,
vernehmen statt erkeñen, wan statt deñ, allein statt obschon, durch statt
für, verklagen statt beklagen, diemütig statt niederträchtig, der süssliche
gott, u. s. w.

wo nicht offenbare Verstösse vorkommen, genau an die Schreib-
weise der Urschrift, was ich mir um so leichter erlauben zu
dürfen glaubte, da es sich hier um die einzige und zwar gute
Handschrift eines mittelalterlichen Werkes handelt. Ich berufe
mich dabei auf Franz Pfeiffer, der zur Herausgabe von Herr-
mann's Heiligen-Leben bemerkt: Bei einem Werke, das nur in
einer Handschrift vorhanden ist, war eine streng kritische Be-
handlung des Textes, wie man sie bei Werken des 13. Jahr-
hunderts anzuwenden pflegt, nicht wohl thunlich, ja ich hätte
sogar volle Berechtigung gehabt einen buchstäblichen Abdruck
zu geben.. ich mochte mich aber den Anforderungen, die an
Herausgeber altdeutscher Schriften mit Recht gestellt werden
nicht entziehen, selbst auf die Gefahr hin, dass ich hie und da
etwas unrichtig aufgefasst habe." Meine geringen Aenderungen
betreffen in dem vorliegenden Buche grösstentheils die Inter-
punktion, die zum Verständniss desselben nothwendig berichtigt
werden musste. Auch die so oft wiederkehrenden Reime, Asso-
nanzen und Alliterationen, die offenbar ursprünglich besser zu-
sammenklangen, erlaubte ich mir, doch nur in seltenen Fällen,
herzustellen.

Eine eigenthümliche Schwierigkeit ergab sich aus der Be-
stimmung was vom Texte in Versen auszusetzen sei, da in der
Handschrift Alles als Prosa fortläuft, obschon viele Abschnitte
entschieden auf Verse hindeuten, während anderseits nur schwache
Anklänge an solche bemerkbar sind. Entscheidend war hiebei
für mich, nebst dem Reim, der höhere Schwung der Rede oder
des Gefühles, der in den meisten Fällen auch die Sprache poe-
tischer macht. Das ist bei dieser Schrift oft der Fall, wo Per-
sonen redend eingeführt werden, oder wo die Betrachtung oder
die Vision dem Schlusse zueilt.

Die Geschichte der Handschrift ist nicht ohne Interesse und

enthält und woraus von Franz Pfeiffer in „Haupt's Zeitschrift
für deutsches Alterthum" (Bd. 8, S. 209), und in Band 2 der
„deutschen Mystiker" sehr Vieles mitgetheilt wurde. Zu welcher
Zeit diese zwei vortrefflich geschriebene und erhaltene Hand-
schriften in die Stiftsbibliothek von Einsiedeln kamen, ist unge-
wiss. Eine Hand des 15. Jahrhunderts bemerkt noch: „Dis bůch
hôret in die vier hůser in dem walde", eine spätere des 16.
Jahrhunderts: „Dem Gotshuss S. peter vff dem Bach in Schwitz
gehörig."

Ueber Inhalt und Verfasser vorliegender Schrift gibt diese
selbst gleich Anfangs, zuerst in lateinischer, dann in deutscher
Sprache Auskunft. Sie ward im Jahr 1250 und darnach wäh-
rend fünfzehn Jahren einer frommen Schwester geoffenbart in
deutscher Sprache. Diese Schwester lebte über vierzig Jahre
lang gottselig, der Regel des Predigerordens gemäss. Ihre
„Offenbarungen" aber sammelte und schrieb ein Bruder desselben
Ordens. Der Name dieses Bruders war nicht zu ermitteln; die
begnadigte Schwester aber wird einigemal, sowohl im Texte als in
den Kapitel-Ueberschriften genannt. So z. B. S. 168: „Wie Swester
Mehthild danket etc." und S. 215: „Dise schrift die in disem
bůche stat, ist gevlossen vs von der lebenden gotheit in Swester
Mehtilden herze und ist also getrůwelich hie gesetzet, alse si
vs von irme herzen gegeben ist von gotte und geschriben von
iren henden." Der scheinbare Widerspruch der eben an-
geführten Stelle, mit obiger Bemerkung, es sei das Buch von
einem Dominikanerbruder gesammelt und geschrieben, findet
seine natürliche Lösung in dem Worte gesammelt, so dass mit
Greith (S. 207) anzunehmen ist, dieser Bruder habe die von
Mechthild geschriebenen einzelnen Blätter gesammelt und abge-
schrieben. Dass sie selbst diese „Offenbarungen" schrieb, be-
weist auch das, was sie (S. 140) sagt: „Meister Heinrich, mich

iamert... das ich sündig wip schriben müs, das ich die ware
bekantnisse und die heligen herlichen anschöwunge nieman mag
geschriben, sunder dise wort alleine, si dunken mich gegen die
ewigen warheit allzekleine." Meister Heinrich war ihr leib-
licher Bruder und ebenfalls im Prediger-Orden.

Dass Schwester Mechthild diesem angehörte, unterliegt wohl
keinem Zweifel, denn bei jedem Anlass ist auf diesen damals
so frisch blühenden und fruchtbaren Orden und dessen Stifter
hingewiesen, welchen Mechthild ausdrücklich ihren Vater nennt.
Auch ist das Zeugniss zu Anfang des Buches: „Sequens perfecte
vestigia fratrum ordinis praedicatorum", deutlich genug. Wenn
sie daneben eine Begine genannt wird, und sich einigemal
selbst so nennt, so wird das durch die eben angeführte Stelle
berichtigt und zudem war damals der Begriff Begine noch von
der allgemeinern Bedeutung einer in besonderer Weise Gott
suchenden Seele, wie etwa Schwester zu verstehen.

So wird denn Dominikus vor allen andern Ordensstiftern
genannt und gepriesen und sein Bild wird höchst lieblich ge-
schildert. Für die Gegenwart wie für das Ende der Zeiten wird
seinem Orden eine hochwichtige Aufgabe zugedacht. Im beson-
dern werden noch genannt Br. Heinrich, vielleicht der Jugend-
freund des berühmten Br. Jordans, ferner ein Br. Balduin und
Br. Albrecht, wahrscheinlich Albrecht oder Albert der Grosse.
Es handelt sich nun hier nicht um Mechthild von Spanheim,
die Zeitgenossin des heiligen Bernard und der heiligen Hilde-
gard von Bingen, nicht von Mechthild von Diessen und Edel-
stetten, die schon 1160 starb, noch von Mechthild von Helfeda,
die dem Benediktinerorden angehört, sondern von einer ganz
andern Persönlichkeit.

„Ueber die Heimath und das Predigerkloster[1]), wo unsere

_____

[1]) Greith a. a. O. S. 207. Unten S. 213.

Schwester Mechthild über vierzig Jahre gelebt, scheinen einige
Stellen nach Thüringen oder Sachsen hinzuweisen. Wir lesen:
„Von der not eines vrluges. Mir wart bevolhen mit eime heli-
gen ernste, de ich bete vûr die not, die nu ist in Sahsen-
landen und in Dûringenlanden", in welchem Kriege, nach
der Schilderung Mechthildens, furchtbare Gräuelthaten, an Gottes-
häusern und durch Strassenraub verübt wurden. In einer andern
Betrachtung[1]) spricht sie von den Boten, die Gott zur Rettung
der gesunkenen Christenheit gesandt habe und nennt unter diesen
Sanct Elisabeth und die heiligen Dominikus, Franziskus, Petrus
Martyr, den ersten Martyrer aus den Predigerorden, endlich die
Schwester Jutte von Sangershausen, über die ihr offenbart
wurde: die han ich den heideñe gesant ze botten mit irme heligen
gebete und mit irme gûten bilde. „Wahrscheinlich geschah die-
ses gegen das Jahr 1260, als der deutsche Orden unter dem
Hochmeister Anno von Sangerhausen einen neuen Kreuzzug ge-
gen die Preussen unternahm."

Diese Jutte von Sangerhausen und die Erwähnung der ver-
weltlichten Domherrn von Magdeburg, gegen welche sich
Mechthild mit scharfer Rüge ausspricht, veranlasst Mone[2]),
diese Schwester in das Kloster S. Agnes bei Magdeburg zu ver-
setzen. Er schreibt in einer Anmerkung: „Das Kloster S. Agnes
liegt an der Ostseite der Neustadt Magdeburg und hatte ur-
sprünglich die Regel des Cistercienser-Ordens. H. Beyer hat
im 17. Bd. S. 59, 156, 260 und 330 des allgemeinen Archivs
für die Geschichtskunde des Preussischen Staates von L. v. Le-
debur eine Geschichte des Nonnenklosters S. Agnes veröffent-
licht, in welcher gerade der wichtigste Punkt fehlt, nämlich, dass

---

[1]) S. 166.
[2]) Quellensammlung z. Bad. Geschichte. Bd. 4. S. 31.

die Dichterin Mechthilde, deren Werke Greith herausgab, dort
Abtissin 1273 war. Die in den Gedichten der Mechthild ge-
nannte Vorsteherin Jutte von Sangershausen ist die Abtissin Jutte
von S. Agnes von 1270." Mone behauptet dann, Mechthild sei
keine Dominikanerin gewesen, sie war aber doch wahrscheinlich
wie gesagt, eine solche, das zeigt das ganze Werk. Gar viele
Klöster Cistercienser-Ordens nahmen die Regel Dominiks an. —
Nur ergibt sich dann wieder eine grosse Schwierigkeit aus dem
urkundlichen Nachweis, dass in der Zeit von 1250 und den fol-
genden Jahrzehenden S. Agnes wirklich von Cistercienserinnen
bewohnt war. Durch gütige Vermittlung meines hochverehrten
Freundes, des Grafen R. von Stillfried, Graf von Alcantara, zog
ich von den bewährtesten Forschern und Kennern der Geschichte
Preussens, Erkundigungen hierüber ein. Was darüber, nebst dem
Grafen Stillfried selbst, die Herren Riedel, Ledebur und Mülver-
städt, Archivrath in Magdeburg mittheilten, geht dahin, dass die
Nonnen von S. Agnes in Neustadt bei Magdeburg noch im Jahre
1260, laut einer Urkunde dieses Hauses „Cistercienser-Nonnen"
genannt werden. Später nahm das Kloster, wie es scheint, den
Benediktiner-Orden an, schon 1270 heisst es, de regula S. Be- ·
nedicti und 1311 noch bestimmter, ordinis S. Benedicti. — (Beyer
a. a. O. S. 276). „Die in Rede stehende Mechtildis, bemerkt
Herr Ledebur, wird allerdings am Schlusse der Abhandlung
S. 370 in der Reihe der Abtissinnen und zwar mit den Jahres-
zahlen 1271 und 1281 aufgeführt, das Jahr 1271 ist daselbst
urkundlich belegt; von dem interessanten Umstande aber, dass
Mechtildis deutsche Lieder gedichtet, hat Beyer keine Kunde
gehabt. Herr von Mülverstädt verweist einfach auf die „Mag-
deburgischen Geschichtsblätter" (herausg. v. dortigen Geschichts-
verein) Jahrg. II (1867) p. 339 ff. und auf das obengenannte
„Allgemeine Archiv" von Ledebur.

Wer nun die folgenden Blätter aufmerksam liest, wird sich kaum vorstellen können, wie unsere Schwester Mechthild später Abtissin eines Bernardiner-Klosters wurde. Dass übrigens damals, und namentlich in Magdeburg geistliche Verbindung zwischen beiden Orden und den betreffenden Klöstern bestand, ergibt sich auch aus einem Wunder, das bei Mone (a. a. O. S. 30) erzählt wird, wie nämlich in Theutonia (Magdeburg) eine Cistercienser Abtissin nebst ihren Schwestern für einen verstorbenen Predigerbruder Namens Albert viele Gebete verrichtete, worauf ihnen dieser Bruder erschien. Wenn Mone hier, wohl mit Recht, an die Abtissin Jutte und jenen Albert, den Bruder unserer Mechthild denkt, so ist doch damit das Räthsel noch nicht gelöst. Die nun im Druck vorliegende Schrift wird tüchtigern Kennern und Kritikern Anhaltspunkte zu neuen Forschungen geben. Einstweilen mag deren Verfasserin zum Unterschied der genannten und anderer Namensverwandten immerhin Mechthild von Magdeburg genannt werden.

Vergessen wir indessen über der Dichterin und dem Aeussern der Handschrift nicht die Hauptsache, den Inhalt des merkwürdigen und seltenen Buches. In Bezug auf diesen verweise ich vor allem auf das was Greith in seinem oftgenannten Buche darüber sagt. Es würde auch zu weit führen, wollte ich mich hier in dem, wenn auch wundervollen und oft anmuthigen Irrgarten mittelalterlicher deutscher Mystik ergehen.

Eines vor allem bitte ich zu bemerken, dass die Gattung Mystik in diesem Buche bedeutend verschieden ist von den spekulativen Schriften der etwas spätern Meister, besonders eines Meisters Ekhart und der sogenannten Gottesfreunde. Wohl wird dieses Wort auch einigemal von Mechthild genannt, wo es aber in einem allgemeinern Sinne zu nehmen ist, denn sie steht durchweg weit mehr auf dem Boden der Klosterregel, und ihre

Visionen tragen fast ausschliesslich das Gepräge nicht von Ver-
nunft-Spekulation, sondern von Gefühls- und Phantasie-Ergüssen.
Der Unterschied von Auffassung und Sprache zeigt sich schon
auffallend in einem kleinen, der Handschrift angehängten Frag-
ment der Schrift eines Gottesfreundes (unten S. 283) das jeden-
falls nicht von Mechtild herrührt.

Um indessen doch vom Inhalt Einiges anzuführen, lasse ich
hier Greith reden:

„Den Stoff für ihre Lieder, Betrachtungen und moralischen
Lehren zog Mechthild aus dem Christenglauben und den selbst-
eigenen Erfahrungen ihrer mystischen Zustände. Sie feiert darin
die innigen Bezüge Gottes und der Seele, welche die Minne
vermittelt und nach unten das Wechselverhältniss zwischen Seele
und Leib (Sinnlichkeit, Leichnam), welches durch die Begier-
lichkeit der Sünde zu einem gegenseitig feindseligen sich aus-
gebildet. Ihre didaktischen Sinnsprüche verbreiten sich über die
Tugenden und Laster, die Vollkommenheiten und Mängel der
Seele auf ihrem Pilgerzuge nach oben, und mit besonderer Vor-
liebe wählt sie zuweilen die Form des Zweigespräches, das sie
zwischen Gott und der Seele, der Minne und der Seele, der
Minne und der Erkenntniss und zwischen der Erkenntniss und
dem Gewissen mit Gewandtheit zu führen weiss... Allein die
„Offenbarungen“, die sie in den Stunden ihrer Beschaulichkeit
empfangen, verbreiten sich auch noch über die jenseitigen Re-
gionen der Hölle, des Fegfeuers und des Himmels mit eigen-
thümlicher Zeichnung. Sie beklagt wiederholt und nicht ohne
eine gewisse Schärfe in der Weise der seligen Hildegardis
den gesunkenen Zustand der Christenheit in Kirche und Reich,
bei der Geistlichkeit und bei der Laienschaft, was, verbunden
mit einigen gewagten Lehren, ihr auch die Misskennung von Seite
ihrer Mitschwestern mag zugezogen haben, über die sie zum

öftern Klage führt. Die Erleuchtung, die ihr zu Theil geworden, will sie keiner Schule menschlicher Weisheit verdanken, „mit der man, wie sie irgendwo so schön sagt, viel gewinnen und auch viel verlieren könne;" sie bezeugt gegentheils, selbe von oben herab erhalten zu haben."

Die Ansichten und Ausdrücke in diesem Buche sind allerdings oft gewagt, und wer den streng dogmatischen Massstab anlegen wollte, könnte leicht Häretisches herausfinden. So sagt Mechtild von Maria: „Ir sun ist got und si göttine" und an einer andern Stelle heisst die Seele „aller creaturen göttine." Buch 2, Cap. 19 heisst es: So siht sie (die sele) werlich vnd bekeñet, wie got ist allü ding in allen dingen. Nebst den Erläuterungen, die Greith (a. a. O.) über den Sinn solcher Aussprüche giebt, erwähne ich eine Stelle eines Mystikers aus derselben Handschrift, welche Mechthild's Visionen enthält. Es heisst f. 169: Die heiligen sprechen: alle ding sint got, indeme alse si ewiklich in gotte gewesen sint. Nit also, dc wir in gotte wêren in der grophcit als wir nu sint; wir waren in gotte ewiklich als die kunst in dem meister. Gott sach sich selben an und sach alle ding.

Auffallend ist in dogmatischer Hinsicht die Vision, worin die entzückte Schwester sah, wie der heilige Johann Baptist „der armen Dirne Messe las", obschon er ein Laie war.[1] Es macht den Eindruck, als ob damit die Lehre von einem allgemeinen Priesterthume angedeutet werden wolle. Sie sagt aber zu ihrer Rechtfertigung später[2]: „Dc Johañes Baptista der armen dirne messe sang, dc we nit fleischlich, es we also geistlich, dc die sele alleine beschöwete und gebruchte; aber der licham hatte nit davon, deñe er von der sele edelkeit in sinen menschlichen

---

[1] S. 30.
[2] S. 210.

sinen mohte begriffen, darum müssen die wort menschlichen
luten."

Diese richtigen schönen Worte mögen auch zur rechten Auf-
fassung sehr vieler anderer gewagter, ungewohnter Bilder und
Worte einen Fingerzeig geben. Ich denke besonders hiebei an
die, nach jetzigen Ansichten oft allzufreien Schilderungen geist-
licher Minne, wobei man unwillkürlich an die unbefangene Naive-
tät frommer mittelalterlicher Künstler, germanischen sowohl als
romanischen Stammes, in Darstellung des Sinnlich-Natürlichen,
namentlich des Geschlechtlichen erinnert wird. Die heilige Schrift,
zumal das Hohelied Salomons in seiner symbolischen Anwendung
auf geistliche Minne, gab solchen Darstellungen eine höhere Weihe.
Gleich zu Anfang von Mechtildens Visionen sind sechszehn Arten
von Minne kurz beschrieben, die auffallendste derselben wohl:

> Die tûtesche miñe von Gots lêro,
> Die böget sich noch zû einem kinde vil gerne.

Was ist diese deutsche Minne? Ist etwa mit dem zweiten
Verse deren heilige Einfalt bezeichnet? Greith (S. 212) sagt:
Die Wissenschaft und insbesondere die Poesie der christlichen
Mystik hat zu aller Zeit in dem hohen Liede ein analoges
Ideal für das gefunden was sie über den übersinnlichen Verkehr,
der zwischen Gott und der Seele in der Minne waltet, auszu-
sprechen versuchte... Wie die Reinen in der Anschauung des
ewigen Geheimnisses, das in jenem Liede der Lieder seinen rein
menschlichen Ausdruck gefunden, an den üppigen Bildern des-
selben keinen Anstoss nehmen, weil, wie der Apostel lehrt, den
Reinen alles rein, den Unreinen aber alles unrein erscheint, so
erregte es auch in der tiefsinnigen Zeit des Mittelalters selten
ernsteres Bedenken, wenn die Mystiker in ihren Darstellungen
eine Freiheit übten, wie solche in unserer Zeit schwer ver-
letzen müsste."

Eine solche, welche diese Allegorie dem heiligen Bernhard zu-
schreibt, besitzt auch Einsiedeln.

Ausführlich und vortrefflich geschildert ist der goldene
Pfennig der Messe, die Krone der Gemeinschaft der Heiligen,
analog der goldenen Schmiede des Konrad von Würzburg, die
Wohnung der Seele, die Hölle, das Fegfeuer und besonders
lieblich das Paradies, wo jetzt noch Henoch und Elias wohnen.
Ferner das geistliche Hofleben, des Ritters Streit, das
Ruhelager der Gnade, die Kirche, der Adler der Betracht-
ung u. s. w.

Dabei gebricht der Dichterin oft das Wort. Vom Himmel
weiss sie nicht mehr zu sagen

> Als ein bini honiges
> Vs einem vollen stok an sinem füss mag getragen.

Dagegen fliessen die Worte bei Schilderung von grässlichen
und schrecklichen Dingen, wie z. B. der Höllenpeinen, oder des
Kampfes der Dämonen um eine scheidende Seele, nur zu reich-
lich, und es ist als ob solche Bilder mit gewisser Vorliebe aus-
geführt seien. Auch das ist analog und im Geist der mittelalter-
lichen Kunst, vorzüglich der bildenden, die selbst einen Orcagna
und Giovanni da Fiesole zu solchen Ungeheuerlichkeiten verlei-
tete. (Vgl. z. B. S. 83.) Die plastische Darstellung der ver-
schiedenen Abtheilungen jenseitiger Räume, vor allem des Para-
dieses (B. 7, K. 57) und der Hölle (B. 3 K. 21), und der ver-
schiedenen Strafen je nach Verschiedenheit der Sünde, erinnern
an Dante, von welchem übrigens natürlich Mechtild keine Kennt-
niss haben konnte.

Solche entsetzliche Schilderungen finden sich auch in der
Vision der letzten Zeit, der Zeit des Antichrists, in welcher dem
Predigerorden eine grosse, schwere Aufgabe zugedacht ist.

Neben diesen an's Rohe streifenden Ausmalungen finden sich wieder die zartesten, reizendsten Bilder, wie etwa in der Beschreibung des Grabes des heiligen Apostels Johannes (B. 4, K. 23), bei welchem je zu sieben Stunden die Engel singen: „Zwischent sinem lichamen und der schöpfnisse des himelriches ist nit me deñe ein dûne want als eines eies hût, und ist doch als ewig veste, das dar kein lichame me dur mag untz an den jungesten tag." In reicher Fülle sprudelt der Quell der kleinsten poetischen Figuren, durch das ganze Werk, besonders im ersten Buche. Viele dieser Bilder kommen auch in der heiligen Schrift oder bei ältern Dichtern vor. So nennt schon Ottfried die heilige Jungfrau: Taube ohne Galle; die meisten aber sind neu und um so lebendiger.

Poesie spricht auch aus einzelnen kurzen Sprüchen wie z. B.: „Wer von miñe stirbet, den sol man in Gott begraben." Oder, wo vom Leben in Gott die Rede ist: „der visch mag im Wasser nit ertrinken etc." (S. 21). Gnade kommt von oben: „Das der adeler also hohe vlüget, de darf er nit der v́welen danken." Die Seele soll sich vor der Sünde hüten: „reht als ein mûs, die in der vallen sitzet und wartet ires todes". Einmal wird die Dichterin entzückt in Gott, „de si sich rehte vfhûp ane arbeit ir selbes und bewant (wand) sich rehte in die helige drivaltekeit, als ein kint sich bewindet in den mantel siner mûter und leit sich rehte an ir brust."

Bei solcher Poesie klingt etwas prosaisch das vielfache Zerstückeln der Gedanken nach Zahlen, wie das ebenfalls in der Prosa des Mittelalters Manier war, und wie wir es fast durchweg bei Mystikern und Predigern z. B. bei Bruder Berchthold finden. Hievon finden sich in dieser Schrift Beispiele zur Genüge schon in den Kapitelaufschriften.

Angenehm sind die Anklänge an Culturzustände und
Sitten des Mittelalters. Das „Kaiserreich" wird hochgehalten
„es sol öch an der cronen (der Herrlichkeit Gottes) stan gebil-
det, gewiret und geblûmet untz an den jungesten geburen *(Bauer)*
jemer danach wirdig de si gotte gedienet hant. Der Hof, das
Hofleben, das Höfische wird oft als Bild benützt, wie schon
aus der oben genannten Hofsprache erhellt, „die man nit in
der kuche hört. Es begint ein spil das der lichame nût weis,
noch die dörper (Arbeiter) bi dem pflûge noch die ritter in dem
turnei." Die Seele wird zu ihrer Hofreise gekleidet „mit den
kleidern so man ze palaste tragen sol." Von dieser Hofreise
spricht das Kap. 4 des ersten Buches und B. 4, Kap. 17: Von
einer Frau die zu Hofe gern war. Merkwürdig ist in dieser
Hinsicht auch das Kapitel (B. 3, 18) „von des ritters strite mit
vollen waffenen wider die begerunge." Wollte, heisst es da z. B.
ein im Streit ungeübter Mann

> in fûrsten turneien komen,
> dem were schiere sin lip benomen.
> Darumbe mûs ich (sagt Gott) der lûte schonen,
> die so lihte ze valle komen:
> Die lan ich striten mit den kinden,
> vf de si ein blûmenschappel ze lone gewinen.

Auch der Kreuzzüge wird an einigen Stellen Erwähnung
gethan. Die Unsitte des Strassenraubes ergibt sich aus der
oben angeführten Schilderung des Krieges in Sachsen und Thü- .
ringen, da es heisst: „Die die strasse röbent ze fûsse, were kein
urlûg, so weren sie diebe und valsche lûte."

Doch genug und vielleicht schon zu viel hievon. Ich über-
gebe nun die Schrift der Beurtheilung des Publikums, und hoffe,
mit derselben einen schönen Beitrag zur Kenntniss älterer deut-
scher Litteratur geleistet zu haben. Wenn Mone (a. a. O.) be-
merkt, Herr Greith habe die Werke der Mechtilde herausgege-

hen, so wird schon ein Blick in Greith's, übrigens höchst werth-
volles Buch über deutsche Mystik zeigen, dass nur ein geringer
Theil des vorliegenden Werkes daselbst mitgetheilt ist. Dieser
ist zudem, wie es des Buches Zweck und Leserkreis verlangte,
in die neue Sprachweise übersetzt und endlich ist als Poesie
grösstentheils nur das lyrische Minnelied und einiges didaktische
und allegorische mitgetheilt, während gerade das poetisch Schönste
und Erhabenste, wie z. B. das schon genannte Kapitel von der
Menschwerdung Christi übergangen ist. Ueberhaupt möchte ich
den epischen Gehalt des Werkes, als Dichtung betrachtet, als
höher und auch für die Litteraturgeschichte bedeutender ansehen,
als den lyrischen, den Minnesang und ich hoffe darum, unsere
Litterarhistoriker, werden das Buch, so wenig Geschmack viele
derselben in anderer Beziehung an ihm finden mögen, nicht
ganz übersehen.

Bei preussischen Gelehrten, die so Vieles für deutsche Sprache
und deren Geschichte gethan, wird dieses Uebersehen um so
weniger zu befürchten sein, da die Dichterin ihre Landsmännin
ist. Nach einer Mittheilung des Herrn v. Ledebur hat um die
gleiche Zeit eine andere Mathilde, nämlich eine Gräfin Mathilde
von Sayn durch ihre in deutscher Sprache abgefassten Urkunden
um die deutsche Sprache sich Verdienste erworben. [1]) So bieten
sich frühe schon im Norden auf zwei der verschiedensten gei-
stigen Gebieten zwei ebenfalls sehr verschiedene Frauen die
Hand zur Ausbildung unserer deutschen Sprache, beide wahr-
scheinlich ohne ein solches Verdienst auch nur zu ahnen. Dem
Predigerbruder, der diese Visionen niederschrieb, fällt ebenfalls
ein Theil jenes Verdienstes zu, und ich wünsche, es möchte

---

[1]) Höfer, Auswahl der ältesten Urkunden deutscher Sprache. Vor-
red. VII.

auch der Benediktinerbrudor, der so spät diese Schrift der Lese-
welt mittheilt, nicht ganz leer ausgehen.

Vorläufig wird diese Ausgabe in der Ursprache einen klei-
nern Kreis von Lesern finden, es ist aber bereits dafür gesorgt,
dass das Buch in Uebersetzung auch einem grössern Lesekreis
zugänglich werde.

Inhalts-Verzeichniss.

Dis ist das dritte bûch.

Dis ist das vierde bûch.

XXX — Inhalts-Verzeichniss.

Von Offenbarungen einer liebhabenden Seel.

Año domini MCCL fere per años XV liber iste fuit teutonice cuidam begine, quæ fuit virgo sancta Corpore et spiritu per gratiam a domino inspirata,[1]) quæ in humili simplicitate, in exulari paupertate, in oppresso conceptu, in coelesti contemplatione ut in scriptura ista patet, plus quam XL años domino devotissime servivit, sequens perfecte vestigia fratrum ordinis praedicatorum, de die in diem semper proficiens, semper melior se fiebat. Conscriptus autem a fratre quodam predicti ordinis et continet multa bona, prout in titulis praenotatur.

De trinitate II. lib. 3. Cap., III. lib. 9. C., IIII. l. 12. et 14. C., V. lib. 26. C.

De Christo II. l. 3. C., IV. l. 24. C., V. l. 23. Cap.

De domina nostra I. l. 4. C., II. l. 3. C., V. l. 23. C. de IX ordinibus angeloru I. l. 6. C., III. l. 1. C., V. l. 1. Cap.

De prerogativa quorundam Sanctoru IIII. l. 20. et 21. et 23. Capitulo.

De malitia demonum IV. lib. 17. C., II. l. 24. C., V. lib. 29. C., V. lib. 9. Cap.

De hominis dignitate I. l. 44. C., IV. l. 14. Cap.

De raptu et separatione animæ a carne I. l. 2. C.

De descriptione coeli III. l. 1. C.

De descript. inferni III. l. 21. C.

---

[1]) Handschrift inspiratus.

De multiplici purgatorio II. l. 7. Cap., III. l. 15., 16. Cap.,
l. XIV., 15. C.
De multis virtutibus et vitiis I. l. 22., 25. C., III. l. 7. et
14. C., IV. l. 4. Cap. et de caritate maxime III. l. 13. Cap.
De praedicatoribus in fine mundi tempore antichristi IV. l.
27. Cap. et de multis inauditis quae intelliges, si cum cre-
dulitate, humilitate et devotione novies perlegeris librū istū.
Hic est prophetia de preterito presenti et futuro. Hic est etiā
distinctio trium personarū V. l. 26. Cap.

In dem jare von Gottes geburte drizehendhalphundert jar,
bi darnach fünfzehen jaren wart dis būch geoffent in tūsche von
Gotte einer swester, was ein helig maget beide an lip und an
geiste. Si dienete Gotte andehtekliche in demütiger einvaltekeit,
in ellender armūt in himelschem contemplierende, in verdrukter
versmehte, mê deñe vierzig jar, und nachvolgete vesteklich und
vollkommenlich dem lichte und lere des predier orden; und nam
für von tage zū tage und besserte sich tegelich. Aber das būch
samente und schreib ein brūder des selben ordens und vil gūtes
stat in disem būche von vil sachen, als in den tavelen ist vor-
gezeichent das solt du gelöblich, diemūteklich und andehteklich
nūnstunt vberlesen.

Dis ist das erste teil dis bûches.

Dis bûch sol man gerne enpfan, wañ got sprichet
selber die wort.

Dis bûch das sende ich nun ze botten allen geistlichen lûten,
beidv̇ bôsen und gûten, wand weñ die sûle vallent, so mag das
werk nût gestan, und ez bezeichent alleine mich, und meldet
loblich mine heimlichkeit. Alle die dis bûch wellen vernemen
die sôllent es ze nûn malen lesen.

Dis bûch heisset ein vliessendes lieht der gotheit.

Eia, herre got, wer hat dis bûch gemachet. Ich han es
gemachet an miner vnmaht, wan ich mich an miner gabe nût
enthalten mag. Eya herre, wie sol dis bûch heissen, alleine ze
dinen eren? Es sol heissen: ein vliessende lieht miner got-
heit, in allû die herzen die da lebent ane valscheit.

I. Wie die miñe und die kûnegiñe zesamene sprachen.[1])

Die selo kam zu der miñe
Und grûste si mit tieffen sinnen
Und sprach: Got grûsse v̇ch vro miñe.
Got lone v̇ch, liebe vro kûnegiñe.
Vrô miñe ir sint sere vollekomen.
Vro kûnigiñe, des bin ich allen dingen oben.
Vro miñe, ir hand manig jar gerungen,
Ê ir habint die hohen drivaltekeit darzû betwungen,
Das sû sich hat alzemale gegossen
In Marien demûtigen magetûm.

---

¹) Greith deutsche Mystik S. 222.

Frowe künigiñe, das ist ẅer ere und vrome.
Fro miñe, ir haut mir benoñe
Alles das ich in ertrich je gewan.
Frowe künegin, ir hant einen seligen wehsel getan.
Frowe miñe, ir hant mir benoñen mine kintheit.
Frowe künegine, dawider han ich ẅch gegeben himelische vrlheit.
Frowe miñe, ir hant mir benoñen alle mine jugent.
Frowe künigin, dawider han ich ẅch gegeben manig helige tugent.
Frowe miñe, ir hant mir benoñen gůt frůnde und mage.
Eia frowe künigin, das ist ein snödů klage.
Frowe miñe ir hant mir benoñen die welt, weltlich ere und allen welt-
         lichen richtům.
Fro. künig., das wil ich ẅch in einer stunde mit dem heiligen geiste nach
         allem ẅweren willen in ertrich gelten.
Frowe miñe, ir hant mich also sere betwungen, das min licham ist komen
         in sunderlich krankheit.¹)
Frowe kůn., dawider han ich ẅch gegeben manig hohe bekantheit.
Frowe miñe, ir hant verzert min fleisch und min blůt.
Frowe kůn., damit sint ir gelůtert und gezogen in got.
Frowe miñe, ẅr sint ein röberiñe, deñoch sont ir mir gelten.
Frowe kůn., do nement reht mich selben.
Frowe miñe, nu hant ir mir vergolten hundert valt in ertriche.
Frowe kůn., noch hant ir ze vordernde got und alle sine riche.

II. Von drien personen und von drien gaben.

Der ware gottes grůs, der da kumet von dem himelschen
flůt vs dem bruñen der vliessenden drivaltekeit, der hat so grosso
kraft, das er dem lichamen beniñet alle sine maht, und machet
die sele ir selben offenbar, das si sihet dich selben den heligen
gelich und emphahet deñe an sich gotlichen schin, so scheidet
die sele von dem lichamen mit aller ir macht, wisheite, liebin
und gerunge; sunder das minste teil irs lebendes belibet mit
dem lichame als in eime süssen schlaffe. So sihet sů einen
ganzen got in driů personen und bekenet die drie personen in
eime gotte vngeteilet. So grůsset er si mit der hove sprache
die man in dirre kuchin nit vernimet, und kleidet sů mit den
kleidern, die man ze den palaste tragen sol und git sich iu ir
gewalt. So mag sů bitten und vragen was si wil, des wirt si
beriht. Warvmbe si nůt beriht wirt, das ist dů erste sache von
drien. So zůhet er si fůrbas an ein heimliche stat. Da můs si

¹) Handschrift krakheit.

für nieman bitten noch fragen, wan er wil alleine mit ir spilen ein spil das der lichame nůt weis, noch die dörper bi dem phlůge noch die Ritter in dem turnei, noch sin miñeklichí můter Maria, der mag si nůt gepflegen da. So swebent si fůrbas an ein wuñenriche stat, da ich nůt vil von sprechen mag noch wil. Es ist ze notlich; ich engetar, wan ich bin ein vil súndig mönsche. Mer weñe der endelose got die grundelose sele bringet in die höhin, so verlůret si das ertrich von dem wunder, und bevindet nůt, das si je in ertrich kam. Weñe das spil allerbest ist, so můs man es lassen. So sprichet der blůiende Got: Junefrö, ir můssent vch neigen, so erschriket si: Herre, nu hast du mir hie so sere verzogen, das ich dich in minem lichamen mit keinem orden mag geloben, sunder das ich ellende lide und gegen dem lichame strite: So sprichet er: Eya, du liebů tube, din stimme ist ein seitenspil minen oren; dine wort sint wurtzen minem munde, dine gerunge sint die miltekeit miner gabe. So sprichet sú: Lieber herre, es můs sin als der wirt gebůtet. So er sůfzet si mit aller maht, das der lip erweget wirt. So sprichet der licham: Eya frowe, wa bist du nu gewesen? Du kumest so miñeklich wider, schöne und creftig, frie und siñenrich. Din wandelen hat mir benomen minen smak, růwe, farwe und alle min maht. So sprichet si: Swig, morder, la din klagen sin; ich wil mich iemer hůtten vor dir, das min vient verwundet sie, das wirret vns nůt, ich fröwe mich sin.

Dis ist ein grůs, der hat manige adern, der dringet usser dem vliessenden gotte in die armen, dürren selen ze allen ziten mit nůwer bekantnůsse, und an nůwer beschöwunge, und in sunderliche gebruchunge der nůwer gegenwůrtekeit. Eya sůslicher got, fůrig inwendig, blůgende vswendig; nu du dis den miñesten hast gegeben, mohte ich noch ervarn das leben, das du dinen meisten hast gegeben, darvmbe wolt ich dest langer qweln. Disen grůs mag noch můs nieman empfan, er si deñe vberkomen und ze nihte worden.

In disem grůsse wil ich lebendig sterben;
Das mögen mir die blinden heligen niemer verderben.
Das sint die da miñent vnd nit bekennent.

III. Von den megden der sele und von der miñe schlage.[1])

Alle heilige cristanliche tugende sint der selen megede.
Der selen süsser verdrutz claget der miñe ir not:

Die sele: Eya allerliebeste junkfrowe,
          Nu hast du lange min kameriu gewesen;
          Nu sage mir, wie sol ich darane wesen.
          Du hast mich gejagt, gevangen, gebunden,
          Und so tief gewundt,
          Das ich niemer werde gesunt.
          Du hast mir manigen kulenschlag geben;
          Sage mir, sol ich ze jungest vor dir genesen?
          Wirde ich nüt getödet von diner hant?
          So were mir bas, das ich dich nie hette bekañt.

Die miñe: Das ich dich jagete, das luste mich;
          Das ich dich vieng, des gerte ich;
          Das ich dich bant, des fröwete ich mich,
          Do ich dich wundete, do wurde du mit mir vereinet,
          So ich dir kuline schlege gibe, so wirde ich din gewaltig.
          Ich han den almehtigen got von dem himelrich getriben
          Und han ime benomen sin mönschlich leben
          Und han in mit eren sinem vatter widergegebon.
          Wie mögest du, snöder wurm, vor mir genesen.

Die sele: Sprich, min keiseriñe, ich vorhte ein kleine heimeliche arzenie,
          Die mir got dikke hat gegeben,
          Das ich von derselben möge genesen.

Die miñe: So man die gevangenen nüt wil haben tot,·
          So git man inen wasser und brot.
          Die artzenie, die dir got dikke hat gegeben,
          Das ist anders nüt deñe ein vristunge in die mönschliche leben.
          Sweñe aber kunt din ostertag,
          Und din lichame enpfat den totschlag,
          So wil ich dich alumbe van
          Und wil dich aldurch gan,
          Und wil dich dime lichan stelen
          Und wil dich dime liebe geben.

Die sele: O miñe, disen brief han ich us dinem munde geschriben, nu
          gib mir frowe din ingesigel.

Die miñe: Swer got je vber sich selben liep gewan, der weis wol, wa
          er das ingesigel nemen sol; es lit zwischent uns zwein.

Die sele spricht: Swig liebe, sprich nüt me.
          Genigen sie dir aller juncfrowen liebeste
          Von allen creaturen und von mir.

---

[1]) Greith S. 225.

Sage minem lieben, das sin bette bereit sie
Und das ich miñesiech nach ime bin.
Ist dirre brief ze lang, das ist das schult: Ich war in der
matten, da ich manigerleige blûmen want.
Dis ist ein sûsse jamer clage: Wer von miñe stirbet, den sol
man in gotte begraben.

IV. Von der hovereise der sele an der sich got wiset. [1])

Sweñe die arme sele kumet ze hove, so ist si wise und
wolgezogen; so siht si iren got vrôlichen an. Eya, wie lieplich
wirt si da enpfangen. So swiget si und gert vnmesseklich sines
lobes. So wiset er ir mit grosser gerunge sin gôtlich herze.
Das ist gelich dem roten golde das da briñet in eime grossen
kolefûre. So tût er si in sin glûgendes herze alse sich der
hohe fûrste und die kleine dirne alsust behalsent und vereinet
sint als wasser und win. So wird si ze nihte und kumet von
ir selben, alse si nût mere môgf, so ist er miñesiech nach ir,
als er je was, wañ im gat (weder) zu noch abe. So spricht si:
herre, du bist min trost, min gerunge, min vliessender bruñe,
min sûñe, und ich bin din spiegel. — Dis ist ein hovereise der
miñenden selen, die ane got nût wesen mag.

V. Von dem qwale und von dem lone der helle.

Min licham ist an langer qwale, min sele ist an hoher wuñe,
wan si hat beschowet vnde mit armen vmbevangen iren lieben
alzemale. Von ime hat si die qwale, die vil arme. So zûchet
er si, so vlûset si. Si kan sich nût enthalten, vntz er sû bringet
in sich selber. So sprêche si gerne und si enmag. So ist si
gar verwunden in die wunderlichen drivaltekeit mit hoher einunge.
So lât er si ein kleine, das si geron môge. So gert si sines
lobes, das kan si nach irem willen nût vinden. Ja si wolte das
er si zu der helle senden wolte, vf das er von allen creaturen
über vnmasse gelobet werde. So sihet si in an und sprichet im
zu: Herre gip mir dinen segen. So sihet er si an und zûhet
si wider, und git ir einen grûs,

---

[1]) Greith S. 229.

Dem der licham sprechen nit můs.
So spricht der licham zu der sele:
Wa bist du gewesen? Ich mag nit me.
So spricht die sele: Swig, du bist ein tore.
Ich wil mit mime liebe wesen,
Soltest du niemer me genesen.
Ich bin ain fróde, er ist min qwale.
Die ist ir qwale, niemer müsse si genesen.
Dise qwale müsse dich bestan,
Niemer müscst du ir entgan.

VI.   Von den nún kóren wie sie singent.

Nu hóre, liebú, hóre mit geistlichen oren, sust singent die
nún kóre:

Wir loben dich herre das du uns hast gesuchet mit diner demůtikeit:
W. l. d. h. d. d. u. h.¹) behalten mit diner barmherzekeit.
W. l. d. h. d. d. u. h. geheret mit diner smahheit.
W. l. d. h. d. d. s. h. gefůret mit diner miltekeit.
W. l. d. h. d. d. u. h. geordent mit diner wisheit.
W. l. d. h. d. d. u. h. beschirmet mit diner gewalt.
W. l. d. h. d. d. u. h. gehelget mit diner edelkeit.
W. l. d. h. d. d. u. h. gewisset mit diner heimlichkeit.
W. l. d. h. d. d. u. h. gehóhet mit diner miñe.

VII.   Von gottes vluch in ahte dingen.

Ich vlúche dir: din lichamo müsse sterben,
Din wort müsse verderben
Din ógen müssen sich schliessen,
Din herze müsse vliessen,
Din sele müsse stigen,
Din licham müsse bliben.
Dine mönschliche siñe müssin vergan,
Din geist müsse vor der heligen drivaltekeit stan.

VIII.   Der minste lobet got an zehen dingen.

O du breñender berg, o du vserwelts suñe!
O du voller mane, o du grundeloser bruñe!
O du unreichhaftú hóhi, o du klarheit ane masse!
O wisheit ane grunt!
O barmherzikeit ane hinderunge!
O sterki ane widersatzunge!
O Crone aller eren!
Dich lobet der minste, den du je geschúffe!

---

¹) „Wir loben dich herre das du uns hast" wird hier neunmal wiederholt.

IX. Mit drîn dingen wonestu in der hôhin.

Die da brinent in der waren miñe und uf einen steten grunt buwent der warheit und fruht bringen mit vollem huffen des seligen endes, die wonent in der hôhin. *Glosa:* das ist vber seraphin.

X. Der got miñet der angesiget drîn dingen.

Swelcher mônsch die welt vbersiget
Und sime lichamen allen vnnutzen willen benimet
Und den tüvel überwindet,
Das ist die sele die got miñet.
Tût ir die welt einen stoss,
Davon leidet si kleine not.
Tût ir das vleisch einen wank,
Davon wirt der geist nüt krank.
Tût ir der tüvel einen blik,
Das achtet die sele aber niht;
Si miñet und si miñet
Und si kan anders nit begiñen.

XI. Vier sint an dem strite gottes.

O tube ane gallen! O maget ane sere!
O Ritter ane wunden! O kneht vnverzaget!
Das sint die vier die gotte in sinem strite wol behagent.

XII. Die sele lobet got an fünf dingen.[1])

O keyser aller oren! O Crone aller fürsten!
O wisheit aller meistern! O geber aller gabe!
O löser aller gevangnisse.

XIII. Wie got kumet in die sele.

Ich kum zü miner lieben
Als ein töwe vf den blûmen.

XIV. Wie die sele got enpfahet und lobet.

Eja fröliche anschowunge! Eya liepliche grüs! Eja miñekliche vmbehalsunge! Herre din wunder hat mich verwundet, din gnade hat mich verdruket. O du hoher stein, du bist so wol durgraben, in dir mag nieman nisten deñe tuben vnd nahtegal.

---

[1]) Greith S. 228.

XV. Wie got die sele enpfahet.

Siest wilkomen liebû tube, du hast so sere geflogen in dem ertriche, das dine vedern sint gewahsen in dem himelriche.

XVI. Got gelichet die sele vier dingen.

Du smckest als ein wintrûbel, du ruchest als ein balsam, du lûhtest als dû suñe, du bist ein zûnemunge miner hôchsten mine.   •

XVII. Die sele lobet got an fünf dingen.

O du giessender got an diner gabe!
O du vliessender got an diner miñe!
O du breñender got an diner gerunge!
O du smelzender got an der einunge mit dinem liebe!
O du rûwender got an minen brusten, ane die ich nût wesen mag!

XVIII. Got gelichet die selen fünf dingen.

O du schône rose in dem dorne!
O du vliegendes bini in dem honge!
O du reinû tube an dinem wesende!
O du schônû suñe an dinem schine!
O du voller mane an dinem stande!
Ich mag mich nit von dir gekeren.

XIX. Got liebkoset mit der sele an sehs dingen.

Du bist min legerkûssin, min miñckliches bette, min heim-ichestû rûwe, min tiefeste gerunge, min hôhste ere. Du bist ein lust miner gotheit, ein trost miner mônscheit, ein bach miner hitze. '

XX. Die sele widerlobet got an sehs dingen.

Du bist min spiegelberg, ein ôgenweide, ein verlust min selbes, ein sturm mines hertzen, ein val und ein verzihunge miner gewalt, min hôhste sicherheit.

XXI. Von der bekantnisse und von der gebrûchunge.

Miñe ane bekantnisse
Dunket die wisen sele ein vinsternisse.
Bekantnisse ane gebruchunge
Dunket si ein helle pin.
Gebruchunge ane mort kan si nit verklagen.

XXII. Von Sante Marien botschaft und wie ein tugent der andern volget, und wie die sele ein inbilus der drivaltekeit wart gemachot und wie sante Maria alle heligen gesöget unde noch söget [1]).

Der süsse töwe der vnbeginlicher drivaltekeit hat sich gesprenget vs dem bruñen der ewigen gotheit in den blümen der vserwelten maget, und des blümen fruht ist ein vntötlich got, und ein tötlich mensche und ein lebende trost des ewigen liebes, und vnser lösunge ist brútegöm worden. Die brut ist trunken worden von der angesihte des edeln antlütes. In der grösten sterki kunt si von ir selber, und in der grösten blintheit sihet si allerklarost. In der grösten klarheit ist si beide tot und lebende. Je si lenger tot ist, je si vrölicher lebt. Je si vrölicher lebt, je si mer ervert. Je si miner wirt, je ir me züflússet. Je si sich mere vörhtet [2])…. Je si richer wirt je si armer ist. Je si tiefer wonet, je si breiter ist. Je si gebietiger ist, je ir wunden tieffer werdent. Je si mer stürmet, je got miñenklicher gegen ir ist. Je si hoher swebet, je si schöner lühtet von dem gegenblik der gotheit, je si im naher kunt. Je si mer arbeitet, je si sanfter rûwet. Je si mer begriffet, je si stiller swiget. Je si luter rúffet, je si grosser wunder wirket mit siner kraft nah ir macht. Je si lust me wahset, je ir brutloft grosser wirt, je das miñebet enger wirt. Je die vmbehalsunge naher gat, je das muntkûssen süsser smekket. Je si sich miñeclicher ansehent, je si sich nôter scheident. Je mer er ir gibet, je mer si verzert, je me si hat. Je si demütcklicher vrlop nimt, je e si wider kunt. Je si heisser blibet, je si e entfunket. Je si mere brennet, je si schöner lühtet. Je gottes lob mer gebreitet wirt, je ir girheit grösser blibet.

Eya war vart vnser loser brútgöm in dem jubilus der heligen drivaltekeit. Do got nit me mohte in sich selben, do mahte er die selen und gab sich ir ze eigen von grosser liebi. Wovon bist du gemachet, sele, das du so hohe stigest über alle creaturen, und mengest dich in die heligen drivaltekeit vnde belibest doch

---

[1]) Greith S. 210.   [2]) Hier scheint etwas zu fehlen.

gantz in dir selber?[1]) Du hast gesprochen von minem anegenge,
nu sage ich dir werlich: Ich bin in derselben stat gemachet
von der miñe, darvmbe mag mich enkein creature nach miner
edelen nature getrösten noch entgiñen deñe allein die miñe.
Vrowe sant Maria, dis wunders bist du ein mûter. Weñe ge-
schach dir das? Do vnsers vatter jubilus betrûbet wart mit
adames valle, also das er mûste zürnen. Do enphieng die
ewige wisheit der almehtigen gotheit mit mir den zorn. Do
erwelte mich der vatter ze einer brut, das (er) etwas ze miñende
hette, wand sin liebû brut was tot, die edel sele. Vnd do kos
(erkies) mich der sun zû einer mûter, und da enpficng mich
der helig geist ze einer trutiñe. Do was ich alleine brut der
heligen drivaltekeit und mûter der weiseu, und trûg si fûr gotz
ôgen, also das si nit ze male versunken als doch etliche taten.
Do ich also mûter was ĩnaniges edeln kindes, do wurden mine
brûste also vol der reinen vnbewollener milch der waren milten
barmherzekeit, das ich sôgete die propheten und die wissagen
e deñe got geborn wart. Darnach in miner kintheit sôgete
ich Jesum; fûrbas in miner jugent sôgete ich gotz brut die
heligen cristanheit bi dem crûtze, das ich also dûrre und
jemerlich wart, das das swert der vleischlicher pine Jesu
sneit geistlich in min sele. Do stûnden offen beide, sine
wunden und ir brûste. Die wunden gussen, die brûste vlussen
also, das lebendig wart die sele und gar gesunt. Do er den
blanken roten win gos in iren roten munt, do si alsust vs den
offen wunden geborn und lebendig wart, do was si kindesch
und vil jung. Solte si do nach irem tode und ir geburt vol-
leklich genesen, so mûste gottes mûter ir mûter und ir añe sin.
Gotte, es was und ist wol billich. Got ist ir rehter vatter und
si sin rehtû brut, und si ist im an allen iren liden glich. Vrowe
in dinem alter sôgetost du die heligen aposteln mit diner mûter-
lichen lere und mit dinem creftigen gebette, also das Gott sin
ere und sinen willen an inen tete. Vrowe, also sôgetestu da
und sôgest noch die martyrer in iren herzen mit starkem gelôben,

---

[1]) Maria oder die Seele spricht.

die bihter mit heliger beschirmunge an iren oren, die megde
mit diner kůscheit, die wittewen mit stetekeit, die durehten mit
miltekeit, die sünder mit der bittunge.

Vrowe, noch můst du uns sôgen, wan dine brůste sind noch
also vol, das du nůt maht verdruken. Woltostu nit sôgen me,
so tete dir die milch vil we. Wañ werlich ich han gesehen dine
brůste so vol, das siben stralen gussen, alzemale us von einer
brůste vber minen lip und vber miu sele. In der stunde be-
nimest du mir ein arbeit, die kein Gotzfrůnt mag getragen
one herzeleit. Alsust solt du noch sôgen bis an den jungsten
tag, so.můst du ersihen, wau so sint gotz kint und dinů kint
geweñet und volle gewahsen in dem ewigen lip. Eja, darnach
sôllen wir bekeñen und sehen in unzellicher lust die milch und
ôch dieselbe brust, die Jesus so dikke hat gekust.

*XXIII. Du soll beten, de dich got miñe sere dikke unde lange
so wirdest du reine, schône und lange.* [1]

Eya herre, miñe mich sere und miñe mich dike und lange;
wande je du mich dikker miñest, je ich reiner wirde; je du mich
serer miñest, je ich schôner wirde; je du mich langer miñest,
je ich heliger wirde hie in ertrich.

XXIV. Wie got antwurtet der sele.

Das ich dich miñe dikke, das han ich von nature, wan ich
selbe die miñe bin. Das ich dich sere miñe, das han ich von
miner geringe,[2] wañ ich gere das man mich sere miñe.[3]
Das ich dich lange miñe, das ist von miner ewekeit, wan ich
ane ende bin.

XXV. Von dem wege pine ze lideñe gerne dur got.

Got leitet sinů kint, die er vserwelt hat, wunderliche wege.
Das ist ein wunderlich weg und ein edel weg und ein helig
weg, den Got selber gieng, das ein mensche pine lide ane sünde

---

[1] Greith S. 33.
[2] Am Rande: Deus caritas est.
[3] Hier scheint eine Lücke zu sein.

und ane schulde. In disem wege fröwet sich die sele, die nach got jamerig ist, wan si fröwet sich von nature ze irem herren, der dur sine woltat manige pine gelitten hat. Und sin lieber herre der himelsche vatter gap sinen liebsten sun, das er gepingot wart von den heiden, und gemarterot von den juden ane sine schulde. Und ist die zit komen de etlich lüte die geistlich schinent gotz kint pingent am libe und marterent an dem geiste, wan er wil si sinem lieben sune gelichen, der an libe und an sele gepinget wart.

XXVI. In disen weg zühet die sele îr siñe und ist vrî ane herzeleit.

Es ist ein selzen und ein hoher weg, da wandelt dú getrúwe sele iñe und leitet na ir die siñe, als der sehende tût den blinden. In disem weg ist vri die sele und lebt ane herzeleit, wan si wil anders nit deñe als ir herre, der allú ding uffen das beste tût.

XXVII. Wie du siest wirdig dis weges und in behaltest und vollekomen siest.

Drú ding machent einen des weges wirdig, das er in erkeñe und kome darin. De erste, de der mönsche sich selber twinget in gotte ane alle meisterschaft und die gottesgnade heleklich behalte und willekliche trage, in verzihunge aller dingen nach dez menschen willen. Das ander behaltet den menschen in dem wege das im allú ding ze danke sint ane allein die sünde. Das dritte machet den menschen vollekomen in dem wege, de man allú ding glichlich gotte ze eren tû, wan min snödeste notdurft wil ich got also bohe reiten, als ob ich were in der hohesten contemplacie, da ein mensch inkomen mag; warumbe, (deñ) tûn ich es in einer liebin gotte ze eren, so ist es alles ein. Swenne ich aber sünde, so bin ich an disem wege nit.

*XXVIII.   Die miñe sol sin mortlich âne masse âne vnderlass,
            dc ist toren torheit.* [1]

Ich fröwe mich, dc ich miñen mûs den der mich miñet und
gere des, dc ich in mortlich miñe ane masse und ane underlas:
Vröwe dich, min sele, wan din leben ist gestorben von miñe
dur dich, und miñe in so ser, dc du môgest sterben dur in, so
breñest du jemer mere vnverlöschen als ein lebend funke in dem
grossen fûre der lebend majestat.

> So wirst du miñefûres vol,
> Damit dir hie ist so wol.
> Du darfst mich nit me leren,
> Ich enmag mich nit von der miñe keren;
> Ich mûs ir gevangen wesen,
> Ich mag anders nit geleben. —
> Da si wonet, da mag ich beliben
> Beide, an tod und an libe.
> Das ist der toren torheit,
> Die lebent ane herzeleit.

*XXIX.   Von der schôni des brûtegümes und wie îm die
          brûtini volgen sol.*

Vide mea sponsa: Sich wie schône min ôgen sint, wie
reht min munt si, wie fûrig min herze ist, wie geringe min
hende sint, wie snel min fûsse sint und volge mir. Du solt
gemartert werden mit mir, verraten in der abegunst, gesûchet
in der vare, gevangen in dem hasse, gebunden in hôresagen,
din ôgen verbunden dc man dir die warheit nit wil bekeñen,
gehalsschlaget mit dem griñe der welte, fvr gerihte gezogen
an der bichte, georschlaget mit der bûsse, ze herode gesant
mit dem spote, entkleidet mit dem ellende, gegeiselt mit dem
armûte, gekrônet mit bekorunge, angespîct mit der smahheit,
din crûze tragen in dem hasse der sûnden, geerûzegot in ver-
zihuuge aller dingen nach dinem willen, genegelt an das crûze
mit den heligen tugenden, gewundot mit der miñe, sterben an
dem crûze in heliger bestandunge, in din herze gestochen mit
steter einunge, von dem crûze gelôset in warem sige aller diner

---

vienden, begraben in der unahtbarkeit, uferstan von dem tode in einem heligen ende, ze himel gevarn in einem zuge gotz atemes.

XXX. Von den siben ziten.

Mettin: mińen rol in süsse wol.
Prime: mińen gere ein süsse swere.
Tercie: mińen lust ein süsse turst.
Sexte: mińen vülen ein süsse külen.
None: mińen tot ein süsse not.
Vesper: mińen vliessen ein süsses giessen.
Complet: mińen rûwen ein süsses frôwen.

XXXI. Du solt nit ahten smahheit.

Ich wart versmehet sere, do sprach vnser herre: la dich nit sere wundern; sit de here drisem vas so sere verworfen und angespiet wart, was sol deñe dem essig vas geschehen, da nût gûtes iñe von im selber ist?

XXXII. Du solt nit ahten êren, pine, gût betrûbdi an der sünden.

So man dir ere bûtet, solt du dich schamen; so man dich pineget, so solt du dich vrôwen; so man dir gut tût, so solt du dich vôrhten; so du wider mich tûst, so solt du dich betrûben von herzen. Maht du dich nit betrûben, so sich wie sere und wie lange ich dur dich betrûbet was.

XXXIII. Von der pfrûnde trost und miñe.

Min sele sprach alsust zû irem lieben: Herre din miltekeit ist die prûnende mines lichamen wunderliche, dine barmherzigkeit ist der trost miner sele sunderlich. Die miñe ist die rûwe mines lebens ewiklich.

XXXIV. Du solt sin in der pine ein lamp, ein turteltûbe, ein brût.

Du bist min lamp an diner pine.
Du bist min turteltube an diner sûfzunge.
Du bist min brut an diner beitunge.

XXXV. *Die wôstin hat zwôlf ding.*[1])

Du solt miñen das niht,
Du solt vliehen das iht,
Du solt alleine stan
Und solt zû nieman gan.
Du solt sere unmûssig sîn
Und von allen dingen wesen vrî.
Du solt die gevangenen enbinden
Und die vrien twingen.
Du solt die siechen laben
Und solt doch selbe nit haben.
Du solt das wasser der pine trinken
Und das für der miñe mit dem holtz der tugende entzúnden,
So wonest du in der waren wüstenunge.

XXXVI. *Von der bosheit gútin und wundere.*

Mit der bosheit diner vienden solt du gezieret werden.
Mit den tngenden dines herzen solt du geheret werden.
Mit dinen gûten werken solt du gecrônet werden.
Mit vnser zweiger (Zweier) miñe solt du gehôhet werden.
Mit minen lustlichen wunder solt du geheliget werden.

XXXVII. *Die sele antwurtet got, de si wirdig sî der gnaden.*

O vil liebe! vnschuldiger smacheit lustet mich,
Herzeklicher tugenden beger ich,
Gûter werken han ich leider nit,
Unser zweiger miñe die verderbe ich,
Dines schônen wunders bin ich gar vnwirdig.

XXXVIII. *Got rúmet sich de die sele überwunden hat vier súnde.*

Unser herre rûmet sich in himelriche
Siner miñenden sele, die er hat in ertriche,
Und spricht: Sehent wie si kunt gestiegen,
Die mich verwundet hat.
Sie hat den affen der welt von sich geworfen,
Si hat den beren der vnkúschi überwunden,
Si hat den lôwen der hochmûti under ir füsse getreten,
Si hat dem wolf der girheit sinen raus zerrissen
Und kunt gelôffen als ein verjageter hirze
Nach dem brufien der ich bin.
Si kumet geswungen als ein arc
Usser der tieffi in die hôhin.

---

[1]) Greith S. 235.

XXXIX. Got vraget die sele was sî bringe. [1]

Du jagest sere in der mine.
Sage mir, was bringest dn mir, min kúnigiñe.

XL. Des antwurt sî îm dc besser ist deñe vier ding.

Herre, ich briuge dir mine kleinöter:

Das ist grösser deñe die berge, es ist breiter deñe die welt, tieffer deñe das mer, höher deñe die wulken, schöner deñe die soñe, manigvaltiger deñe die sterne; es wiget me deñe alles ertrich.

XLI. Got vraget mit einem lobe, wie das cleinóter heisse.

Dein [2]) bilde miner gotheit, gehert mit miner menschheit, gezieret mit minem heligen geiste, wie heissent dinû kleinóter?

XLII. Das cleinóter heisset des herzen lust.

Herre, es heisset mins herzen lust, den han ich der welte entzogen, mir selben erhalten und allen creaturen versaget; nu mag ich sin nût fûrbas getragen. Herre, war sol ich în legen?

XLIII. Dinen lust leg in die drivaltekeit.

Dines herzen lust solt du nienar legen deñe in min götlich herze und an min menschlich bruste. Da alleine wirst du getrost und mit minem geiste geküsset.

XLIIII. Von der miñe weg an siben dingen, von drîn kleiden der brúte und vom tanze.

Got spricht: Eja minendû sele, wilt du wissen wielich din weg si?

Dú sele: Ja lieber heliger geist, lere mich es. Also du kumest über die not des rúwen und über die pine der bihte,

---

[1]) Greith S. 236.
[2]) Handschrift: O ein.

und über die arbeit der büsse, und über die liebe der welte,
und über die bekorunge dez tüvels, und über die überflüssekeit
des vleisches und über den verwassenen eigenen willen, der
manig sele zeruggen zühet so sere, de si niemer zů rehter liebin
kunt, und so du alle dine meisten viende hast nidergeschlagen, —
so bist du also müde, de du deñ sprichest: Schôner jungeling,
mich lustet din; wa sol ich dich vinden? So sprichet der jungeling:

> Ich höre ein stiñe,
> Die lutet ein teil von miñen.
> Ich han si gefriet manigen tag,
> De mir die stiñe nic geschach.
> Nu bin ich boweget,
> Ich mûs ir engegen.
> Sú ist diejene, die kunber und miñe mitenander treit.
> Des morgens in dem towe, de ist die besclossen iñekeit,
> Die erst in die selo gât.
> So sprechent ir kamerere, de sint die fünf sinne:
> *Die siñe:* Vrowe ir sôllent ůch kleiden.
> *Die seele:* Liebe, wa sol ich hin?
> *Siñe:* Wir han das runen wol vernoñen,
> Der fürste wil ůch gegen komen
> In dem tôwe und in dem schônen vogelsange.
> Eja frowe, so sument nit lange.

So zühet si an ein hemede der sanften demütikeit, und also
demütig, de si vnder ir nit mag geliden. Darůber ein wisses
kleit der luteren kůschekeit, und also reine, de si an gedenken,
an worten, noch an berůrunge nût me mag geliden, de si be-
vlekken môge. So nimet si vmbe einen mantel des heligen ge-
ruchtes, den si vergolten hat mit allen tugenden.

So gat si in den walt der geselleschaft heiliger lůten. Da
singent die allersüsseste nahtegale der getemperten einunge mit
gotte tages und nahtes, und manig süsse stiñe hôrt si da von
den vogeln der heligen bekantnüsse. Noch kam [1] der jungeling
nût. Nu sendet si botten vs, wan si wil tanzen, und sant vmb
den gelôben abrahe, und vmb die gerunge der propheten und
vmb die kůsche diemütekeit vnser vrôwen Saute Marien, und

---

[1] Handschrift: kan.

2*

vmb alle die helige tugende Jesu christi, und vmb alle die frůmekeit siner vserwelten. So wirt da eine schône loptantzen.

So kunt der jungeling und spricht ir zu: Junkfrowe, alsust fromeklich sont ir nachtantzen, als ůch mine vserwelten vorgetantzet hant. So spricht si:

> Ich mag nit tanzen, herre, du enleitest mich.
> Wilt du das ich sere springe,
> So můst du selber voran singen.
> So springe ich in die miñe.
> Von der miñe in bekantnisse,
> Von bekantnisse in gebruchunge,
> Von gebruchunge über alle mônschliche siñe.
> Da wil ich bliben und will doch vůrbas crisen.

(Wie die brut singet) Unde můs der jungeling singen alsus dur mich in dich und dur dich von mir gerne mit dir, von dir nôte. — So sprîchet der jungeling: Juncfrôwe, dirre lobetantz ist ůch wol ergangen. Ir sůllent mit der megde sun ůwern willen han, wan ir sint nu iůenkliche můde. kument ze mittem tage zu dem bruñen schatten in das bette der miñe, da sônt ir ůch mit im erkůlen. So spricht die jungfrôwe:

> O herre, das ist ůbergros,
> De dů ist diner miñe genos,
> Dů nit miñe an ir selber hat,
> Si werde e von dir beweget.

So spricht die sele zu den siñen, die ire kammerere sint: Nu bin ich ein wile tanzens můde. Wichent mir, ich můs gan, do ich mich erkůle. So sprechen die siñe zů der sele: Vrowe, wellent ir ůch kůlen in den miñe trehnen Sante Maria Magdalene, da mag ůch wol benůgen. Die sele:

> Swigent, ir herren; ir wissent nit alle was ich meine.
> Lant mich ungehindert sin;
> Ich wil ein wenig trinken den vngemengeten win.
>
> *Siñe:* Vröwe, in der megde kůschikeit
> Ist die grosse miñe bereit.
> *Seele:* Das mag wol sin, das enist das hôhste nit an mir.
> *Siñe:* In der marterer blůte môgent ir ůch sere kůlen.
> *Seele:* Ich bin gemartert so manigen tag,
> De ich dar nu nit komen mag.

Sine: In dem rate der bihteren wonent reine lûte gerne.

Seele: Mit rate wil ich jemer stan,
Beide tûn und lan,
Doch mag ich nu dâr nût gan.

Sine: In der aposteln wisheit
Vindent ir grosse sicherheit.

Seele: Ich han die wisheit bi mir hie,
Damit wil ich je zem besten kiesen.

Sine: Vröwe, die engel sint klar
Und schône miñevar;
Went ir úch kúlen, so hebent v́ch dar.

Seele: Der engelen wañe tût mir miñen we,
Sweñe ich iren herren und minen brútgôme nit anseh.

Sine: So kúlent v́ch in dem heligen herten leben,
De got johañi baptisten hat gegeben.

Seele: Zû der pine bin ich bereit,
Jedoch gat der miñe kraft v́ber alle arbeit.

Sine: Frowe, went ir v́ch minekliche kúlen,
So neigent v́ch in der jungfröwen schos
Ze dem kleinen kint, und sehent und smekent,
Wie der engel frôde von der ewigen maget
Die unnatúrlichen milch sôg.

Seele: De ist ein kintlich liebi,
Das man kint sôge und wiege;
Ich bin ein vollewachsen brût,
Ich wil gan nach minem trût.

Sine: O Frowe, komest du dar,
So mûssen wir erblinden gar,
Wan dû gotheit ist so fúrig heis,
Als du selb wol weist,
Das alles fúr und alle die glût
Das den himel und alle heligen lûhten tût,
Und brennen, das ist alles geflossen
Usser sinem götlichem ateme,
Und von sinem menschlichen munde
Von dem rate des heligen geistes;
Wie macht da beliben ioch eine stunde?

Seele: Der visch mag in dem wasser nit ertrinken,
Der vogel in dem lufte nit versinken.
Das gold mag in dem fúre nit verderben,
Wan es enpfât da sin klarheit und sin lûhtende varwe.
Got hat allen creature das gegeben,
Das si ir nature pflegen;

Wie môhte ich den miner nature widerstan?
Ich mûste von allen dingen in got gan,
Der min vatter ist von nature,
Min brûder von siner mônscheit,
Min brûtegôm von miñe
Und ich sin ane anegenge.
Went ir, das ich nit enpfinde ire wol?
Er kan beide, kreftiglichen breñen und trostlichen kûlen.
Nu betrûbent ŕch nit ze sere.
Ir sôllent mich noch leren.
Sweñe ich widerkere,
So bedarf ich ŕwer lere wol,
Wan das ertrich ist maniger strikke vol.

So gat die allerliebeste zû dem allerschônesten in die ver-
holnen kañern der vnschuldigen gotheit; da vindet si der miñe
bette und miñe gelas, und gotte und menschliche bereit. So
spricht unser herre: Stant, vrowe sele. — Was gebûtest du
herre? — Ir sônt vs sin. — Herre, wie sol mir deñe geschehen?
— Frow sele, ir sint so sere genaturt in mich, de zwischent
ŕch und mir nihtes nit mag sin. Es enwart nie engel so her,
dem das ein stunde wurde gelihen, das ŕch eweklich ist ge-
geben. Darumbe sont ir von ŕch legen beide, vorhte und schame
und alle uswendig tugent. Mer alleine die ir binen ŕch tragent
von nature, den sont ir eweklich enpfinden wellen. Das ist
ŕwer edele begerunge und ŕwer grundelose girheit, die wil ich
eweklich erfüllen mit miner endelosen miltekeit.

Herre, nu bin ich ein nakent sele,
Und du in dir selben ein wolgezieret got.
Unser zweiger gemeinschaft
Ist das ewige liep ane tot.
So geschihet da ein selig stille
Nach ir beider ŕille.
Er gibet sich ir und si git sich ime.
Was ir nu geschehe de weis si
Und des getrôste ich mich.
Nu dis mag nit lange stan.
Wo zwôi geliebe verholen zesañen koment,
Sie mûssent dikke vngescheiden von einander gan.
Lieber Gottesfrûnd, disen miñe weg han ich dir geschriben;
Got mûsse in an din herze geben. Amen.

XLV. Von ahte tagen in denen vollebraht der propheten gerunge.

Dis ist ein tag der gerunge und der seligen fröden in der kündunge
cristi.
Dis ist ein tag der rûwe und der liplichen zartekeit in der geburte
cristi.
Dis ist ein tag der trûwe und de seligen einunge, der hohe Donrstag.
Dis ist ein tag der miltekeit und herzeclicher liebi, der stille vritag.
Dis ist ein tag der gewalt und frölicher vröde, die vrstandunge.
Dis ist ein tag des gelöben und des elenden jamers, der vffart tag.
Dis ist ein tag der warheit und des brenenden trostes, der pfingestag.
Dis ist ein tag der rehtekeit und der waren stunde, de jungest gerihte.
Dis ist ein wuche, der sollen wir siben tag began Stetegunge.
Einen wil vnser herro began an dem jungsten tage mit uns allen.

*XLVI. Von der manigvaltigen zierde der brûte, und wie si kunt
zû dem brûtegöme und wielich ir gesinde ist, de ist nûnvalt.*

Die brut ist gekleidet mit der suñen und hat den manen
vnder die fûsse getreten, und si ist gekrônet mit der einunge.
Si hat ein cappellan, de ist die vorlite, der hat eine guldine rûte
in der hant, de ist die wisheit. Der capellan ist gekleidet mit
des lambes blût, und ist mit der ere gekrônet. Und die wisheit
ist gekleidet mit der wolsamikeit und ist gekrônet mit der ewekeit.
Die brut hat vier jungfröwen. Die miñe leitet die brut. Die
miñe ist gekleidet mit der kûschekeit und ist gekrönet mit der
wirdekeit. Die ander ist demûtikeit, die haltet die brut, die ist
gekleidet mit der vnahtbarkeit und ist gekrônet mit der hôhi.
Die dritte juncfröwe das ist rûwe, die ist gekleidet mit den
wintrûbelin und ist gecrônet mit der vrôde. Die vierde juncfrowe
ist erbarmherzekeit, die ist gekleidet mit der salbe und ist ge-
crônet mit der wuñe. Dû zwei tragent der brut den mantel uf,
das ist das helige gerûhte. Si hat einen bischof, das ist der
gelöbe, der bringet die brut vor den brûtegöme. Der bischof
ist gekleidet mit tûrem gesteine und ist gecrônet mit dem heligen
geiste. Der bischof hat zwene ritter, der eine ist die starchekeit,
die ist gekleidet mit dem strite und ist gekrônet mit dem sige.
Der ander kûnheit, der ist gekleidet mit geñedikeit und ge-
krônet mit aller selikeit. Si hat einen kamerer das ist die hûte,

der ist gekleidet mit stetckeit und ist gekrönet mit bestandunge;
er treit das lieht vor der brute und treit ir das tepet nach.
Das lieht ist vernünftekeit, die ist gekleidet mit der bescheiden-
heit und ist gekrönet mit miltekeit. Das tepet ist die helige
conscientie, [1] die ist gekleidet mit gûtem willen und ist gekrönet
mit gotz behagunge. Si hat einen schenken, das ist die be-
gerunge, die ist gekleidet mit girikeit und ist gekrönet mit vride.
Si hat ein spilman, das ist die miñesamkeit. Sin harpfe
das ist iñikeit; der ist gekleidet mit dem gunste und ist ge-
krönet mit der helfe. Dû brut hat fünf küngrich. Das erste
sind die ögen, die sint gebuwen mit den trehnen und gezieret
mit getwange. Das ander ist die gedenke, die sint gebuwen
mit dem strite und gezieret mit dem rate. Das dritte ist de
sprechen, das ist gebuwen mit der not und ist gezieret mit der
trûwe. Das vierde ist das hören, das ist gebuwen mit dem
gotzworte und ist gezieret mit dem troste. Das fünfte ist die
berûrde, die ist gebuwet mit der gewalt und ist gezieret mit
der reinen gewonheit.

Dise fünf küngriche hant einen voget, de ist die schuld,
die ist gekleidet mit der bihte und gekrönet mit der bûsse. So
hat er einen rihter, der ist gekleidet mit der discipline und
gekrönet mit der gedult. Dû brut hot einen sömer, das ist
der lichame, der ist gezömet mit der unwirdekeit, und
smacheit ist sin fûter, und sin stal ist bihte. Der sömeschrin
den er treit ist die unschulde. Die brut hat einen pellelbovivir,
das ist die hoffen, die ist gekleidet in die warheit und gekrönet
mit dem sange. Si hat einen palmen in der hant, das ist die
sege über die sünde, und ein bühsen in der andern hant, die
ist vol gerunge und miñe, die wil si iren lieben bringen. Si
het einen pfawenhût, das ist das gute gerühte in dem ertrich
und hohe ere in dem himelrich. So gat si einen weg, das ist
die senftmûtekeit, die ist gekleidet mit dem vliessenden honge
und gekrönet mit sicherheit. So singet si deñe: Vserweltes
liep, ich geren din. Du nimest und gibest mir vil mange

---

[1] sain wiszikeit.

herzensweri. Joch han ich von dir vnsiñeliche not. Sweñe du herre gebûtest, so wird ich von mir erlost. So sprichet er:

> Minekliche liebe, gedenke an die stunde,
> Da du begriffest den vollen funt,
> Und la dich nit belangen,
> Joch han ich ze aller stnnt
> Mit armen (dich) vmbevangen.

So spricht vnser herre zû siner vserwelten brut: Veni, dilecta mea, veni coronaberis. So git er ir eine crone der warheit, die nieman tragen mûs deñe geistliche lûte. In der krone siht man vier tugende: Wisheit und kumer, gerunge und behaltnisse. Got gebe vns allen die krone! Amen.

Dis ist das ander teil dis buches.

---

*I. Die miñe machet hohi in der sele nit umbe menschlich siñe,
dc kunt von eigem willen.*

Die hohe der sele geschiht in der miñe, und die zierde des lichamen geschiht in dem heligen cristan töffe; wañ über die miñe ist kein höhe, und ussen der cristanheit ist enkeine zierde. Darumbe törent si sich selber vil sere, die mit grülichen, unmenschlichen arbeiten wenent erstigen die höhi, und tragent doch ein grimes herze, wan si hant der heligen diemütige tugent nit, die die sele in got kan leiten; und da stület gerne valschü helikeit, da der eigener wille die meisterschaft in dem herzen treit.

*II. Von zwein liederen der miñe des der in der miñe
wart gesehen.*

Ich sturbe gerne von miñe, möhte es mir geschehen,
Deñ jenen den ich miñen, den han ich gesehen,
Mit minen lihten ongen in miner sele stan.
Swelü brut iren lieben geherberget hat,
Die bedarf nit vere gan.
Dú miñe mag nit wol vergan.
Swa die juncfröwen dike nach dem jungelinge gant.
Sine edel nature die ist so bereit,
Das er si aber gerne enpfät, und leit
Sie im von herzen nach. Das mag den tumben lichte entgan,
Die ungerne nach der liebe stant.

III. Von der Zungen der gotheit, von dem liehte der warheit, von den vier stralen gotz in die nún kóre und der drivaltekeit und von S. Marien. [1])

O edeler arn! o sússes lamp!
O fúres glút, entzúnde mich!
Wie lange sol ich alsus dúrre sin?
Ein stunde ist mir alze swere.
Ein tag ist mir tusent jar.
So du mir frômede wôltest sin,
Solte es ahte tage weren,
Ich wôlte lieber ze helle varn,
Da ich doch iñe bin,
Wand de got der miñenden sele vrômbde si.
Das ist pine úber menschlichen tot
Und úber alle pine,
Das glôbent mir. Die nahtegal
Die můs je singen,
Wan ir nature spilet von miñen al.
Der ir das beneme, so were si tot.
Eia grosser herre, bedenke min not.
  Do sprach der helig geist zů der sele:
Eya edele junkfrôwe bereitent úch,
Vwer lieber wil komen.
Do erschrak si und wart iñerlich fro
Und sprach: Eya trut botte, keine es jemer also!
Ich bin so bôse und so gar ungetrůwe,
Das ich sunder minen lieben niena mag gerůwen.
Sweñe ich das bevinde,
Das ich von siner miñe enwenig erkůle,
So ist mir in allen enden we
Und ist mir ze danke,
Das ich jamerig můs nach im gan.
Do sprach der botte: Ir sôllent wúnschen
Und begiessen uud betten und blůmen strôwen.
Do sprach die ellende sele:
Wen ich wúnsche, so můs ich mich schamen,
So ich begússe, so můs ich weinen,
So ich betten, so můs ich hoffen,
So ich blůmen briche, so můs ich miñen.
Sweñe min herre kunt, so kum ich von mir selben,
Wan er bringet mir so mangen sússen seitenklang,
Das mir benimet allen mines fleisches wank,
Und sin seitenspil ist so vol aller sússekeit,
Damit er mir benimet alles herzeleit.

___
[1]) Greith S. 237.

Die grosse zunge der gotheit
Hat mir zůgesprochen manig kreftig wort,
Dů han ich enpfangen mit wenigen oren miner snódikeit.
Und das allergróste licht hat sich ufgetan
Gegen die ögen miner sele.
Daiñe han ich geschen die unsprechliche ordenunge
Und bekañte die unzellichen ere,
Das unbegriflich wunder
Und das sunder truten mit vnderscheide,
Die genügekeit vf das bóhste
Und die grossen zuht in der bekantnisse,
Die gebruchunge mit der abebrechunge
Nach der maht der siñen,
Die ungemengete fróde in der einunge
Der geselleschaft, und das lebende liep der ewekei',
Als es nu ist und jemer wesen sol.
Da werden ých gesehen vier stralen,
Die schicssent alzemale
Usser dem alleredelsten armbrust der heligen drivaltekeit,
Von dem gotlichen throne dur die nůn kóre.
Da blibet nieman so arm noch so rich,
Er treffe in miñcklich.
Die strale der gotheit schüsset si
Mit einem vnbegriffenlichem lichte.
Die miñende mónscheit grůsset si
In brůderlicher geselleschaft,
Der helig geist růrot si
Mit der durchfliessunge
Der wunderlichen schöppfunge
Der ewigen wône.
Der vngeteilet got spiset si
Mit dem blikke sines beren antlútes
Und füllet si mit dem unlidigen ateme
Sines vliessenden mundes.
Und wie si gant ane arbeit als die vogele
In dem lufte, so si keine vedren růrent,
Und wie si varent swar si wellent
Mit libe und mit sele,
Und doch in ir satzunge blibent unvermischet,
Und wie die gotheit clinget,
Die mónscheit singet,
Der helig geist die liren des himelriches vindet,
Das alle die seiten müssent clingen,
Die da gespañet sint in der miñe[1])

---

[1]) Am Rand: Maria mangelt noch der letzten zierde.

Da ward ŏch gesehen dasselbe here trisem vas,
Da Christus nûn manot in sas
Mit sele und mit libe,
Als si jemer sol beliben
Aucht alleine die grosse zierde,
Die der himelische vatter an dem jungosten tage
Allen seligen lichamen sol geben.
Der mûs vnser frŏwe noch enbern,
Diewile das dis ertrich swebet vf dem mere.

Do wart gesehen wie schŏne vnser frŏwe stûnd an dem
throne zer linggen hant des himelschen vatters unverborgen an
aller megdlicher schŏpfnisse, und wie der menschlich licham ist
getempert und geformet in die edel lûhtnisse der sele vnser
frŏwen, und wie die lustlichen brúste vnverborgen sint vol der
suessen milche, dc die tropfen vliessent dahin dem himelschen
vatter ze eren und dem menschen ze liebe, also das der mensche
vber alle creature wilkomen si. Wan so sere wundert den hohen
fúrsten, die ertzengel sîn des, das andere fúrsten der menschen
úber in komen sint, das es loblich ist das vnser volle zúge da sî.

Zû der vordern hant vnsers herren stat Jesus, vnser lŏser
mit offenen wunden,

Blutig, unverbunden,
Ze úberwindende des vaters gerehtekeit,
Die mangen súnder vil nahe leit, ¹)
Wan diewile dc die súnde uf ertrich weret,
So sŏllent Christi wunden offen sin,
Blûtig ane sere.
Mer nach dem gerihte
So sol Christus ein sogetan cleit anzien,
Das nie wart gesehen,
Es wisete deñe got vngeschehen.
So sollen die sûssen wunden heilen,
Als ob ein rosen blat
Geleit were an der wunden stat.
Da sieht man deñe die vrŏlich miñevar,
Die niemer sollent vergan.
Deñe wil der ungeschaffen got
Alle sin schŏpnisse nůwe machen,.
Und also nûwe, das si niemer mügent altcn.

---

¹) Handschrift lit.

Nu gebristet mir tûsches, des latines kan ich nit, so
was hie gûtes anliget, das ist min schult nit, wañ es wart nie
hunt so bôse, lokete im sin herre mit einer wissen simelen, er
keme vil gerne.

*IIII. Von der armen dirnen, von der messe joh . baptiste, von
der wandelunge der ouelaten in dc lamp, von engel schôni, von
vierhande lûte geheliget und von guldinen pfeñingen.*

Eya lieber herre, wie nûtze dc si, das ein mensche von
gûtem willen sie, noch deñe das si der werke nit vermag, dc
wisete unser lieber herre einer armen dirne, da si nit me mohte
alleine si, doch leider ze sinem dienste nit endohte. Do sprach
si alsust ze gotte:

> Eya lieber herre min,
> Sol ich hûte ane messe sin?

In dirre begerunge benam ir got alle ir irdensche siñe und
brahte si wunderlich hin in ein schône kilchen. Da vant si
nieman iñe; do gedahte si: O we du vil arme, tragû; nu bistu
ze spate komen, das du nit bist vfgestanden. Das mag dir hie
kleine fromen. Do sach si einen jungeling komen, der brahte
ein gebunt wisser blûmen, die strôwete er niden in dem turne
und gieng hin. Do kam ein anderer und brahte ein gebunt
vielaten, die strôwete er mitten in die kilchen. Do kam aber
einer und brahte ein gebunt rosen, die strôwete er schone vor
vnser frôwen alter. Do kam ein vierter und brahte ein gebunt
wisser lilien und strôwete si in dem kore. Do si dis hatten
getan, do nigen si schone und giengen enweg. Diese jungelinge
waren also edel und schône anzesehende, das niemer menschen
pine môhte wesen also gros am libe; môhte er si reht ansehen,
alle sin pine mûste vergan.

Do kamen zwene schûler mit wissem gewete, die brahten
zwôi lieht; die sasten si ufen den alter. Do giengen si vil
schone und bliben in dem kore. Do kam ein vngelich lang
man, der was vil mager, und doch nit alt. Sinû kleider waren
also arm, das im sin arm und sin bein blekoten. Der trûg ein

wisses lamp vor siner brust und zwo ampellen braht er an
sinen vingeren. Do gieng er zů dem alter und saste das lamp
daruf und neig do lieplich dar. Das was Johañes Baptista,
der solte singen die messe. Do kam ein jungeling, was rehte
verzartet mit sinem gelasse, der trůg einen adlar vor siner brust.
De was Johañes ewangelist. Do kam ein einvaltig man,
S. Peter. Do kam ein jungeling gros, der brahte ein gebunt
gegerwedes, damit gerweten sich die drie herren. Da kam ein
grossů schar, das was das kreftige gesinde des himelriches, und
fůlleten die-kilchen also vol, de die arme dirne dekeine stat
konde vinden da si bliben mohte. Do gieng si niden in den
turn stan. Do vant si einerhande lůte mit wissem gewete, die
enhatten kein har, mere si hatten einvaltige kronen vf iren
höpten. Das waren die nit hatten gelept nach der ê. Die ge-
zierde des hares, das ist gůter werken, hatten si nit. Wamit
waren si deñe zů dem himelrich komen? mit růwen und mit
gůtem willen an irem ende. Fůrbas vant si noch schöner lůte
gekleidet mit vielvar kleidern, die waren gezieret mit schönem
hare der tugenden und gekrönet mit der Gottes ê. Noch vant
si schöner lůte, die waren mit rosenvar kleidern gekleidet, die
hatten ein schön zeichen der wittewen und ein crone der
angenomenen kůscheit.

Die arme dirne was übel gekleidet, und was krank am
libe, und bi den drin scharen mohte si niena bliben. Do gieng
si für den kor stan und sach hinin, wa unser liebů fröwe stůnt
in der höhsten stat, und sant Katharina, Cecilia, bischove,
marterere, engele und megde harte vil. Do dirre arme mensche
dise grosse herschaft gesach, do sach si öch sich selben eb si
bliben getörste vor ir snödekeit. Do hatte si vmbe einen roten
brunen mantel, der was gemachet von der miñe und nach der
brunekeit der siñe, nach Gotte und nach allen gůten dingen.
Der mantel was gezieret mit golde und öch mit einem liede;
das sang alsust: Ich sturbe gerne von miñen.

Si sach sich ouch einer edeln juncfrowen glich und trug vf
irem höbet ein schapel von golde herlich, daran was geleit aber
ein liet, de sang alsust:

Sin ŏgen in min ŏgen, sin herze in min herze,
Sin sele in min sele
Vmbevangen und unverdrossen.
Und ir antlút snch sich solbcn den engeln glich.
O we, ich unselig phŭl, wie ist mir nu geschehen '
Joch bin ich leider so selig nit,
Als ich mich da han gesehen.
Alle die in dem kore warent,
Die sahen si mit eim sŭssen lachen an.
Do winkete ir vnser frŏwe,
Das si oben katherine stŭnde.
Do gieng si bi vnser lieben frŏwe stan,
Wande es selten mohte geschehen,
De si gotz mŭter mŭste sprechen und sehen.
Eja, du liebe wolgemŭt!
Das nam si vr (flir) gut,
De dŭ unedele kra bi der turteltube stŭnt.

  Alle die in dem kor waren,
Die waren gekleidet mit lŭhtendem golde,
Und waren bevangen mit einer swebender wuñe,
Klarer deñe die suñe.

Do hŭben si eine messe an alsust: Gaudeamus omnes in
domino. Und als dikke vnser frŏwe wart genant, so knŭwen si
und die andren nigen, wann ir got die grŏssesten ere hat
gegeben. Do sprach die snŏde, dŭ do zŭ der messe komen
was: Eya frowe, mŏhte ich hie gotz lichamen enpfangen, wan
es stat hie nŭt ze vare. Do sprach gotz mŭter: Ja, liebŭ, tŭ
din bihte. Do winkete die himelsche kŭnigiñe Johañi ewan-
gelistae, der gieng us und horte der sŭnderiñe bihte. Do bat
si, de er ir wolte sagen, wie lange si sŏlte leben. Do sprach
Johañes: Ich mŭs dir es nŭt sagen, wan got wil es nŭt; wand,
were das zit lang, so mŏhtest du von dinem manigvaltigen
kumber vallen in ein verdrossenheit; were aber di zit kurtz,
so mŏhtest du von jamer dines herzen vallen in ein gerunge
lange ze lebende. Do gieng Johañes lesen das ewangelium: Liber genera-
tionis. Do sprach die arme zŭ vnser frŏwen: Sol ich opferen?
Do sprach vnser frŏwe: Ja, wilt du im es nit wider nemen.
Do sprach dŭ arme: Eya frŏwe, die gnade mŭst du mir von
gotte geben. Do sprach vnser frŏwe: Nu nim disen guldinen

pfeüing, das ist dinen eigenen willen, und oppfer den minem
herren sune an allen dingen. Mit grosser zuht und mit heliger
vorhte enpfieng der kleine man den grossen pfeüing. Do sach
si den pfeüing an, wie er gemünzet were. Do stûnt an dem
pfeüing, wie Christus von dem crûze wart gelôset. Anderhalp
stûnt alles himelrich, da iüe dû nûn kôre, da oben der Gottes
tron. Do sprach ir gottes stime zû: Oppferst du mir disen
pfening also, dc du in nit widernimst, so wil ich dich lôsen
von dem crûze, und bringen dich zû mir in min riche.

Darnach tet der selbe priester die stillen messe, der ge-
wihet wart in siner mûter libe mit dem heligen geiste. Do er
die wissen ouelaten nam in sine hende, do hûp sich das selbe
lamp vf, dc vf dem alter stûnt, und vôgete sich mit den worten
vnder die zeichen siner hant in die ouelaten und die ouelaten
in das lamp, also das ich der ouelaten nût me sach, mere ein
blûtig lamp, gehangen an einem roten crûze.

Mit also süssen ôgen sach es uns an,
Dc ich es niemer vergessen kan.

Do bat die arme dirne unser liebe frowe alsust: Eya liebû
mûter, bitte dinen herren sun, dc er sich selber mir armen welle
geben. Do sach si dc ein lûhtender strale schein usser vnser
frôwen munt vf den alter, und rûrte dc lamp mit ir gebette, also
das got selbe vs dem lambe sprach: Mûter, ich wil mich gerne
legen in die stat diner girde. Do gieng die arme dirne zû dem
altar mit grosser liebe und mit einer offenen sele. Do nam sant
Johañes dc wisse lamp mit sinen roten wunden, und leit es in
den kôwen irs mundes. Do leite sich dc reine lamp uf sin eigen
bilde in iren stal, und sôg ir herze mit sinem süssen munde.
Je me es sôg, je me si es im gonde.

Nu die, der dis geschach, die ist tot und ist hingevarn.
Got helfe vns, dc wir si noch müssen sehen in der engel schar.
amen.

V. Ein sang der Selen zů gotte an fúnf dingen und wie got
ein kleit ist der selen und die sele gottes. [1])

> Du lúhtest in die sele min
> Als die suñe gegen dem golde.
> Sweñe ich můs růwen in dir herre,
> So ist min wuñe manigvalt.
> Du kleidest dich mit der sele min
> Und du bist ŏch ir nehstes kleit,
> Das da ein scheiden můs geschehen,
> Joch ervant ich nie grŏsser herzeleit.
> Wŏltist du mich serer miñen,
> So keme ich sicher von hiñan,
> Da ich dich ane vnderlas
> Nach wunsche mŏhte miñen.
> Nu han ich dir gesungen,
> Noch ist mir nit gelungen;
> Woltest du mir singen,
> So můste mir gelingen.

VI. Ein widersang gottes in der sele an fúnf dingen.

Sweñe ich schine so můst du lúhten,
Sweñe ich vlússe, so můst du wůthen,
Swen du sůfzest, so zúhehst du min [2]) gŏtlich herze in dich.
Sweñe du weinest na mir, so nim ich dich an den aren min;
Sweñe du aber miñest, so werden wir zwŏi ein.
Und weñe wir zwŏi alsust eines sin, so mag da niemer geschehen scheiden,
Mere ein wonenklich beiten wonet zwúschent vns beiden.
Herre, so beite ich deñe mit hunger und mit durste,
Mit jagen und mit luste,
Vnz an die spilenden stunde
Do vs dinem gŏtlichen munde
Vliessen die erwelten wort,
Die von nieman sin gehort,
Mere von der sele alleine,
Die sich von der erde enkleidet
Und leit ir ore fúr dinen munt; —
Ja die begriffet der miñe funt.

VII. In der pine lobe so erschinet er dir. Von zwein guldin
kŏpfen der pine und des trostes.

Ich sundigů, tregů, ich solte zů einer stunt betten, do tet
got als ob er mir enkeinerleie gnade wŏlte geben. Do wolte

---

[1]) Greith S. 240.
[2]) Handschrift: diu.

ich mich betrûben jâmerlich vmb mine vleischlich sûche, die mich duhte ein hindernisse geistlicher gebruchunge. Eya nein, sprach min sele, gedenke noch aller trûwe und lob dinen herren alsust. Gloria in excelsis deo.

In dem lobe erschein ein gros lieht miner sele und mit dem liehte wisete sich got in grosser ere und unzallicher clarheit. Do hûp vnser herre zwene guldin köpffe in sinen henden, die waren bede vol lebendiges wines. In der linggen hant waz der rote win der pine, und in der vordren hant der vberhere trost. Do sprach vnser herre: Solich sint die disen win trinkent, wand alleine ich bede schenke von gotlicher liebi, so ist doch der wisse edeler in im selber und aller edlest sint die, die beide trinkent wissen und roten.

VIII. Von dem vegefúr alzemale; davon lôsete ein mensche tusent selen mit den miñetrehenen.

Ein mensche sôlte betten mit grosser begirde
Vil einvalteklich vúr die armen selen Got von himelriche.
Do wisete in got de grúwelich vegefúr zemale,
Und daiñe so mengerleige quale
Als die sünde an in waren.
Do wart also kreftgrimig des menschen geist,
De er de vegfûr ze male in sin arme begreif.
Do geharte er kumberlich
Und begerte miñeklich.
Do sprach got von himelrich:
Last du nu zû dir nút we,
Es ist dir alzeswere.
Do sprach der geist jemerlich:
Eya vil lieber, nu lôse doch etliche.
Do sprach vnser herre: Wie vil wilt du ir?

Der geist sprach: Herre als vil als ich mit diner gûti mag vergelten. Do sprach vnser herre: Nu nim tusent und bringe si war du wilt. Do hûben si sich vsser der pine, swartz, fúrig, phûlig, brinnendig, blûtig, stinkende. Do sprach aber des menschen geist: Eya lieber herre min, was sol disen armen nu geschehen? Wand alsus egeschlich koment si niemer in din rich. Do neigete got vnmassen sere nider sine edelkeit und sprach ein wort, das uns sündigen sere ze troste stat: Du solt si baden in den miñe

3*

trehnen, die da nu vliessent usser den ŏgen dines lichamen. Do
wart da geschen ein sinwel grosse. Da hŭben si sich mit einem
swunge zemale in, und badoten in der miñe klar als die suñe.
Do enphieng des menschen geist vnzelliche wuñe und sprach:
Gelobet siest du villieber von allen creaturen eweklich! Nu
ziment si dir wol in dinem riche. Do neigete sich vnser herre
zŭ in von der bŏhin und saste in vf ein krone der miñe, die si
gelŏset hatte von hinan und sprach: Dise krone sont ir tragen
eweklich ze erkeñende allen den in minem riche, das ir mit den
miñen trehnen erlŏset sint nŭn jaren e deñe ŭwer rehten zit.

IX. Got lobet sin brut an fúnf dingen.

Du bist ein lieht der welte,
Du bist ein kron der megde,
Du bist ein salbe der verserten,
Du bist ein trúwe der valschen,
Du bist ein brut der heligen driualtekeit.

X. Die brŭt widerlobet got an fúnf dingen.

Du bist ein lieht in allen liehten,
Du bist ein blŭme ob allen cronen,
Du bist ein salbe ob allen seren,
Du bist ein unwandelbar trúwe sonder valscheit,
Du bist ein wirt in allen herbergen.

XI. Von sibenhande liebin Gottes.

Dú rehte gotz miñe het siben angenge:
Dú vrŏliche miñe trit in den weg,
Die vŏrhtende miñe enpfat die arbeit, dú starke miñe mag vil tŭn,
Die miñende miñe enpfat enkeinen rŭm,
Dú wise miñe hat bekantheit,
Dú vrie miñe lebet sunder herzeleit,
Dú gewaltige miñe ist jemer me gemeit.

XII. Von sibenhande vollekomenheiten.

Gerne vngeeret, gerne vngevŏrhtet, gerne alleine,
Gerne stille, gerne nider, gerne hoch, gerne gemeine.

XIII. Zwischen Got und der Sele sol die miñe sin.

Zwischent dir uud got sol jemer mere die miñe sin.
Zwischent irdenschen dingen und dir sol angest und vorhte sin.
Zwischent súnden und dir soll hass und strit sin.
Zwischent himelriche und dir sol stete hoffen sin.

XIV. Wavon kunt luterkeit, swacheit, krankheit, wisunge, swindekeit, nôte, ellende, selten getröstet.

Bitterkeit des herzen kunt von der mönscheit,
Swacheit des lichamen kunt von dem vleisch alleine,
Swinde gemût kunt von der edelkeit der sele,
Engschbarkeit vor der pine kunt von der schulde,
Krankheit des libes kunt von nature,
Not ellendig kunt von mûtwillen,
Selten getröst kunt von vnrûwe.

XV. Wie der von miñen ist wunt wirt gesunt.

Swelch mensche wird ze einer stunt
Von warer miñe reht wunt,
Der wirt niemerme wol gesunt,
Er enkûsse no denselben munt,
Von dem sin sel ist worden wunt.

XVI. Von siben gaben eis brûders.

Die sele ist grundelos an der gerunge, breñende an der
lieben, miñesam an der gegenwûrtekeit, spiegel der welte, wenig
an der grôssi, getrûwe an der helfe, gesament in gotte.

XVII. Wie got vrîet die sele und machet wise in siner liebin.

Alsust friet got die einvaltigen sele und machet si wise in
siner liebi. Eya liebû tube, din fûsse sint rot, din vedern sint
eben, diu mund ist reht, din ögen sint schône, din höbet ist
sleht, din wandelunge ist lustlich, din flug ist snel, und du bist
alzesnel zû der erde.

XVIII. Wie die sele berûret gottes vrîheit in aht dingen.

Herre, min fûsse sint geuerwet mit dem blûte diner waren
lösunge, min vedren sint verebent mit diner edeln erwelunge,
min munt ist gerihtet mit dinem heligen geiste, min ögen sint
geklâret in dinem fûrigen liehte, min höbet ist geslehtet mit diuer
getrûwen beschirmunge, min wandlunge ist lustlich von diner
milten gabe, min flug ist gesnellet mit diner unrûwigen lust,
min irdensch sinken kunt von diner einunge mines lichamen.
Je grôsser lösunge du mir gist, je langer ich in dir mûs sweben.

*XIX. Wie die bekantnisse und die sele sprechent zesamne, und
si spricht de si drivaltig si von drien himelen.   Die bekantnisse
spricht allererst.*[1]

O miñende sele, ich such dich an,
Du bist harte miñenklich wunderlich getan.
Ein liht wart darzu gelüben
De ich dich möchte besehen,
Es were mir anders nie beschehen.
Du bist drivaltig an dir,
Du maht wol gotz bilde sin.
Du bist ein menlich man an dinem strite,
Du bist ein wolgezieret juncfrowe
In dem palast vor dinem herren.
Du bist ein lustlichu brut in dinem miñebette.
Gotz miñende sele, in deme strite
Bist du gewäfent mit vnmezlicher kraft,
Und mit so grosser samenunge dines gemûtes,
Das dich alle die mengi der welte,
Noch alle helfe dines fleiches,
Noch alle scharen der tůvel,
Noch die kraft der hellen
Nit mag von gotte gevellen.
    Du werst dich als mit blůmen,
Din swert das ist die[2] edel rose Jesus Christus,
Damit werst du dich.
Din schilt der ist die wisse lylie Maria,
Es enhilfet si nit de si dich bestande,
Mere das si dich ziere und an dir mere
Unermesseclich gottes ere.
    Alle die luterlich an diseme strite stan,
Die sôllent richen solt von dem keyser enpfan.

Eia notlichu sele, an dinem palaste der heligen Drivaltekeit,
do du so minekliche stast gezieret vor dinem heren, wielich
ist dein ere?

Vrowe bekantnüsse, ir sint wiser deñe ich si, warumbe
vraget ir mich?

Vrôwe sele, got hat vch erwelt ob allen dingen; ir sint min
vrôwe und min kúnigiñe.

---

[1] Greith 267.
[2] Handschrift: der.

Vröwe bekantnisse, ich bin edel und vrî geborn; ich můs nit vngeeret sin des ich alleine mińe. So mûs ich gewiñen das mich mińet, trutet, und eret.

Dů heilige driualtekeit
Und alles das hiḿel und erde treit
Mûs mir eweklich vndertenig sin.
Lan ich nun die mińe gewaltig v̇ber mich,
Also das ich ir die state gebe,
Das si mich mûsse binden in die heligen geduld,
De ich nit enmere mine schuld,
So leitet si mich deñe in die edel sanftmûtekeit,
Das ich zů allen gûten dingen mûs wesen bereit,
Und spanet mich in die starke gehorsami,
Das ich got und allen creaturen
Lieplich mûs wesen vndertan.

Die bekantnisse. Eya vrö brut, went ir mir noch ein wortzeichen sagen
Der vnsprechlichen heimlicheit,
Die zwischent got und v̇ch leit?

Vrowe bekantnisse, das tůn ich nit;
Die brůte můssen alle nit sagen was in beschiht.
Die helig beschöwunge und dů vilwerde gebruchnnge
Sont ir han von mir.
Die vserwelte bevindunge von gotte
Sol v̇ch an allen creaturen jemer me verborgen sin,
Sunder alleine mir.

Vrowe sele, v̇wer wunderschowen und v̇wer hohi wort
Das ir in gotte hant gesehen und gehort,
Wen ir mich darzů twingent,
Das ich das ein kleinen fúrbringe,
So setz ich des keysers lieht
In einen vinstern fulenden stal.

Die rinder essent doch ir strö wol;
Waṅ etteliche, die schinen gotzkinder,
Und stossent sich doch als vngebundene rinder
In dem vinsteren stalle
Und sprechent was inen sogtan getüsche sölle,
Es si von mûtwillen gedaht,
Und in valscher helikeit v̇urbraht.

Vröwe bekantnisse, man vindet also geschriben,
Das sant Paulus wart gefûrt in den dritten hiḿel.
Es were im nie bescheben, were er Saulus beliben.
Hette er die warheit funden
In dem ersten und in dem andren himele,
Er were nie in den dritten gestigen.

Dú sele: Ein himel ist, den het der túvel gemachet,
Mit sinen schönen valschen listen.
Do wandelnt die gedenke ihc mit trurigen sinen,
Und die sele lit alstille,
Wañ si bevindet nit ir nature miñe.
Da blibet die sele vngetröst
Und betrüget die einvaltigen sine.
In disem himele wiset sich der túfel
Einem lúhtenden engel gelich,
Ja öch an sinen fünf wunden gotte glich.
Einvaltigú sele hüte dich!
     Der ander himel ist gemachet
Von heligor gerunge der sine,
Und von dem ersten teile der miñe.
In disem himel ist enkein liht,
Die sele siht da gotz nit iñe.
     Si smeket ein vnbegriffliche süssekeit,
Die ir alle irú lider durgat.
Si hört öch eine stiñe von etlichen dingen,
Die si doch gerne wil,
Wan es ist noch gemenget mit irdenschen siñen.
Ist deñe die tieffi aller diemütikeit da nit,
So bütet der túfel dar sin libt;
Das deñe da geschiht.
Dc ist von gotte nit.
     Ist aber die volle diemütikeit da,
So müs die sele vúrbas varn
In den dritten himel;
Da wirt ir dc ware lieht gegeben. —
So sprechent die sine:
Vnser fröwe, dú sele hat geschaffen von kinde,
Nu ist si erwachet in dem lihte der offenen miñe.
In disem liehte sihet si sich al umbe
Wie der si, der sich iro wiset,
Und was das si das man ir zú sprichet.
So siht si werlich und bekeñet
Wie got ist allú ding in allen dingen. —
Nu leg ich allen kumber nider
Und var mit sant Paulo in den dritten himel.
Weñe got minen sundigen lichamen mincklich selat da nider.
Dirre dritte himel ist gewelbet und geordent,
Und verlúthet schone mit den drin personen,
·Die begiñen alsust:
Der ware gottes grüs,
Der da kunt von der himelschen blút.

XX. Wie swester Hiltegunt ist gezieret in dem himelriche mit dem mantelen, mit VII Cronen, wie si lobet die nún kôre.

An einer seligen juncfröwen tag, sante Barberen, enpfieng Swester hiltegunt ir ere. Das wisete got eim lamen hunde, der noch mit jamer lekket sine wunden. In minem gebete es also beschach, das ich nit weis, weder de himelrich were geneiget zû mir, oder ich was gezogen in das wuñerrich hus gotz. Da stûnt hiltegunt vor dem trone des himelschen vatters gezieret als ein nûwe brut, die der künig geholet hat zehuse. Si het vmbe sich drie mentel und treit vf irem höbet siben cronen, und sunderlichen loben si nûn kôre. Do ich si sach, do bekañte ich si in aller gabe die si enpfangen hat von gotte. Doch luste mich mit ir ze redeñe und vragete si doch in der gebruchunge, vf de ich deste langer bi ir were. Eya, wavon hast du disen rosenuarwen mantel? Do sprach Hiltegunt: Ich was ein martereriñe in der fürinen miñe, also de dikke min herze blût vber min höbet gos. Do vragete ich si fürbas: wavon hastu disen guldinen mantel, der so schone lûhtet. Do sprach si: von dem bilde gûter werke. Do sprach ich: Wavon hastu disen blûmenden wissen mantel? Do antwort si: von der notlichen miñe, die ich heimlich trûg in miner sele und in miner sinnen.

Dis waren die siben cronen: Crone der stetekeit, Crone des heligen glôben, Crone der trûwen, Crone der milten barmherzekeit, Crone der heligen vernünftekeit, Crone der miñe, Crone des magtûmes. Do vragete ich me: Liebû, wa ist die crone der diemûtikeit, die geistlichen lûten so wol anstat? Do antwûrte si: Der han ich nit sunderlich, noch nie gewan, mere also vil, das mich got hochmûtes mitte benam. Dise siben cronen sint alle gezieret sunderlich mit dem schapel der edelkeit der lûteren heren [1]) kûscheit.

Alsust lobent si die kôre an nûn tugenden: Wir loben dich an diner rûwe, an dinem gûten willen, an diner warheit, an diner wisheit, an dinem sûssen jamer, an dinem willigen armûte,

---

') Handschrift: herren.

an diner starkheit, an diner gerehtekeit. Alsust lobent die von Seraphin, wan si ir gesellen sint: Wir loben dich an der miñe gottes, künegiñe. Die throni loben si alsust: Wir loben brûtigöme an der schôni der brûte.

Ich vragete si mancher dingen,
Der ich nu swigen wil,
Wan alleine, das hinnelriche si miñevar,
So ist doch leider das ertriche vil wandelbar
An mir und an mangem man,
Der noch ze himel nie kam,')
Da man die warheit schöwen sol.

XXI.   Wiltu den berg ansehen, so solt du haben siben ding.

Einen berg han ich gesehen,
Das was vil scheire *(sic)* geschehen,
Wan enkein lichame mohte das getragen,
Das die sele ein stunde da were.
    Der berg war niden wis, wolkenvar
Und oben an siner hôhin fûrig suñenclar.
Sin begiñen und sin ende konde ich niena finden,
Und biñen spilte er in sich selber
Vliessende goldvar in vnzellicher miñe.
Do sprach ich: Herre, selig sint die ögen,
Die das miñesweben eweklich sont schöwen
Und dis wunder bekeñen,
Ich mag es niemer geneñen.
Do sprach der berg: din ögen,
Dú mich sont alsust sehen,
Die müssent gezierent sin mit siben dingen,
Es mag enanders niemer bescheben.
Die sprechent alsust: Nôte bürgen gerne gelten,
Und nit halten an im selben,
Vngetrûwe wider den haas
Und minneklich wider die vreislicheit,
Luter an der schulde und bereit
Gegen der enpfengnisse.

XXII.   Wie die schowunge vraget die miñenden selen von seraphin und von dem nidersten menschen.

Vröwe sele, wöltet ir lieber sin ein engel von seraphin oder ein mensche mit libe und mit sele in dem niederosten koro der engel?

') Handschrift: kan.

Die sele zů der beschowunge: Vrowe beschŏwunge, ir hant dc wol gesehen, dc die engel von seraphin hohe fúrsten sint, und das si ein miñe, und ein fúr uud ein âten und ein lieht mit gotte sint.

Die beschŏwunge: Vrowe sele, ir hant das wol gesehen, das die engel einvaltige personen sint und das si got nit me lobent, noch miñent, noch bekeñent, deñe in an ist geborn; und des mag sich der niederste mensche alsust erholen mit cristanen gelŏben, mit rúwe, mit gerunge, und mit gůtem willen, mere sin sele mag in der gotheit so sere nůt breñen.

Die sele: Vrŏ beschŏwunge, ir hant das wol gesehen, das die engel von seraphin gotz kinder und doch sine knehte sint. Die minste sele ist tohter des vatters und swester des sunes und vrúndiñe des heligen geistes und werliche ein brut der heligen driualtekeit.

> Sweñe das spil v́berein get,
> So sehe man den weles allermeist wege,
> Den werdesten engel Jesum Christum,
> Der da swebet oben seraphin,
> Der mit sinem vatter ein ungeteilet gut můs sin.
> Den nim ich, minste sele, in den arm min,
> Und isse in und trinke in
> Und tůn mit im was ich wil.
> Das mag den engeln niemer geschehen,
> Wie hohe er wonet ob mir,
> Und sin Gotheit wirt mir niemer so túr,[1)]
> Ich mûsse ir ane vnderlas
> Allú minú gelide vol beuinden,
> So mag ich niemer mere erkűlen.
> Was wirret mir deñe was die engel beuinden?

XXIII. Wie die miñe vraget und leret die stumpfen selen und brechte si gerne zu irme liebe und spricht allererst und dú stumpfe sele antwurt.

Miñe: Eya torechtige sele, wa bistu,
Oder wielich ist din wonunge uud wes lebestu?
Wa macht du rúwen nu du nit enmiñest
Dinen lustlichen got v́ber dinen eignen Willen
Und úber alle dine maht?

[1)] Handschrift: tűre.

Sele: Las mich vngeweket,
Ich weis nit was du mir sagest.

Miñe: Man můs die Kůnigiñe wol weken,
Sweñe ir kůnig komen wil.

Sele: Ich bin in einem heligen orden,
Ich vaste, wache, ich bin ane hőptsůnde,
Ich bin gnůg gebunden.

Miñe: Was hilfet, das man ein ital vas vil bindet,
Und das der win doch usriñet?
So můs man es fůllen mit Steinen der vswendigen arbeit
Und mit eschen der vergenglicheit.

Sele: Ich wonen in der wollust miner mage
Und·miner liben geistlichen vrůnden;
Und wie mőhte ich den lustlich miñen,
Den ich nit erkeñe?

Miñe: O we, kannst du den herren nit erkeñen,
Den man dir so dikke nemet?
Du bist mer bekůmbert mit dinem huntlichen lichamen,
Deñe mit Jesu, dinem sůssem herre.
Des gewiñestu vor sinen őgen niemer ere.

Sele: Ich leben mines eignen willen,
Das ich den gerne vollebringe.

Miñe: Wiltu got rehte trůwe leisten,
So soltu in siner liebin volgen sinem geiste.

Sele: Ich růwe in der welte mines lichamen.

Miñe: Des maht du dich hůtte vor gotte schamen,
Das du doch treist geistlichen namen,
Und gast doch alles umbe mit dinem lichamen.

Sele: Wes solte ich mich generen,
Ob ich mich mit dir wőlte besweren.

Miñe: Eya untrůwe, der die sele so edel het gemaht,
Das si nůt deñe got essen mag,
Der lat noch iren lichamen nit verwůschen.

Sele: Du schiltest mich sere,
Wiste ich wa er were,
So mőhte ich mich noch bekeren.

Miñe: Wiltu mit im wonen in edeler vriheit,
So můstu e rumen dise wununge der bősen gewonheit.

Sele: O we! das tůt menig man nit der wise ist von lere
Und von natůrlichen siñen,
Das er sich iht getőrre legen
In die gewalt der nakkenden miñe.

Miñe: Mere die einvaltigen reinen,
Die got in allem irem tůnde luterlich meinen,
Zů den můs sich got natůrlich neigen.

Sele: Ich waude, weñe ich mich dur got begebe,
Das ich deñe vil hohe were gestigen.

Miñe: Was hilfet, das man ein sclaffenden man schone kleidet
Und im edelo spise vorsetzet diewile er schlaffet,
So mag er doch nit essen?
Eya liebi mi. lâ die weken.

Sele: Eya, nu sage mir, wa sin wonunge sî.

Miñe: Es ist en kein herre mer,
Der zemale in allen sinen húsern wone, deñe alleine er.
Er wonet in dem vride der heligen miñesamkeit
Und ruoet mit einer liebi in de enge enôte der sele
Er halset si ŏch in der edelen behagunge siner liebi.
Er grûsset si mit sinen liplichen ŏgen,
Weñe sich die lieben werlichen schŏwen.
Er durkússet si mit sinem gŏtlichen munde.
Eya wol dir, me deñe wol der überheren stunde!
Ertrutet si mit voller maht in dem bette der miñe.
So kunt si in das bŏchste wol
Und in das miñenklichste we,
Wirt si sin rehte iñe.

Sele: Eya liebû nu la dich miñen
Und were dich nit mit griñe.
Wie sint die die sich mit griñe werent?

Miñe: De sint die, die ander lúte und sich selber
Mit ir bosheit beswerent.
Nu sage ich dir wer er si:
Er ist der allerhŏhste hŏher,
Und der selbe hŏhste hohe hat sich geneiget
In das allerniderste tal,
Und dis allerniderste tal
Hat sich gesetzet in den allerhŏhsten hohen.
Stumpfû sele, sich dich vmb und vmbe
Und tû uf die blinden ŏgen.

Sele: Ist er von der hŏhsten hŏhi dur mini liebi nidergetreten,
Und hat sich gehtzlich mir mit allen creaturen gegeben,
Ja enwolte er sine gûti mir nût benemen,
So mŏchte ich mich jemer me vor sinen ŏgen schemen,
De ich min vngeneme kupfer me
Gèntzlich vmb sin tûres gold wolte geben.
O we, wa bin ich gewesen ich vnselige blinde,
Das ich also lange gelebet han ane kreftige miñe,
Damit ich werlich alle mine not
Sunder aller miner viende dank vberwinde?
Nu alleine ich armû vil gûtes versumet hân, [1]

---

[1] Handschrift: habe.

So wil ich doch noch vs allen dingen in got gan.
Eya miñe, wiltu mich noch enpfan?

Miñe: Ja, got hat sich nieman verseit,
Das ist ein glich masse.
Wiltu liep haben so müst du liep lassen.

XXIV. Wie sich die miñende sele gesellet gotte und sinen userwelten lieben, und sol gelich sin allen heligen. Wie der tüfel und die sele sprechen zesamene. [1]

Eya, herre Jesu christe, die vnschuldigû pine tröstet mich, [2] wan ich an allen minen pinen schuldig bin, und din helige tot haltet min bůgenisse lebendig in dir, und din vnbewollen blůt hat min sele durchvlossen.

Maria, trut můter, ich stand bi dir bi dem crůze mit allem minem cristanen gelöben, und das swert des heligen jamers snidet durch min sele, darumbe das der so vil ist wandelber die geistlich schinent.

Johañes baptista, ich bin mit dir gevangen, wan die vngetrů von dirne der valscheit hat gotz wort getötet in minem munde.

Johañes ewangelista, ich bin mit dir entslafen in herzeklicher liebe vf den brůsten Jesu christi, und dañen da han ich so erhaftigů wunder gesehen und vernomen, das min lichame ist dikke von im selber komen.

Petre, ich bin getrůte got mit dir, wan mir wirt niemer menschlich wol, und mir ist dikke geistliche we nach dem lobe Jesu Christi.

Paule, ich bin wunderlich vfgezuket mit dir und han ein solich hus gesehen, das mich nie keines dinges so gewunderte, so das ich sider dem male ein lebendig mensche mohte sin. Sweñe ich gedenke das der himelsche vatter da ist der seligen schenke und Jesus der kopf, (Becher) der helig geist der luter win, und wie die ganze drivaltekeit ist der volle kopf, und miñe der gewaltige keller, — weis got, so neme ich gerne, das mich die

---

[1] Greith S. 241.
[2] Am Rand: An vnsern pinen sind wir schuldig.

mific da ze huse bete. Nu ich wil noch hie gerne gallen trinkeu.
Eya lieber Jesu, nu lone es inen allen liplich, die mir hie schen-
kent bitterkeit, wañ si macheut mich gnadenrïch. Mir kam ein
kopf mit gallen, der was also kreftig, das er min lip und sele
al durgieng. Do bat ich sunderlich got für minen schenken,
das er im wôlte schenken den himelschen win. Werlich das
tet er und sprach: Du jungfrowe, gehabe dich wol. Die gròssi
mines wunders sol vber dich gan, die lôwen solten dich vôrhteu,
die beren solten dich sicheren, die wolfe solten dich fliehen.
Das sol din geselle sin. Ich bin des gewiss, unde als mir vntz-
bar ist beschehen, das ich noch manigen kopf mit gallen vs sol
trinken, wand leider der tüfel hat noch vnder geistlichen lüten
vil manigen schenken, die der gift so vol sint, das si es nit
alleine môgeut getrinken, si müssen si gottes kinder bitterlichen
schenken.

Stephane, ich knüwe bi dir vor dem judeschen herzen
vnder den scharpfen steinen, wand si vallent vf mich gros und
cleine. Die, welche gûte lüte schinent die steinent mich ze rugge
und vliehent und wellent nit de ich es it wisse, de es mir von
inen si geschehen. Got hat es doch gesehen.

Laurenti, ich was in dir gebunden, mer deñe zwenzig
jar uf einen grülichen rost; doch behielt mich got vnverbrant
und hat mich nu me deñe siben jar gelôschen.

Martine, ich wonen mit dir in der vnahteberkeit und dû
ware gotzmiñe hat mich gemarteret ob aller arbeit.

Dominice, lieber vater min, ich habe enwenig teiles mit
dir, wan ich habe es gegert manigen tag,

De noch müsse min sündiges herzblüt vliessen
Under der vngelôbigen ketzeron füssen.

Katherina, ich gan mit dir ze strite, wan die meister von
der helle wolten mich gerne vellen. Do einer kam zû mir, schone
als ein schin von der suñen, de ich solte wissen de er ein engel
were und brahte ein lühtendes bûch und sprach. Nime doch
das peize (pax) da du zû der messe nit komen maht. Do sprach
di sele mit gezogner wisheit: Der selber keinen vriden hat, der
mag mir keinen vriden geben. Do vûr er hin und verwandelt

sich und kam wider gelich eim vil armen siechen mañe, dem sin gederme vs wil, und sprach: Eya, du bist also helig, mache mich gesunt. Do sprach aber dú sele: der selber siech ist, der mag nieman heilen. Es ist geschriben: Wer bas mag der sol dem andern helfen. Es ist öch geschriben, man sol nieman wider got helfen, de man wol tût de ist nit wider got. Da nit gûtes an ist, da mag nieman nit gûtes antûn. Du hast ein ewig siechi, wiltu gnesen, so var hin und zôge dich einem priester, oder einem bischof oder einen erzbischof oder dem babest. Ich han en keinen gewalt deñe alleine de ich sündigen mag. Do sprach er mit griñe: das wil ich niemer getûn. Do wart er gelich einem scwarzen rûche und zôgete sich vngezogen und fûr hin. Ich fûrchte mich doch nit von ime.

Maria Magdalena, ich wone mit dir in der wôstunge wan mir sint ôlú ding ellende, sunder alleine got. Herre, himelscher vatter, zwischent dir und mir gat ane underlas ein vnbegriflich aten, da ich vil wunders und vnsprechlicher dinge iñe bekeñe und sihe und leider wenig nütze empfahe, wan ich bin so snôde ein vas, de ich dinen minsten funken nit erliden mag. Die ungebunden miñe wonet in den siñen, wan si ist noch gemenget mit irdenschen dingen, also de der mensche rûfen mag: In der gnade ist die miñe jn den siñen vtlegen und hat noch leider die sele nit erstigen. Der lûten ist vil gevallen, wan ir scle bleip vnverwunt. Salomon und David enpfiengen den heligen geist in iren menschlichen siñen; do sich aber die siñe wandolten, do vielen si Yn die valschen miñe. Weis got, ir sele war nit gesenket in die niedersten tieffi vnder aller creature, noch gewundet mit dem creftigen teil der miñe,

Von der des besten wines nic enbeis,
Der groleret dike allermeist

die gebunden miñe wonet in der sele und stiget über menschliche siñe und gestattet dem lichamen enkeines sines willen. Si ist gezogen und vil stille. Si lat ir flügel nider und hôret nach der vnsprechlichen stiñe, und sieht in das vnbegriffelich lieht und wirbet mit grosser begirde nach irs herren willen. Mag deñe der licham veder schlagen, so enmag dû sele de hôhste

de menschen geschehen mag niemer cruaren. In diser gebun-
denen miñe wirt rich die gewundete sele, und vil arme ir vs-
wendigen siñe, wand, je me got richtûmes in ir vindet, je sie sich
von rehter edelkeit der miñe tieffer diemûtet. Swelch mensche
alsust gebunden wirt mit der gruntrûrunge der kreftigen miñe,
den kan ich entkeinen val zû den höptsünden vinden, wan die
sele ist gebunden, si mûs ie miñen. Gott müsse vns alle alsust
binden!

*XXV. Von der klage der miñenden sele, wie ir got schonet und
enziehet sine gabe, von wisheit, wie dû sele vraget got wer er
sî und wie er sî. Von dem bôngarten, von den blûmen und von.
dem sange der megde.*[1])

O du unzalhaftiger schatz an diner richeit! O du vnbe-
griffenliches wunder an diner manigvaltekeit! O du endelose
ere in diner herschaft diner edelkeit! Wie we mir deñe ua dir
sie, als du wilt schonen min,

> De môhten dir alle creaturen nit volle sagen,
> Ob si mûsten vûr mich clagen,
> Wan ich lide vnmenschliche not,
> Mir tete vil sanfter ein menschlich tot.
> Ich sûche dich mit gedenken,
> Als ein junkfröwe verholn ir liep;
> Des mûs ich sere kranken,
> Wan ich mit dir gebunden bin.
> De bant ist sterker deñe ich si,
> Des mag ich nit werden von miñen vrl.
> Ich rûffe dich mit grosser ger
> In ellendiger stiñe.
> Ich beiten din mit herzen swer,
> Ich mag nit rûwen, ich briñe
> Vnverlöschen in diner heissen miñe.
> Ich jage dich mit almaht.
> Hette ich eines risen kraft,
> Dû were schiere von mir verlorn,
> Keme ich reht von dir vf das spor.
> Eya lieber, nu löfe mit ir nit ze lange vor
> Und rûwe ein wenig miñeklich,
> Uf de ich dich begriffe.

---

[1]) Greith S. 241.

Eia herre, als du mir hast alles enzogen de ich von dir han, so la mir doch von gnade dieselben gabe, die du von nature einem hunde hast gegeben, de ist, de ich dir getrûwe si in miner not ane allerleie widertrutz: Des gere ich sicherlich serer deñe dins himelriches.

Liebû tube, nu hôre mich :
Min gütlichû wisheit ist so sere über dich,
De ich alle min gabe an dir also ordene,
Als du si an dinem armen libe maht getragen.
Din heimliches sûchen mûs mich vinden,
Dines herzen iamer mag mich twingen,
Din süsses jagen machet mich so mûde,
De ich begere, de ich mich kûle
In der reinen sele din,
Da ich in gebunden bin.
Din ser herze sûfzende biben
Hat min gerehtekeit von dir vertriben,
Des ist vil rehte dir und mir.
Ich mag nit eine von dir sin.
Wie wite wir geteilet sin,
Wir mögen doch nit gescheiden sin.
Ich kan dich nit so kleine beriben,
    Ich tû dir vnmassen we an dinem libe.
Sôllte ich mich dir ze allen ziten geben nach diner ger,
So mûste ich meiner süssen herbergen
In dem ertrich an dir enbern ;
Wan tusent lichamen môchten nit
Einer miñenden sele irre ger volle wern.
Darumbe, je hoher miñe, je heliger marterer.
    O herre, du schonest alzesere mines pfûligen kerkers,
Da ich iñe trinke der welte wasser
Und isse mit grosser jamerkeit
Den eschekûchen miner brôdekeit,
Und ich bin gewundet vf den tot
Mit diner fûrigen miñe strale.
Nu lastu mich herre ligen
Ungesalbet in grosser qwale.
    Liebe herze min kûnegiñe,
Wie lange wiltu also vngedultig sin?
Weñe ich dich allerserost wunden,
So salben ich dich allermiñeklichost in derselben stunden.
Die grôssi mines richtûmes ist alleine din,
Und über mich selber solt du gewaltig sin.
Ich bin dir miñeklichen holt ;
Hast du de gelôte, ich habe de golt.

Alles das du hast dur mich getan, gelassen und gelitten,
De wil ich dir alles widerwegen
Und wil dir mich selben eweklich vergeben
Nach allem dinem willen geben.

Herre, ich wil dich zweier dinge vragen;
Der berihte mich nach dinen gnaden:
Weñe min ögen trurent ellendekliche
Und min mund swiget einvaltekliche
Und min zunge ist mit jamer gebunden
Und min siñe mich vragent von stunde ze stunden,
Was mir sie, so ist es mir
Herre alles nach dir,
Und min vleisch mir entvallet, min blůt vertrukent,
Min gebein kellet, min adern krempfent
Und min herze smilzet nach diner miñe,
Und min sele breñet mit eines hungerigen löwen stiñe.
Wie mir deñe si, wa du deño bist,
Vil lieber das sage mir.

Dir ist als einer nůwen brut,
Der sclafende ist engangen ir einig trut,
Zu dem si sich mit allen trůwen hat genciget,
Und mag des nit erliden, de er ein stunde von ir scheidet.
Alse si den erwachet, so mag si sin nit me haben,
Deñe alse vil als si in iren siñen mag getragen,
Davon hebet sich alle ir clagen.
Diewile de der jungeling siner brut ist nit heim gegeben,
So můs si dikke ein von im wesen.
Ich kum zů dir nach miner lust, weñe ich wil;
Siest du gezogen und still
Und verbirg dinen kumber wa du maht,
So meret an dir der miñe kraft.
Nu sage ich dir wa ich deñe si.
Ich bin an mir selben an allen stetten und in allen dingen,
Als ich je was sunder begiñen
Und ich warten din in dem bömgarten der miñe
Und briche dir die blůme der sůssen einunge
Und machen dir da ein bette
Von dem lustlichen grase der heligen bekantheit
Und die liehte suñe miner ewigen gotheit
Beschinet dich mit dem verborgenen wunder miner lustlicheit,
Des du ein wenig heimlich hast erzöget.
Und da neigen ich dir den hohsten bön miner heligen drivaltikeit,
So brichest du dene die grůnen, wissen, roten öpfel miner sanftigen menscheit,
Und so beschirmet dich der schatte mines heligen geistes
Vor aller irdenscher trurekeit,
So kanst du nit gedenken an din herzeleit.

So du den bön vmnahest, so lere ich dich der megde sang,
Die wise, die worte, den süssen klang,
Den die eine an inen selben nüt mögen verstan,
Die mit der vnkůscheit sint durgangen,
Si söllent doch süssen wandel han.
Liebů nu sing an und la hören wie du es kanst.

O we, min vil lieber, ich bin heiser in der kelen miner kůscheit,
Mere das zukker diner süssen miltekeit
Hat min kelen erschellet das ich nu singen mag,
Alsust, herre: Din blůt und min ist ein vnbewollen,
Din miñe und minů ist ein vngeteilet,
Din kleit und min ist ein unbevleket,
Din munt und miner ist ein vnkůst etc.

Dis sint dů wort des sanges der miñe stiñe,
Und der süsse herzeklang müsse bliben,
Wan de mag kein irdenschů hant geschriben.

XXVI. Von diseme bůche und von deme schriber dis bůches.

Ich wart von disem buche gewarnet,
Und wart von menschen also gesaget;
Wolte man es nit bewaren,
Da möhte ein brant übervaren.
Do tet ich als ich von kinde han gepflegen;
Weñe ich betrůbet je wart, so můste ich beten.
Do neigete ich mich ze minem liebe und sprach:
Eya herre, nu bin ich betrůbet,
Dur din ere sol ich nu ungetröstet von dir beliben.
So hastu mich verleitet,
Wan du hies mich es selber schriben.
Do offenbarte sich got zehant
Miner trurigen sele, und hielt dis bůch in siner vordern hant,
Und sprach: lieb minů, betrůbe dich nit ze verre,
Die warheit mag nieman verbreñen.
Der es mir vs miner hant sol neñen,
Der sol sterker deñe ich wesen.
De bůch ist drivaltig
Und bezeichent alleine mich.
Dis bermint, de hie vmbegat
Bezeichent mîn reine wisse gerehte menscheit,
Die dur dich den tot leit.
Dů wort bezeichent miine wunderliche gotheit,
Dů vliessent von stunde ze stunde
In dine sele us minem götlichen munde.
Dů stiñe der worte bezeichent minen lebendigen geist
Und vollebringent mit ir selben die rehten warheit.
Nu sich in allů disů wort,

Wie loblich si mine heimlicheit melden
Und zwifel nit an dir selben.

    Eya herre, were ich ein geleret geistlich man,
Und hettistu dis wenig grosse wunder an im getan,
So möhtistn sin ewige ere enphåhn.
Wie sol man dir nu das getruwen,
Das du in den vnfletigen pfül
Hast ein guldin hus gebuwen,
Und wonest da werlich iñe mit diner müter
Und mit aller creature
Und mit allem dinem himelschen gesinde.
Herre da kun ich die irdische wisheit nit gevinden.

    Tohter, es verlüret manig wise man sin türes gult
Von verwarlösi in einem grossen herwege,
Da er mitte ze hoher schûle möhte varen;
De müs jeman vinden.
Ich habe von nature das getan manigen tag.
Wan ich je sunderliche gnade gap,
Da suchte ich je zů die nidersten,
Minsten, heimlichosten stat,
Die hosten berge mögent nit enpfan
Dio offenbarunge miner gnaden,
Wan die vlüt mines heligen geistes
Vlüsset von nature ze tal.
Man vindet manigen wisen meister an der schrift,
Der an im selben vor minen ögen ein tore ist.
Und ich sage dir noch me,
Das ist mir vor inen ein gros ere
Und sterket die heligen cristanheit an in vil sere,
De der vngelerte munt
Die gelerte zungen von minem heligen geiste leret.

    Eya min herre, ich süfze und gere
Und bitte für dinen schribere,
Der das büch na mir habe geschriben,
De du im öch welest die gnade geben ze lone,
Die nie menschen wart gelühen,
Wan herre, diner gabe ist tusend stunt mo
Deñe diner creaturen die si mögent nemen:

    Do sprach vnser herre:
Si hant es mit guldinen büchstaben geschriben,
Also sont allù disù wort des büches
An irem obersten cleide stan
Eweklich offenbar an minem riche
Mit himelschem, lühtenden golde
Ober aller ir gezierde wesen geschriben.
Wan dù vric miñe müs je das höhste an dem menschen wesen.

·   Die wile de mir vnser herre disů worte saget,
Do sach ich die herliche warheit
In der ewigen wirdekeit:
Eya herre, ich bitte dich, de du dis bůch wellest bewaren
Vor den ögen der valschen vare,
Wan si ist von der helle vnder vns komen.
Sie wart nie us dem himelriche genomen,
Si ist gezůget in lucifers herze
Und ist geborn in geistlichem homůte
Und ist gedruten in dem has
Und ist gewahsen in dem gewaltigen zorno als gros,
De si des dunket, de kein tugent si ir genos.
So můssent gottes kinder vndergan
Und můssent sich mit der smacheit verdruken lan,
Wellent si die höhsten ere mit Jesu enpfan.
Ein heligo vare
Můssen wir uf uns selber
Ze allen stunden tragen,
Das wir uns vor gebresten verwaren.
Ein miñeklich vare
Sôn wir ze vnsern ebencristanen haben,
So si missetůnt, de alleine getrůwelich sagen,
So mögen wir manig unnůtze rede bewaren. Amen.

Dis ist das dritte bůch.

———

1. Von dem hiͤelriche und von den nůn koͤren und wer den brůchen soͤlle erfúllen. Von dem trone der apostelen und Sante Marien und da Cristus iͤe sint. Von dem loͤne der predieren, martereren und megden und von den vngetoͤften kinden.

> Dů sele sprach alsust zů ir gerunge:
> Eya var hin und sich wa min lieber si,
> Sag im, ich wolte miñen.
> Do vůr die gerunge drahte hin,

wan si ist von nature snel und kam zů der hohen und rief: Grosser herre, tů uf und la mich in. Do sprach der wirt: Was wiltu de du so sere breñest?

> Herre, ich kůnde dir,
> Min Fröwe mag nit lange alsust leben,
> Woͤltistu vliessen so moͤhte si sweben,
> Wan der visch mag uf dem sand nit lange leben
> Und frisch wesen.
> Var wider ich la dich nu nit in,
> Du inbringest mir die hungerige sele,
> Der mich lustet ob allen dingen.
> Do der botte nu widerkam
> Und die sele irs herren willen vernam,
> Eia, wie mincklich si es do erkam!
> Si hůp sich uf in einem sachten zuge
> Und in einem lustlichen fluge.

Do kamen ir zwene engel genützet vil schiere, die sante ir got gegen von herzeklicher liebi und sprach ir zů: Vröwe sele, was wellent ir sust verre? Ir sint je noch gekleidet mit der vinsteren erden. [1] Do sprach si: Je herre, swigent des all stille und gruessent mich ein wenig bas, ich wil varen miñen. Je naher ir dem ertrich sinket, je mer ir verbergent vwer süsses himelbliken, und je höher ich stige, je klarer ich schine. Do namen si die sele zwüschen sich, und vorten si vrölich hin.

> . Do die sele gesach der engel lant,
> Da si ane vare ist bekañt,
> Do we ir der himel vfgetan,
> Do stůnt si und smaltz ir herze und sach
> Iren lieben an und sprach:
> O herre, wen ich dich sieh,
> So müsse ich dich loben in wunderlicher wisheit.
> War bin ich?
> Komen bin ich nu in dir verlorn.
> Joch mag ich nit gedenken in das ertrich,
> Noch an kein min herzeleit.
> Ich hatte willen, weñe ich dich gesehe,
> De ich dir von dem ertrich vil wölti clagen;
> Nu hat mich, herre, din ansehen erschlagen.
> Wan du hast mich über mine edelkeit
> Alzemale erhaben.

Do knüwete si nider und dankete im siner gnaden, und nam ir cronen von irem höbet und saste si vf den roseuarwen naren siner füssen und gerte des, de si im nahe komen müsste. Do nam er si unter sine götlichen arme, und leite sin vetterliche hant uf ire brüste und sach si an ir antlůt. Merke, ob si do vt geküsset wart. In dem kusse wart si do vfgeruket in die böhsti höhi vber aller engel köre.

> Dů minste warheit,
> Die ich da han gesehen, gehóret und bekant,
> Der gelichet nit dů höhste wisheit,
> Die in disem ertrich je wart genañt.

Ich han da iñe vngehörtů ding gesehen, als mine bihter sagent, wa ich der schrift vngeleret bin. Nu vörhte ich got ob

---

[1] Am Rand: Gregorius exponit.

ich swige, und vörhte aber vnbekante lüte ob ich swige. Villiebe
lüte, we mag ich des, de mir dis geschiht und dike geschehen ist?
In der demütigen einvaltekeit und in der ellendigen armûte,
und·in der verdrukten schmacheit hat mir got sinú wunder
erzöget: Do sach ich die schöpnisse und die ordenunge gotzhuses,
de er selber mit sinem munde hat gebuwen. Da in het er de
liebeste gesasst, de er mit sinen henden hat gemaht. Dú
schöpnisse des huses heisset der himel; die köre da iñe heissent
de riche, darumbe sprichet man zesamen himelrich.

De himelrich hat ende an siner satzunge, aber an sinem
wesende wirt niemer ende funden. Der himel gat vmb dú köre,
und zwischen dem himel und den liplichen kören sint geordenet
die weltlichen sünder jemer danahe gelich hohe den kören, de
si sich besseren und bekerent. Die köre sint so kleinlich und
helig und notlich, de ân kúscheit und miñe verzihunge aller dingen
nieman darin kumet, wan si waren alle helig die da vs vielen,
und danach müssent si wesen helig die wider in koment. Alle
westbaren und kint von sehs jaren füllen den bruch nit höher
deñe in den sehsten kor. Danach untz in seraphin sönt die
megde den bruch erfüllen, die sich besodelten mit kintlichem
willen, und doch der tat nie geschach, und die reinten sich
danach in der bihte. Si mögen sich doch des nit erholn, si
haben die luterkeit verlorn. Die luter geistliche megde sint, die
söllent nach dem jungosten tage den bruch erfüllen oben se-
raphin, da lucifer und sin nehsten von verstossen sint.

Lucifer biegeng ze male drie höbetsünde, has, hofart und
gitckeit, die selugen den kor also geswinde in de ewig abgrunde,
so man mohte sprechen alleluja. Do erschrak alles das riche
und erbibeten alle des himelriches süle. Do vielen der andern
etliche. De ellende ist noch ital und lidig, da ist nieman iñe
und ist als luter in sich selber, und spilet von wuñe got ze eren.
Ob dem ellende ist der gottes thron gewelbet mit der gottes-
kraft in blûiender, lühtender, füriger clarheit und gat hernider
untz an den himel gegen von kerubin, de der gotzthron und der
himel ein erlich hus sint; und da ist de ellende und die nún
köre beuangen iñe.

Ob dem gottes thron ist nit me deñe got, got, got, vn-
messelicher grosser got. Oben in dem throne siht man den
spiegel der gotheit, de bilde der menscheit, de libt des heligen
geistes und bekeñet wie die drie ein got sint, und wie si sich
fůgent in ein. Niht mere mag ich hievon sprechen.

Lucifers bruch můss erfüllen Johañes Baptista und sin ere
besitzē in dem sůssen ellende ob seraphin, und alle luter geist-
liche megde mit im, di sint noch behalten gegen dem ellende.
An dem throne vnser vrŏwe Sante Marien da sol enhein bruch
erfüllen, wan si hat mit irem kinde geheilet aller menschen
wunden, die in selber der gnade gonden, de si es behalten
wolten und konden. Ir sun ist got und si gŏttinne, es mag ir
nieman glich gewiñen. Die apostelen wonent allernaheste got
in dem throne und hant de ellende von seraphin ze lone nach-
dem de si reine sint. Johanes Baptista ist ŏch in dem throne
ein fůrste. Die engele wonent nit hoher deñe in seraphin. Da
obe můssent si alle menschen sin. Die heligen martirere und
gottes brediere und geistlichen miñere koment in die kŏre, alleine
si nit megde sin. Ja si komen erlich in kerubin.

> Da han ich vngegert der predier lon gesehen
> Als es noch sol geschehen,
> Ir stůle sint wunderlich,
> Ir lon ist sunderlich.

Die vordersten stůle sint zwoei brinendü liehter, die be-
zeichenent die miñe und de helige bilde und die getrůwe mei-
nunge (bínē). Die lene der stůle ist also sanfte vri und in
wuncklicher růwe also sůsse, me deñe man sprechen můsse
wider den starken gehorsam, dem si hie sint undertan.

> Ir fůsse sint gezieret mit manigerleio
> Tůren gesteine, also schone,
> De ich mich werlich frŏwete,
> Wurde mir so erlich ein crone.
> De haben si wider ir arbeit,
> Die hie an ir fůssen ist, geleit.

O ir predier, wie regent ir v́wer zungen nu so ungerne und
neigent v́weri oren so nŏte vor des sünders munt!

Ich han vor gotte geschen, dc in dem himelriche sol ge-
schehen das ein atem sol schinen vs von v́werme munde, der
sol vſgan vs den kóren vor dem throne und sol loben den
himelschen vatter vmb die wisheit, die er an v́wer zungen hat
geleit, und grůssen den sun vmbe sin ersam geselleschaft, wan
er selber ein predier was, und danken dem heligen geiste vmb
sine gnade, wan er ein meister ist aller gaben. So sóllent die
gottes predier und die heligen martirer und die miñenden megde
sich v́fheben, wan inen die gróste ere ist gegeben an sunder-
lichem gewete, und an liplichem gesange und an wunderlichen
schappeln, die si tragent got ze eren.

    Der megde gewete ist wisse lilienvar,
    Der predier gewete ist fúrig suñenclar,
    Der martyrer gewete ist lúhtende rosenrot,
    Wan si mit Jesu litten den blůtigen tot.
    Der megde schappel ist manigerlei var
    Der martyrer crone ist gros offenbar.

Der predier schappel ist alles von blůmen, dc sint die gotz
wort, damit si in die grossen ere sint hie komen. Sust gant
diser drier seligen usspilen für die heligen drivaltekeit in einen
sússen reien.

    So flússet inen engegen vs von gotte
    Drierleie spilende vlůt,
    Die erfúllet iren můt,
    Dc si singent die warheit
    Mit vróden ane arebeit,
    Als si got an si hat geleit.

Alsust singen die predier: O vserwelter herre, wir han ge-
volget diner milten gůtin in willeklichem armůte, und haben
dinů wizelosen schaf ingetriben, die dine gemieteten hirten liessen
gan usser dem rehten wege.

Alsust singen die martyrer: Herre din vnschuldiges blůt
hat erfúllet vnsern tot, dc wir sint diner marter genos.

Die seligen die nu in dem himel swebent und da so wunck-
lichen lebent, die sint alle bevangen mit einem liehte, und sint
durchflossen mit einer miñe und sint vereinet mit einem willen;
jedoch so haben si der wirdekeit noch nit, die an den erlichen
stůlen lit. Si růwent in der gottes kraft und vliessent in die

wůñe und haltent sich in dem gotzzuge als der luft in der suñen, mere nach dem jüngesten tage.

So got sin abentessen wil haben, so sol man stůlen den brůten gegen irme brůtegôme, und so sol liep zů liebe komen, der lip zů der sele, und besitzen deñe volle herschaft in der ewigen ere.

O du lustliches lamp und woñeklicher jungeling Jesu, des himelschen vatters kint, als du dich deñe vflhebest und alle kôre durchverst und winkest den megden wunenklichen, so volgen si dir lobeliche in die allernotlíchesten stat, de ich nieman sagen mag. Wie si deñe mit dir spilent und dinen miñelust in sich verzerent, de ist so himellichů süssekeit und so notliche vereinikeit, de ich desgliches nit weis. — Die witwen sollen ôch volgen in herlicher lust, und in süsser anschöwunge lassen si sich begnůgen in die hôhsten, so si das můssent ansehen, wie sich de lamp zů den megden füget. Die ehte sôllent sich ôch miñcklich ansehen, also verre, als es in nach ir edelkeit mag geschehen. Wan je me man sich hie sattet mit irdenschen dingen, je me vns da der himelschen woñe můs überblîben.

Die kôre hant alle sunderliche lůhtenisse an irem schine und der himel die sine. Dů lůhtenisse ist so seltzen erlich, de ich nit můs noch mag geschriben. Den kôren und dem hiñele ist von gotte manig wůrdekeit gegeben,

> Do mag ich von jegelichem ein wôrtelin sagen.
> De ist nit me deñe also vil,
> Als ein bini honges mag
> Vs einem vollen stok an sinem füsse getragen.
> In dem ersten kore ist die lustlicheit
> De hôhste de si haben in allen gaben.
> In dem andern kore die sanftmůtekeit,
> In dem dritten kore ist die miñlicheit,
> In dem vierden süssekeit, in dem fünften frôlicheit,
> In dem sechsten edele růche,
> In dem sibenden ist richeit,
> In dem achtoden wirdekeit,
> In dem nůnden das miñebreñen,
> In dem süssen ellende ist dů luter helikeit.

Das hôhste in dem throne ist dů gewaltigů ere, und die kreftigů herschaft. De hôhste vberal das je wart in dem himele,

ist die wunderunge. De höchste de ist, das si mögent ansehen
de ru ist und jemer sol geschehen.

Eya das erliche tůme und dů sůsse ewrekeit, und de kreftig
durschauen aller dingen, und die sunderlichů heimlicheit, das
zwischent gotte und einer jeglichen sele ane vnderlas gat! Die
lît an so notlicher zartekeit, hette ich aller menschen wisheit
und aller engele stime, ich kůnde es nit für bringen.
Dů vngetöften kint vnder fünf jaren wonen in einer sunder-
lichen wirdikeit, die inen got vs sinem rich hat bereit.

       Si sint nit an irme schöpnisse
       Gewahsen von drissig jaren,
       Wan si nit cristan mit cristo waren.
       Si haben keine cronen,
       Got mag inen nihtes gelonen;
       Er hat in doch sine gůti gegeben,
       Das si in grossem gemache leben.
       De höhste de si habent,
       De ist die vollede der gnaden. Si singent alsust:
       Wir loben den der vns geschaffen hat,
       Alleine wir in nie gesahen,
       Möhten wir pine liden, so wölten wir es jemer clagen;
       Nu söllen wir uns wol gehaben.

Nu mag etliche lůte wundern des, wie ich sündig mensche
das mag erliden, de ich sogtan rede schribe. Ich sage vch
werlich fůrwar: hette es gott vor siben jaren nit mit sunderlicher
gabe an minem herzen vndervangen, ich swîge noch und hette
es nie getan. Nu wart es mir von gotz gůte nie kein schade,
de kunt von dem spiegel miner offenen bosheit, die so rehte
gegen miner sele offen stat und von edelkeit der gnaden, die
da lit an der rehten gotz gabe.

Doch je höher die sele ist gestîgen, je me dem lichamen
mit worten und mit gelasse minre lobes sol geben; man sol öch
sinen kumber vor dinen ögen nit klagen, wan er ist von nature
ein zage. Man sol in halten als einen alten pfrůndener, der
nit me ze hove mag gedienen, so git man ime die almůsen
alleine dur die gotz liebi. Dis ist warlich nütze, wan: je edeler
hunt, je vester halsbant.

Nu lieber herre, dise rede wil ich diner milten gůti bevelhen

und bitte, vil lieber min, mit sûfzendem herze und mit weinenden
ögen und mit ellender sele, de si niemer kein pharisei mûsse
gelesen und bitte dich vil lieber herre me, de dise rede dinû
kint müssen also vernemen, als du si, herre, in der rehten
warheit hast vsgegeben.

*II. Wie die sele lobet got an siben dingen und got si von der
salbe beite.*

O sûsser Jesu, allerschöneste forme unverborgen in nöten
und in liebe miner ellenden sele, ich lobe dich mit derselben,
in miñe, in nöten und in liebe mit der gemeinschaft aller creaturen.
Des luste mich deñe ob allen dingen. Herre, du bist die suñe
aller ögen, du bist die lust aller oren, du bist die stiñe aller
worten, du bist die kraft aller vromekeit, du bist die lere aller
wisheit, du bist de liep in allem lebende, du bist die ordenunge
alles wesendes.

Da lobte got die miñende sele loblich, des luste in sûssek-
lich alsust: Du bist ein liht vor minen ögen, du bist ein lire vor
minen oren, du bist ein stiñe miner worten, du bist ein meinunge
miner vromekeit, du bist ein ere miner wisheit, du bist ein liep
in minem lebende, du bist ein lop in minem wesende.

Herre, du bist ze allen ziten miñesiech na mir,
De hast du wol bewiset an dir.
Du hast mich geschriben an din bûch der gotheit,
Du hast mich gemalet an diner miner mönscheit,
Du hast mich gegraben an diner siten
An henden und an fûssen,
Eya erlöbe mir, vil lieber,
Das ich dich salben mûsse.
„Ja wa wöltestu die salben neñen herzeliebe?“
Herre, ich wolte miner sele herze in zwöi rissen
Und wölte dich darin legen,
So möhtest du mir niemer so liebe salben gegeben,
Als de ich ane vnderlas
In diner sele mûste sweben.
      Herre, wöltest du mich mit dir ze huse nemen,
So wölte ich jemer din artedline wesen.
„Ja, ich wil; jedoch min trûwe heisset dich beiten,
Min miñe heisset dich arbeiten,
Min geduld heisset dich swigen,

Min kumber heisset dich armût liden,
Min Smalheit heisset dich vertragen,
Min gerunge heisset dich not clagen,
Min sig heisset dich an allen tugenden volle varn,
Min ende heisset dich vieles [1]) tragen;
Des hast du ere, swene ich dinen grossen last entlade."

III. Ein clage das die sele maget ist, und von der mine gotz.

Seele: „O herre, wel ein armû sele de ist und ellende, die hie in ertriche von diner mine maget ist! O wer hilfet mir clagen wie we ir ist, wan si weis es selbe nit des si enbirt, was de ist."

Mine: Fröwe brut, ir sprechent in der mine bûch ûwerem liten zû, de er von vch vliehe. Berihtet mich notliche, frowe, wie ist vch dene geschehen? wan ich wil lieber sterben, möhte es mir geschehen, in der luteren mine, dene ich got in der vinsteren wisheit heisse von mir gan. Wene ich mit minem lieben mûs notlichen spielen, so darf mich die wisheit kein vnderscheit leren. Swene ich aber arbeite an anderen dingen mit minen fûnf sinen, so nim ich vil gerne, de si mir die helige messe bringe. Hör mich liep gespile [2]). Ich was vröliche wan trunken in der mine, darumbe sprach ich zartlich von sinen. Swene ich aber werde vbertrunken, so mag ich mines liebes nit gedenken, wan dû mine gebûtet mir, de si wil de mûs sin, und des sich got getrost, des genende ich mich; wande, nimet er mir den lip, so ist die sele sin.

> Wilt du mit mir in die winzelle gan,
> So mûstu grosse kosten han.
> Hastu tusend marche wert,
> De hastu (in) einer stunde verzert.

Wilt du den win ungemenget trinken, so verzerest du jemer me als du hast, so mag dir der wirt nit volle schenken. So wirstu arm und nakent und von allen den versmehet, die lieber

---

[1]) Handschrift: viele.
[2]) Am Rande sind auffallender Weise von späterer Hand zwei Verse aus Ovidius angeführt.

sich fröwent in dem pfûle, denne si iren schaz in der hohen winzelle vertûn.

> Du mûst öch das liden,
> Das dich dieiene niden,
> Die mit dir in die winzelle gant.
> O wie sere si dich etteswene versmahent,
> Wan si so grosse koste nit getörrent bestan.
> Si wellent das wasser ze dem wine gemenget han.
> Liebe vrö brut, in der tauerne wil ich gerne
> Verzeren alles das ich han
> Und lasse mich dur die kolen der mine ziehen
> Und mit den brenden der smacheit selahen,
> Uf de ich vil dike in die seligen winzelle mûsse gan.

Hie wil ich gerne zû kiesen, wan ich mag an der mine nit verlieren. Darumbe der mich piniget und versmehet, der schenket mir des wirtes win, den er selbe getrunken hat.

> Von dem wine werde ich also trunken,
> De ich allen creaturen werlich wirde als vndertan,
> De mich des dûnket na miner menschlichen vuedelkeit
> Und na miner angenomenen bosheit,
> De niemer mensche hat so vbel wider mich getan,
> De er deheine sûnde môge an mir vnseligen began.

Harvmbe mag ich min leit an minem viende nit wirken. Jedoch so weis ich das wol, si môgent gotz gebot öch an mir zerbrechen.

Liebû gespile, wene de geschieht, de man die winzelle vfschlûsset, so mûstu in der strasse gan hungerig, arm, nakent, und also versmehet, de du aller spise cristanliches lebens an dir nit me hast wan den gelôben. Mahtu dene minen, so verdirbestu niemer.

> Vrö brut, ich habe nah dem himelischen vatter einen hunger.
> Da ine vergisse ich alles kumbers,
> Und ich han nach sinem sun einen durst,
> Der benimet mir allen irdenschen lust;
> Und ich han von ir beder geiste ein solich not
> Die gat bonen des vatters wisheit,
> Die ich begriffen mag
> Und über des sunes arbeit
> Dene ich erliden mag,
> Und vber des heligen geistes trost
> Dene mir geschehen mag.

Swer mit dirre not wirt bevangen,
Der můs jemer me vngelôst
In gottes selekeit hangen.

*IIII. Wie vnser vrowe S. Maria sünden mohte und wie nit,
das leret der helig geist.*

O Maria, erlichú keyseriñe, gotz můter und vrôwe min,
Ich wart gevraget von dir, ob du sünden môhtest andern men-
schen glich, do du were vf disem sündigen ertrich. Nu hat
mich berihtet der helig geist, der, vrôwe, alle din heimlicheit
vol weis, also de du mohtest sünden, wan du wêre ein volge-
machet mensche von gotte, in aller vrôwelicher nature und an
aller megtlicher schöpfenisse, und du wêre nit lä an diner
nature. Das machet dû alle lange kúscheit vor gotte edel
und túre.

Aber vrôwe, edel göttiñe ob allen luteren menschen, du
mohtest öch nút sünden. De hattest du von dir nút, wan der
himelsch vatter beschirmde dine kintheit mit der vordahtekeit
siner alten erwêlunge, und der helig geist bant din jugent mit
der erfüllede siner nûwen liebi, und Jesus gieng dur dinen lip
als der tôwe dur di blůme, also de dinú kúscheit nie wart be-
růret. Und die kraft der heligen drivaltekeit hatte din nature
also bedruket, de si sich vor irem schöpfer nie getorste noch
mohte menschlich geregen, und dû ewig wisheit der almehtigen
gotheit hatte dir, frôwe, einen schatten gegeben, da du iûe
behieltest din menschlich leben, also de du pine mohtist liden
ane sünde, und de öch dine blůmende menscheit in der suñen
der crestigen gotheit nit verswinde. In dem schatten trûge du
Jesum menschlich und zuge in nûterlich. Aber, frôwe, in des
vatters botschaft und in des heligen geistes enpfengnisse und in
des sunes wort was, frowe, das für der gotheit und das licht
des heligen geistes und die wisheit des sunes also gros an dir,
de du des schatten do wenig mohtest bevinden. Weis got,
frowe, da na můstest du dich nit armůte mit missekomen und
mit manger herzen swere ellendeckliche kúlen. Jedoch belibe
du im herzen an gůten werken grösseclich in fürig von dem

fûre de da breñet sunder begiñe und sunder helfe in sich selben. De hat, frôwe, dine wênde durschinen und hat alle vinsternisse us dinem huse getriben.

V. Wie die sele klaget de sî keine messe noch die zit hôret und wie got si lobet an zehen dingen.

Sust klaget sich ein ellende sele, do si got hatte verworfen von siner notlichen liebi und miñte si mit grosser pine. O we, wie übel ein rich man mag liden, de er nach erlicher richheit in gros armût wirt gewiset und sprach: Eya herre, nu bin ich vil arm an minem siechen lichamen und bin vil ellendig an miner armen sele, also herre, an geistlicher ordenunge, de nieman din zit vor mir liset, noch nieman dines heligen anbahtes von der messe vor mir pfliget.

> Dô sprach der miñeklîche munt
> Der mine sele hat durwunt,
> Mit sinen grossen worten,
> Die ich nie wirdige horte alsust?
> Du bist min gerunge, ein miñe wolunge,
> Du bist miner brust ein süsse kûlunge,
> Du bist ein kreftig kus mines mundes,
> Du bist ein vrôlich vrôde mines vundes,
> Ich bin in dir und du bist in mir,
> Wir môgen nit naher sin,
> Wan wir zwôi sint in ein gevlossen
> Und sin in ein forme gegossen,
> Also son wir bliben eweklich vnverdrossen.

Eya liebû, wie sprichest du mir so nahe; joch getar ich niemer an dise wort vrôlich gedenken, wand mir der tote hunt, min lichamen ane vuderlas mit jamer zû stinket und ander mine viande so steteklich zû bremen und ich, herre, an minen siñen nit weis wie es sôlle ergan (an) minem ende. Mer an diner anschôwunge alleine, so weis ich nit von leide, so hast du, herre, mich mir benoñen und hast dich in mich verstolen. De du mir deñe hast gelobet de müsse geschehen und müsse dir noch ze lobe komen. Alsust antwurt vnser herre: ·

> Min tieffû reichunge, min breitû wandelunge,
> Min hohû gerunge, min langû beitunge.
> Ich mûs dich aber leren:

Die edeln juncfröwen kostet ir zuht vil sere,
Si müssent sich twingen an allen iren liden

und müssent vil dike vor ir zuhtmeisterine bibenen, also ist minen
brüten in ertriche an irem lichamen gegeben. Ich wart in ertrich
dur dini liebi mit nöten bevangen und mine viende trügen minen
tot vor minen ögen grimeklich in iren handen, und ich leit in
schame ¹) vil manig armůt. Darüber getrůwete ich minem vatter
vnzellige gůti. Hienach rihte din gemůte.

VI. Wiltu rehte volgen gotte, so soltu han siben ding.

Swer got volgen wil an getrůwelichen arbeiten, der sol nit
stille stan; er sol dike reissen, er sol denken was er was in
der sünde und wie er nu si in den tugenden, was er noch werden
mag in dem valle. Er sol klagen und loben und bitten naht
und tag. Swenc dü getrůwe brůt erwachet, so gedenket si an
ir liep; mag si sin dene nit haben, so gat es an ein weinen.
Eya wie dike das gotz brüten geschieht geistlich.

VII. Von siben offenbaren vienden vnser selekeit, die machen
siben schaden.

Dü vnnützekeit ist an uns ein vil schedeliche sitte, und dü
böse gewonheit schadet vns öch an allen stetten, und irdensche
girheit verdilgget an uns de helige gotz wort, und der böse
krieg von mütwillen wirket an vns vil manigen schedlichen mort,
und vientschaft des herzen vertribet von uns den heligen geist,
und zornig gemůte benimet vns gotz heimlicheit, und die valsche
helikeit mag niemer bestan, und die luter gotzminc mag an
nieman vergan. Wellen wir disen vienden nit etwichen, si be-
nement vns me dene de himelrich; wan de ist ein vorhimelrich,
de wir hier leben heleklich. Wellen wir aber disen vienden irer
listen und irer gewalt an vns gönen, so beröbent si vns der siben
gaben des heligen geistes und si verlöschent uns de ware lieht
der waren gotzliebe. Si verbindent vns öch die ögen der heligen
bekantnisse und leitent vns verblendet in die siben höbtsünde.
War gat dene der weg hin, dene in de ewige abgrunde?

---

¹) Handschrift: schame.

VIII. *Von siben dingen die alle priester sollent haben.*

Der himelsche vatter hat mir siben ding gesagt, die ein
jeglich gotz priester an im haben sol, und sprach: Si sollent
vnschuldig an in selben wesen, und de gezüge sol vollekomen
wesen. Ist da kein zwivel an, so sol man es lassen und nit
tûn. Si söllent alle vorbte von în legen und sönt der judeschen
e vergessen und sönt min lamp lebendig essen, und sönt sin
blût sûfzende trinken, so mögen si siner grossen sere reht ge-
denken. Ist er aber schuldig an im selben, so essent minñ kint
de himelbrot und judas vert zû der helle. Und ist das gezüge
de da hört zû der messe nit vollekomen, so stat der gotz tisch
ital und den kinden wirt ire spise benomen. Koment si aber
ob dem alter in die not ires libes, so ist besser das si ir blût
giessen deñe das mine.

IX. *Von dem angenge aller dinge, die got hat geschaffen.*

Eya vatter aller gûte, ich vnwirdig M. danke dir aller
trûwe da du mich mitte hast gezogen usser mir selber in din
wunder, also herre, de ich in diner ganzen drivaltekeit han
gehört und gesehen den hohen rat der vor vuser zit ist ge-
schehen, do du herre were beslossen in dir selben alleine, und
din unzellichû wuñe nieman was gemeine.

Do lühteten ûie drie personen also schone in ein,
De ir jeglicher dur den andern schein, und ware doch gantz in ein.

Der vatter was gezieret an im selber in meñlichem gemûte
der almebtikeit, und der sun war glich dem vatter an vnzellicher
wisheit, und der helig geist in beden glich an voller miltekeit.
Do spilte der helig geist dem vatter ein spil mit grosser miltekeit
und schlûg vf die heligen drivaltikeit und sprach im zû: Herre,
lieber vatter, ich wil dir vsser dir selber einen milden rat geben,
und wellen nit langer alsust vnberhaftig wesen. Wir wollen ban
ein geschaffen rich und solt die engel nach mir bilden, de si
ein geist sin mit mir, und das ander sol der M. (Mensch) sin.

Wand lieber vatter, de heisset vrôde alleine,
De man si in grosser meine
Und in unzellicher wñne vor dinen ögen gemeiñ.

Do sprach der vatter: du bist ein geist mit mir, de du ratest und wilt, de behaget mir. Do der engel geschaffen was, ir wissent wol wie es geschach, were der engel val vermitten, der mensch musste doch geschaffen werden. Der helig geist teilte mit den engeln sine miltekeit, de si vns dienent und sich vröwent aller vnser selekeit. Do sprach der ewig sun mit grosser zuht: Lieber vatter, min nature sol öch frucht bringen. Nu wir wunders wellen begiñen, so bilden wir den M. na mir, alleine ich grosses jamer vorsihe; ich mûs doch den M. eweklich miñen. Do sprach der vatter: Sun, mich rûret öch ein kreftig lust in miner götlichen brust und ich dönen al von miñe. Wir wollen fruhtbar werden, vf das man vns wider miñe und das man vnsere grossen ere ein wenig erkeñe. Ich wil mir selben machen ein brût, dû sol mich mit irem munde grüssen und mit irem ansehen verwunden, deñe erste gat es an ein miñen.

Do sprach der helig geist zû dem vatter: ja, lieber vatter, die brut wil ich dir ze bette bringen. Do sprach der sun: vatter, ich sol noch sterben von miñen, du weist es wol; jedoch wellen wir diser dingen in grosser heligkeit vrölichen begiñen. Do neigete sich dû helige driualtekeit nach der schöpfunge aller dingen und mahte vns lip und sele in unzellicher miñe. Adam und Eva waren gebildet und adelich genaturet na dem ewigen sune, der ane begiñe von sinem vatter ist geborn. Do teilte der sun mit Adame sin himlische wisheit und sinen irdischen gewalt,

Also de er hette in vollekomner miñe
Ware bekentnisse und helige siñe
Und de er gebieten mohte aller irdenschen creature,
De ist vns nu vil tûre.

Do gab got ade von herzeklicher liebi ein gezogne, edel kleinliche jungfröwen, de was eua, und teilte ir mitte sine minekliche eliche gezogenheit, die er selber sinem vatter ze eren treit. Ire lichamen sollen reine wesen, wan got schûf inen nie schemeliche lide, und si waren gekleidet mit engelscher wete. Ire kint sollen si gewiñen in heliger miñe, als die sune spilende in de wasser schinet und doch de wasser vnzerbrochen blibet. Mere da si assen die verbotenen spise, do wurden si schemlich verschaffen an dem libe, als es uns noch anschinet. Hette vns die helige drivaltckeit alsust engelsclich geschaffen, so eumöhten wir vns von siner edelen nature siner geschafnisse niemer geschamen.

Der himelsche vatter teilte mit der sele sin götlich miñe und sprach: Ich biu got aller götten, du bist aller creaturen göttiñe und ich gibe dir mine hant trûwe de ich dich niemer verkiese. Wilt du dich nit verlieren, so sönt dir mine engel ane ende dienen. Ich wil dir mîuen heligen geist ze einem kamerer geben, de du dich vnwissende in keine höptsûnde maht gelegen, und ich gibe dir.... vrien willekore. Liep vor allen liebe, nu sich dich eben wislich vor.

Du solt halten ein klein gebot,
Uf de du gedenkest, de ich si din got.
Die sele, die vil reine spise,
Die inen got hat gelobt in dem paradyse,
Die solte in grosser helikeit mit iren lichamen bliben.
Mere, do si die vngenemen spise,
Dû nit fûgte irem reinen libe,
Hette gessen,
Do wurden si der vergift so vol gemessen,
De si verluren der engele reinikeit
Und vergassen ir megtliche küschekeit.

Do schrei dû sele in grosser vinsternisse manig jar nach irem lieb mit ellender stime und rief:

O herre liep, war ist komen din vbersüssü miñe?
Wie sere hast du verkebset din elich küuigiñe!
(Dis ist der propheten sin.)
O grosser herre, wie maht du erliden dise lunge not,
De du nit tötest unsern tot!
So wilt du doch werden geborn.
Mer herre allü dinü getat
Ist doch vollekomen also ist öch din zorn.
     Do hûp sich aber ein hoher rat
In der heligen drivaltekeit.
Do sprach der ewige vatter: Mich rûwet miu arbeit,
Wan ich hatte miner heligen drivaltekeit
Ein also lobelich brut gegeben
De die höhste engel ir dienstman solten wesen.
Ja were öch lucifer an sinen eren bliben,
Si sölte sin göttiñen sin gewesen,

Wan ir war de brútbetto alleine gegeben.
Do wolte si mir nit langer glich wesen.
Nu ist si verschaffen und grúlich gestalt,
Wer solte den vnflat in sich nemen?

Eya, do knúwete der ewig sun vor vor sinem vatter und
sprach: Lieber vatter, de wil ich wesen; wiltu mir dinen segen
geben. Ich wil gerne die blútigen menscheit an mich nemen
und ich wil des M. wunden salben mit dem blúte miner vnschulde,
und wil alles menschen sere verbinden mit einem túche der
ellenden smacheit untz an min ende, und ich wil dir, trut vatter,
des M. schulde mit menschlichem tode vergelten. Do sprach der
helig geist zú dem vatter: O almechtiger got, wir wellen ein
schöne procession haben und wellen mit grossen eren wandeln
unvermischet von diser höhi hin nider. Ich bin doch Marien
kamerer vor gewesen. — Do neigte sich der vatter in grosser
miñe zú ir beider willen, und sprach zú dem heligen geiste:
Du solt min liecht vor minen lieben sun tragen in allú dú herzen,
dú er mit minen worten sol bewegen, und sun, du solt din
crúze vfnemen. Ich wil mit dir wandeln alle dine wege und
ich wil dir eine reine juncfröwe zú einer múter geben, de du
die unedel menschheit dest erlicher maht getragen. Do gieng
die schöne processio mit grossen fröden harnider in das templum
Salamonis, do wolte der almechtige got nún manode ze herberge
wesen.

X. *Von dem passio der miñenden sele die sî von gotte hat, wie
si vfstât und in den hiñel vart. Fere XXX partes habet.*

In warer liebi wirt die miñende sele verraten, in der súf-
zunge na gotte. Si wirt verköffet im heligen jamer nach siner
liebi, si wird gesúchet mit der schar der manigvaltigen trehnen
na irem lieben herren, den hette si also gerne. Si wirt gevangen
in der ersten kúnde, so got si kússet mit sússer einunge. Si
wirt angegriffen mit manigen heligen gedanken, wie si ir fleisch
getöde de si nit wenke. Si wirt gebunden mit des heligen
geistes gewalt, und ir wuñe wirt vil manigvalt. Si wirt gehals-
schlaget mit grosser vnmaht de si des ewigen lihtes sunder un-
derlas gebruchen nit mag. Si wirt vor gerihte gezogen in

bibender schemende, das got ir von ir sünden vleken ist so dike
vrömede. Si antwurtet öch zů allen dingen helekliche und mag
das nit erliden, de si sich mit jeman arglichen begrife. Si wirt
georschlaget vor gerihte, wene si die tüfel geistlich anvehtent.
Si wirt ze herode gesant, wene si sich selber untůre und vn-
wirdig bekenet, und versmehet sich selber mit den grossen herren
al irer danken. Pylato wirt si wider gegeben, wene si můs
irdenscher dingen phlegen, si wirt geschreiget, geselagen mit
grosser sere, wene si sich můs ze irem lichame keren. Si wirt
enkleidet mit dē phellere der schönen miñe. Si wirt mit manig-
valtiger trůwe süsseklich gekrönet, wene si des geret, de ir got
alles ires kumbers niemer me gelone, jo vf de höhste ze sinem
lobe. Si wirt verspottet mit heliger italkeit, wene si so verre
in got verdolet, das si verlůret irdensche wisheit. So knüwet
man für si in grosser smacheit, wene si sich in der kleinen
demütekeit vnder aller creature füsse leit. Ir ögen werden ver-
bunden mit irs lichamen vnedelkeit, wan si so sere in ir viuster-
nisse gevangen leit. Si treit ir crütze in einem süssen wege,
wene si sich got werlich in allen pinen gibet.

> Ir höbt wirt geselagen mit einem rore,
> Wene man ir grosse helikeit glichet einem tore.

Si wirt an dem crůze so vaste genegelt mit dem hamer der
starken miñe löffe, de si alle creaturen nit mögent wider gerůffen.
Si dürstet öch vil sere an dem crůze der miñe, wan si trunke
vil gerne den luteren win von allen gotzkinden.

> So koment si al mit alle
> Und schenkent ir die galle.
> Ir licham wirt getödet
> In der lebendigen miñe,
> Wene ir geist wirt gehöhet
> Ueber alle menschlich siñe.
> Nach disen tode wirt (vart) si zů der helle
> Mit irer maht und tröstet die betrübeten selen
> Mit irne gebette von gotz güti
> Sunder irs lichamen wissenhaft.
> Si wirt gestochen von einem blinden
> Der vnschuldiger miñe durch ire siten
> Mit eime süssen spere;
> Da vliessent vs irem herzen manig helig lere.

Si hanget öch hoch in dem süssen luft des heligen geistes,
gegen der ewigen sunen der lebendigen gottheit an dem crúze
der hohen miñe, das vollen dúrre wirt von allen irdenschen
dingen. So wirt si deñe in einem heligen ende von irem crútze
genomen. So spricht si: Vatter enphahe minen geist. Nu ist
es alles vollekomen. Si wirt geleit in ein beselossen grab
der tieffen demútekeit, so si sich steteklich die vnwirdigoste
weis under allen creaturen. Si stât öch vf vrölich an eim oster-
tage weñe si mit ireme lieben hat gehabet in dem notlichen
brútbette ein süsse miñeclagen. So tröstet si ir juncherre des
morgens frú mit Marien, weñe si enphât von gotte dú ware
sicherheit, de got alle ir sünde in der miñe rúwe hat vertilget.
Si kunt zů iren jungern wider in beselossener túr, weñe ire fünf
siñe die heligen gotzlere so dikke vorsaget. So gât si vs von
Jerusalem des heligen erlstantûmes mit manger tugenlicher schar.
So betrúbet sich der lichame, der mit allem sinem weseñde nach
aller siner unedelkeit gerne allen sinen willen neme. So spricht
si: Ich bin ûwer meister, ir sönt mir volgen und in allen dingen
gehören. Vöre ich nit zů minem vatter, ir belibet also toren.
Vi vert öch vf in den himel, weñe ir got in heliger wandelunge
alle irdensche ding benimet. Si wirt enphangen in einer wissen
wolken der heligen beschirmunge, weñe si miñecliche vêrt und
vrölich widerkunt ane allerleie kumber. So komet die engel
wider und tröstent die man von galylea, weñe wir gedenken
an gots vserwelte frúnde und an ir helig bilde. Dise marter
lidet ein jeglich sele, die in heliger temperunge alles irs túndes
ist werlich durchvlossen mit warer gotzliebi.

XI. Zwischent got und der miñenden sele sint alle ding schöne.

Weñe die miñende sele sihet in den ewigen spiegel, so
spricht si: herre, zwischent dir und mir sint alle ding schöne,
und zwischent dem túvel und siner brût, der verdampneten sele,
sint alle ding egenselich und also grúwelich, weñe si gedenket
an den mineklichen Jesum, so erbibeñet si und wirt irnúwet
alle ir hellepin.

XII. Du solt loben danken und geren und bitten. Von dem lühtere und dem liehte.

Eia lieber herre, wie arm ich doch was, do ich aller diser worte nit mohte gedenken, noch gebetten, noch miñen. Do kriegete ich doch zů dir mit minen ellenden siñen und sprach alsust: Eya lieber herre, wamit sol ich dich nu eren? Da sprichestu den vnwerdosten zů, den du je geschůffe alsust: Du solt mich loben miner getrůwen beschirmunge. Du solt mir danken miner milten gaben. Du solt geren mines heligen wunders. Du solt bitten vmb ein gůt ende.

Do vragete dů sele mit edelen worten: Vil lieber, was wunders sol ich geren? Dis můs ich fůrbas alweinende scriben. Got helfe mir allerermesten menschen, das ich mit Jesu blibe. — Do sprach min lieber alsust: Ich wil das lieht vf den lůhter setzen, und allů dů ögen, dů de lieht angeschent, den sol ein sunderlich strale schinen in de öge ir bekantnisse von dem liehte. Do vragete dů sele mit grosser vnderteuekeit ane vorhte: vil lieber, wie sol der lůhter sin. Do sprach vnser herre: Ich bin das lieht und din brust ist der lůhter.

XIII. Von sehszehenhande miñe.

Dů milte miñe von heliger barmherzekeit
Vertribet ital ere und die bösen krankheit.
Dů ware miñe von gotlicher wisheit
Bringet genůgunge und vertribet die unlobliche girheit.
Diemůtigů miñe von heliger einvaltekeit
Gesiget alleine vber die hoffart
Und bringet die sele mit gewalt
In helige ware bekantheit.
Die stete [1]) miñe von gůten sitten
Mag keiner valscheit gephlegen.
Dů grosse miñe von kůner getat
Weis ir in allen dingen gůten rat.
Die beuintlich miñe von gottes heimlicheit
Verblendet dis ertrich sunder arbeit.
Dů gebunden miñe von heliger gewonheit
Dů růwet niemer und lebt doch in ir selber sunder arbeit.

---

[1]) Handschrift: steste.

Dú ingende miñe von grosser vberflůt,
Dú liget alle stille und ir sint alle ding bitter sunder alleine got.
Dú rüffende miñe von edeler vngedult
Die swiget niemer und si hat seleklich vergessen aller schult.
Die dütesche miñe von gotz lere.
Dú böget sich noch zů einem kinde vil gerne.
Dú schóne miñe von hoher gewalt,
Dú iungert dů sele und der lip wirt alt.
Dú miñekliche miñe von offener gabe
Vertilget des suren hertzen clage.
Dú verborgen miñe troit türen schatz
Von gůtem willen in heliger tat.
Dú clare miñe von spilender flůt
Tůt der sele süsse not;
Si tödet si öch sunder tot.
Dú windesche miñe von vbermaht,
Das ist die nieman gedulden mag.

XIIII. Von zwein valschen tugenden, swer da ine wonet der lebet
der lugenen.

Ich han einen meister, de ist der helig geist, der lert mich
vil sanfte was ich wil, und das ander behaltet er mir. Nu
spricht er alsust:

Die wisheit sunder vestenunge des heligen geistes,
Die wirt ze jungost ein berg des hohen můtes.
Der vride sunder bant des heligen geistes,
Der wirt vil schiere ein itel tobekeit.
Diemůt sunder vůr der miñe
Wirt ze jungost ein offenbarů valscheit.
Dú rehtekeit sunder tieffi gotz diemůtekeit
Die wirt vf der stat ein grůwelich has.
Armůt mit steteklicher girheit
Das ist in im selber ein süntlich vberflůssekeit.
Dú grůwelich vorhte mit warer schult
Bringet egestlich vngedult.
Schóne gelas mit wolves siñen
Des werdent die wisen schier in iñe.
Heilige gerunge von ganzer warheit,
Das geschichet nieman sunder arbeit.
Gůtlich leben sunder bagen
De wirt zů nňützen dinge vil tragen. ¹)

_____

) Handschrift: trâge.

Dů vermessen tugent ane gotzgabe
Dů wirt mit dem hohen můte verslagen.
Schöne gelůbde sunder trůwe tat,
De ist valscheit und des tüvels rat.
Gůte trost sunder ware sicherheit
Der sele und des heligen geistes volbůrt,
Der wirt an dem jungosten ende ein vnvrölich tot.
Grosse gedult sunder neigunge des herzen in got
Das ist ein heimlich schuld,
Wan alle, dů an allen dingen
In gotz warheit nůt hangent,
Die müssen dem ewigen gotte
Mit grosser schande entvallen.
Die miñe sunder můter der demůtekeit
Und sunder vatter des heligen vorhten,
Die ist vor allen tugenden verweiset.

XV. Mit aht tugenden soltu gân zů gottes tische. Mit den lôsepfanden lôset ein mensche sibenzig tusend selen von dem grůwelichen vegefúre, de manigvaltig ist.

Die vil torehtigen beginen, wie sint ir also vrevele, de ir vor vnserm almehtigen rihter nit bibenent, weñe ir gotz lichamen so dikke mit einer blinden gewonheit nement! Nu, ich bin die minste vnder éch, ich můs mich schemen, hitzen und biben. In einer hohgezit was ich also verblödet das ich sin nit getorste nemen, wan ich miner besten froñekeit vor sinen ögen scheme. Da bat ich minen vil lieben, de er mir sin ere daran wôlte wisen. Do sprach er: Werlich gast du mir vor mit demůtigem jamer und mit heligen vorhten, so můs ich dir volgen als die hohe flůt der tieffen mülen. Gast du mir aber gegen mit blůender gerunge der vliessender miñe, so můs ich dich gemůssen und mit miner gotlicheu nature berůren als min einige kúnigiñe. Ich můs mich selber melden, sol ich gotz gůte werlich mögen verbringen. De hinderte mich werlich nit mer deñe einen heissen ouen das hinderte, das man in al vol wisser simelen schůbe. Do gieng ich zů gotz tische in einer edeln schar. Die bewarten mich viltrůwelich und hielten mich doch vil sere ze vare. Dů warheit zůgete mich, die vorhte schalt mich, die schame geiselte mich, die růwe vertůmete mich, die gerunge zog mich, die miñe fûrte mich, der cristangelôbe schirmete mich, die getrûwe meinunge zû allen gûten dingen bereite mich, und allû minû gûten werk schrûwen waffen vber mich. Der gewaltige got enpfieng mich, sin reine menscheit vereinete sich mit mir, sin heiliger geist troste mich.

Do sprach ich: herre, nu bist du min, wan du bist mir hûtte gegeben, und ôch an der stat do man spricht: *Puer natus est nobis.* Nu gere ich, herre, dines lobes und nit dines fromes, also de hûtte din here lichame den armen selen ze trost kome. Du bist werlich min, nu solt du, herre, hûtte den gevangenen ein lôsepfant sin.

Do gewan si also grosse maht, de si in fûrte mit siner kraft, und kamen an ein so grûwelich stat die min ôge je gesach, so eigesclich ein bat gemachet, gemischet von fûr und von bêche, von pfûle, rôch und stanke. Ein dike vinster nebel gieng darûber als ein swarzû hût gezogen. Da lagen die selen iñe gelich als die krotten in dem horwe. Ir geschöpfnisse war menschen gelîch, si waren doch geiste und hatten des tûvels gelichnisse an în. Si sutten und brieten mit einander. Si schrûwen und hatten unzallich jamer vmb ires fleisches willen, das si so tieffe hat gevellet. De fleisch hatte verblendet iren geist, darumbe sutten si allermeist. Do sprach des menschen geist: O herre, wie mange ist diser armen, du bist min ware lôsepfant, du mûst dich nu erbarmen. Do sprach vnser herre: Der ist aue menschenzal und du maht ir zal nit begriffen, diewile din fleisch irdenshen teil mit dir haben sol. Si sint alle zerbrochenû vas gewesen und hant in ertrich geistliches lebeñes vergessen. Si sint von allen lebeñe und von allen landen.

Do fragete der mensche liche geist: Eya lieber herre, wa sint die klosenere, der wirde ich hier keiner gewar? Do antwurte vnser herre: Ihre sünden waren heimlich, nu sint si in disem grunde alleine mit den tûuelen gebunden. Do betrûbete sich des menschen sele vil sere und leite sich vf die fûsse vnsers vil lieben herren und gerte krefteklich arbeiten miñeklich und sprach: Vil lieber, du weist wol was ich gere. Do sprach vnser herre: Du hast mich mit rehte harbraht, ich lasse si nit unbedaht.

Do stůnt vmbe si ein vil grossů schar der tüfeln, die ir pflagen in dem ungesegenten bade. Die waren ŏch über mîn zal, die si rîben und twůgen und vrassen und gnůgen (nagen) und si mit fürinen geiseln schlůgen. Do sprach inen des menschen geist also zů: hŏrent ir sündenfresse (freise?), schent an das lŏsepfant, ist es iht tûre das ůch daran begnůge. Do erschraken si al bibende in grůwelicher schemede un sprachen: Ja, nu vŏrent si von hinan. Wie vuselig wir sin! wir müssen ęch der warheit jehen. Do gap unser herre einen süssen wunsch der armen selen us sinem gŏtlichen herzen. Do hůben si sich vs mit grossen frŏiden und liebe. Do sprach die frŏmbde sele: Eva vil lieber herre, wa sŏnt si nu hinkeren? Do sprach er: Ich wil si bringen uf einen blůmenberg, da vindent si me wune deñe ich gesprechen kůne. Do dienete in vnser herre und was ir kamrer und ir villieber geselle. Do seite mir vnser herre, das ir da sibenzig tusent werin. Do vragete aber die sele, wie lange ir pine weri. Do sprach vnser herre: Inre drissig jaren kamen si nie zů iren lichamen und zehen jar solten si noch ze pine wesen, were ein so edel pfant für si nit gegeben. Die tüfel fluhen, si getorsten es nit nemen. Vil lieber, sprach aber die sele, wie lange sŏllent si hie wesen? Do antwurt unser herre und sprach: als lange als uns gůt dunket.

XVI. Nach der gabe volget geissele und nach der smacheit ęre.

Dise sele ermanet vnsern herren siner alten worten alsust: Herre, du hast gesprochen, es si enkein gabe vf disem ertrich, da lige ein geisel uffe. Das hast du mir vorgeseit mit dins selbes munde und hast mir es nachgeleistet zů maniger stunde. Du seitest mir ŏch vor über sechs jar, mich solten geistliche lüte noch vil sere versmahen; das tůnt si nu vlisseklich und hant es dikke arglich getan. Ist dis, herre, das wunder, des ich geren sol. Do antwurte mir vnser herre und sprach: Min vatter gab mir die gewalt siner warheit und gab mir dů wissenschaft siner helikeit, und danach gab er mir vil manige smaheit. Aber danach gab er mir grosse ere und unzellich wirdekeit. Alsust wil ich dir geben min helig drivaltikeit.

XVII. Von eis geistlichen menschen vegefûr, von siner fúnfhande helfe vs der pine und von edelkeit predier-orden.

In pinen han ich ŏch gesehen einen geistlichen man;
Zû dem hatte ich bi sinem leben gûten wan.
Ich hat drie manode fûr sine sele
Mit herzelicher sere,
De im das nie mohte geschehen,
De ich sine not mŏhte besehen.
Untz an dem abent in dem jungsten tage.

Als er sinen geist vfgap, do wart er mir vil schiere gewiset in minem gebete, de ich fûr die armen selen tet. Ich sahe (in) alleine und sine pine mohte er mir nit erzŏgen. Er was bleicher varwe in einem wissen nebele. Do vragete ich: O we, warumbe bistu nit ze hiñele? Do antwurt er al mit verborgen worten in rûweclicher schame, und er las ein bûch al weinende und alle die wort schrieten, das ruchte über fû, und dazû allû dû bûch, dû er je hatte gelesen. Do sprach er: Mir war zû der welt alze liebe an gedenken, worten und gelâsse. Zwene drakken lagen zû sinen füssen, die sugen im aller den trost vs, den er enphahen solte von der heligen cristanheit wider den sincranken ¹) gehorsam, das er sunder not nach sinem willen und nit nach siner prelaten lere wolte gan. Ich vragete in: Wa sint dine viende, die dich solten pinegen? do antwurte er: Von der edelkeit mines ordens mohte mich nie kein tûfel berûren. Ich hatte grossen strit in minem lichamen, und ich hatte eines dinges willen, were de vollegangen, das were vil unnütze gewesen, darumbe lies mich got nit langer leben. Ich brüñe in mir selber, min eigen willen mûs mich qwelen. Do vragete ich: Eia sag mir, wamitte mag man dir helfen? Do sprach er: Der mir ein jar alle tage hundert venien und zwölf disciplinen und vil trehnen mit rûwigem herzen us reinen ŏgen gebe, das solte min büsse sin und wesen. Messen sol man doch lesen. Eya, sage megden und priestern, de si wellen fûr mich bitten. De ende miner pine wil ich dir nût sagen, wan ich wil mine brûdere damit nût

---

¹) Handschrift: sicranken.

betrüben. Nu var von mir. Do enpfieng er des tüfels gelich-
nisse an sich unde braute und wart stumme gegen mir.

XVIII. Von des ritters strite mit vollen waffenen wider die begerunge.

Ich bat für einen menschen, als ich was gebetten, de im
got des lichamen berürunge wölte benemen, de doch ane sünde
geschiht, des der böse wille dazů nit bringet. Do sprach vnser
herre: swig. Behagete dir, de du ein ritter were mit vollen
waffenen und von edeler kunst unde mit warer mankraft und
mit geringen henden, de der lidig were und versumete sines
herren ere und verlüre den richen solt und den edeln lobes
schal, den beide, der herre und der ritter in den landen behaben
sol. Mere, wa aber wêre ein ungetrierter man, der von vngetete
nie ze strite kam, wolte der in fürsten turneien komen, dem
were schiere sin lip benomen. Darumbe můs ich der lüte
schonen, die so lihte ze valle koment. Die lan ich striten mit
den kinden, vf de si ein blůmenschappel ze lone gewiñen.

XIX. Von zweierleie armen lüten, (die) miñenklich unde pinliche arme sint.

Ich habe zwöigerleige lüte arm gesehen, die einen sint
miñenklich arm und hant jemer angst, de inen ze vil werde
diser armen erden. Die andern sint ane iren dank vil pinlich
arm und löffent jemer vmbe und hant grossen angest, de în nit
möge werden diser armen erden. Hie zů antwurt vnser herre
und spricht: Die pinlich armen stant in miner gerehtekeit, wan,
hetten si vil irdenscher dingen, si wölten mich doch nit wider
miñeklich miñen noch heileklich bekeñen, darumbe můs ich si
mit dem hertosten gewinnen. Den miñeklich armen gib ich mę
deñe si getörren begeren, wan ich mag den stöb an în nit er-
liden, de si sich mit irdenschen dingen ze verre besweren, und
ich gere, de ir herze jemer offen stande gegen mir, und de ich
ane hinderunge und ane vnderlas möge lühten und schinen dur
das mine.

XX. Von fünf propheten die dis büch erlühtent.

Unser herre hat mir gelobet, er welle das büch erlühten mit fünf liehten: Moyses grosse heimlicheit und sin helig arbeit und sunderliche smacheit, die er ane schulde treit und sine erlich zeichen und sin süsse lere, und das vserwelte miñereden, das er dikke gegen dem ewigen gotte vf dem hohen berge tet. Das sol alles ein liht wesen und got hat und wil mir de geben, das ich dur aller miner vienden bösen list in siner beschirme ane schuldige scheme sol gan und miñeklich sweben. Als Moyses mit sinen fründen tet dur de rote mer. Und pharao und sin fründe,

> Die sônt vns nit volgen alze verre.
> O we, wie sint si ertrunken in disem mere!
> Eya erbarme dich, lieber herre,
> De unser viende sich bekeren!

Künig David ist in disem büche das ander liht mit dem salter, da iñe er vns leret und klaget, bittet, manet und got lobet.

Salomones wort lühtend und sine werk nit, wan er selber vervinstert ist, in dem büche canticis, da dû brut so trunken kuene vunden ist und der brútegôme so rehte nôtlich ir zû sprichet: du bist alles schône, min fründine und kein flekke ist an dir.

Jeremias lühtet ôch sin teil, do er sprichet von unser fröwen heimlichkeit.

> Wañ also het mir got geseit,
> De hette die luter küscheit,
> Die hôhi der miñe und de er die marter leit
> In cristanen gelôben,
> Den er nie gesach mit sinen fleischlichen ôgen.

Daniel lühtet ôch in wunderlicher wisheit, das im got von gnaden vnder allen sinen vienden gab die spise an sele und an libe. Also ze glicher wis ist mir unwirdigen in minen nôten geschehen.

> Des hunt mine viende ein kleine gesehen
> Und môgent das nit erliden
> Darumbe geben si mir manige pine.

XXI. Von der helle, wie si drú teil hat. Wie lucifer und sehs-
zehenhande lúte sint gepinet. În wirt kein helfe. Von lucifers
cleide.

Ich habe gesehen ein stat,
Ir name ist der ewige hass.
Si ist gebuwen in dem nidersten abgrunde
Von manigerlei steine der höptsúnden.
Die hoffart war der erste stein,
Als es an lucifer ist wol schein.

Vngehorsami, böse gitekeit, vberessen, unkúschekeit, das
waren vier stein vil swere, die saute allerersten vnser vatter
Adam dar.

Zorn, valscheit und manslaht,
Die drie steine hat caym darbraht.
Lugi, verratcúlsse, verzwivelen,
Die sich selben machen liblos, ¹)

Mit disen vier steinen mordete sich öch der arme Judas.
Dú súnde von sodoma und valsch helikeit,

De sint die notlich winkelstein,
Die an dem werke sint geleit.
Dú stat ist gebuwet manig jar,
We allen den, die ir helfe senden dar!
Je me si da hinfúr sendent,
Koment si selber nach, si werdent
Dest mit merer schaden enpfangen.

Die stat ist alse verkert, de je die hohsten sint geordent
in die niderste, und unedelste stat. Lucifer sitzet in dem nider-
sten abgrunde mit siner schult gebunden, und im flússet ane
vnderlas von sinem fúrigen herzen vs und usser sinem munde
alle die súnde, pine, súche und schande, do die helle, de fegfúr
und dis ertrich so jemerlich mitte ist bevangen.

In dem nidersten teil der helle ist de fúr und die vinster-
nisse und stank und eisunge und allerleige pine allergrost, und
da sint cristanlúte na iren werken ingeordent. In dem mittelen
teile der ist allerleie pine meslichor. Da sint die juden nach

¹) Handschrift: liebkos.

iren werken ingeordent. In dem oberosten teil der helle ist allerleie pine allerminest, und da sint die heiden nach iren werken ingeordent.

Die heiden clagen alsust:

O we, hetten wir gehabet ein ê
So were vns nit eweklich anst grôslichen wê!
Die juden clagen ôch alsus:
O we, hetten wir gotte gevolget an Moyses lere,
So weren wir nit verdampnet alsus sere!
Die cristan klagent noch mere,
Das si die grossen ere
Von mûtwillen hant verlorn,
Do si Christus mit grosser liebi hette zů erkorn.
Lucifer sehen si ane vnderlas mit grossem jamer an,
Und mûssent offenbar mit all irer schulde nakent fûr in gan.
O we, wie schentlich werden si von im emphahn!
Er grússet si grúwelich und spricht bitterlich:
„Ir verflûchten mit mir,
Was frôden suchtent ir hier?¹)
Joch gehortent ir nie gůt von mir gesagen;
Wie mochtent ir vch deñe sowol behagen?"

So begriffet er den homûtigen allererst und druket in vnder sinen zagel und spricht alsust: Ich bin nit so versunken, ich welle es noch vber dich han. Alle die sodomiten varent im dur sinen hals und wonent im in sinem buche. Weñe er sinen atten zûhet so varent si in sinen buch, weñe er aber hûstet, so varent si wider vs. Die valschen heligen setzet er in sine schos und kûsset si vil grûwelich und spricht: Ir sint min genos. Ich was ôch mit der schônen valscheit bezogen, danâ sint ir alle betrogen. Den wocherer naget er ane vnderlas, und verwisset im, de er nie barmherzig wart. Den rôber beröbet er selber und bevilhet in deñe sinen gesellen, das si in jagen und schlahen und keine erbermede über in haben. Der diep hanget mit sinen fuessen vf und ist in der helle ein lûhtevas; die vuseligen sehent doch nit deste bas. Die hie zesamen sint vnkûsche gewesen, die mûssen vor lutzifer in solicher ahte gebunden ligen; kunt er aber alleine dar, so ist der tûfel sin gumpan.

---

¹) Handschrift: hie.

Die vngelöbigen meister sitzent vor lutzifers flüssen, vf das si iren vnreinen got relit ansehen müssen. Er disputieret öch mit in, de si geschant werden müssen. Den gitigen frisset er, wan er iemer wolte haben mer. Als er in dan verslukket hat, so tüt er in dur sin zagel varn. Die morder müssent blütig vor im stan, und müssent fürig swert sclege von dem tüfel empfân. Die hie des grimen hasses enpflegent, die müssent da sin trisemvas wesen, und hangeut iemer vor siner nasen. Die hie den vberatz und den vbertrank so flisseklich begant, die müssent mit ewigem hunger vor Lutzifer stan und essent glüiendige stcine. Ir trank ist swebel und bech. Da wirt alles sûr wider süssen geben, wir sehen wes wir hie pflegen. Der trege ist da mit allen pinen beladen. Der zornig wirt da mit fürinen geisseln geselagen. Der vil arme spilman, der mit hohem müte sühtliche italkeit machen kan, der weinet in der helle me trehnen, deñe alles wassers si in dem mer.

Ich sah vnder Lucifer der helle grunt, das ist ein hart swarz vlius stein, der sol tragen das werk iemer mere. Alleine die helle hat weder grunt noch ende, si hct doch an der ordenunge bede tiefi und ende.

Wie dû helle briñet und in sich selber greñet, und wie die 'tüfele sich mit den selen vnderschlân, und wie si siedent und bratent, und wie si swiñent und wattent in dem stanke und mûre, und in den würmen und in dem pfûle und wi si badent in swebel und bech — das mögent si selber, noch alle creature, nie mer volle sprechen. Do ich von gotz gnade ane arbeit dise not hett gesehen, do wart mir armen von stanke und von vnirdenischer hitze so vil wê, de ich nit mohte sitzen noch gan, vnde was aller miner fünfe siñe vngewaltig drier tage, als ein mensche den der tunre het geselagen. Min sele leit do doch keine not, wan si hatte der sühte dar nit braht, die da heisset der ewige tot. Doch were das müglich de ein reinü sele dabi in were, de were in ein ewic liebt und ein grosser trost. Wan dû vnschuldige sele müs von nature iemer lühten und schinen, wan si ist geborn usser dem ewigen lichte sunder pine. Niñet si aber des tüfels glichnisse an sich, so verlüret si ir schön liebt.

Mag in der ewigen helle von gebette
Von almûsen, den verdampneten ein einig trost komen,
De han ich nit vernomen,
Wan si sint steteklich in so grinüeklichem inûte,
De inen grůwelt vor allem gûte.
Na dem jungesten tage sol lucifer
Ein nůwe kleid anziehen,
De ist gewahsen in sich selben
Vaser dem miste aller vnfletigen sünden,
Die je menschen oder engel brahte in kůnde,
Wan er ist das erste vas aller sünde.
So ist er deñe enbunden,
Und ist doch sin griñi und sin vreislicheit
An allen selen und in allen tüfeln also gemischet,
Das man siner gegenwürtekeit niena vermisset.

So sol er sich ze stunden derinten *(sic)* also gros und sin grans wirt im vil wit; da versluket er mit eime zuge sines atemes iñe die tüfel, juden und heiden. Deñoch hant si ire volle lon in sinem buche und ir sunderliche hochgezit. We deñe sele und lip! das menschenmunt hievon nit gesprechen mag! Das ist alles niht wider der vnzellicher not, die in da geschiht. Wan werlich ich mag des nit erliden, de ich so lange gedenke daran als man gesprechen mag Ave Maria. O we, also grůwelich ist es da!

Die helle hat ein höbet oben, de ist also vngefüge und hat an im vil manig öge grůwelich, da die flammen vs slahent und die armen selen al vmbevahent, die do in der vorburg wonent, do got adam und ander vnser vetter vs hat genomen. De ist nu das grössest vegfůr, dar ein sünder mag komen. Da han ich gesehen bischofe, vögte und grosse herren in langer not mit unzellicher sere. Alle die dar komet, kume hat in got die ewige helle benomen, wan ich han nieman da funden, der an sinen ende je luter bihte gesprach mit sinem fleischlichen munde. Do ín von des todes nature die vsserau siñe wrden benomen, do lag der licham stille, noch da hatten sel und lip einen willen. Do hatten si verlorn die irdenische vinsternisse, do gab ín got in de schuleñe ware bekantnisse! O wie enge ist da der weg zů dem himelriche! Do sprach die gemeinschaft libes und sele noch den vngescheiden alsust: Warer got, begnade mich, min sünde

sint mir werlichen leit. Das ist ein kurze stunde, in der hat got
vil manig offenbar verloren sele heimlichen widerfunden. Ich han
des nit funden, de dis je menschen geschehe, er hette etwas gûtes
mit gûtem willen getan. Die tûfel fûrent die beflecketen selen von
dem licham zû dem vegefûr, wan die reinen engel mógent si
nit berûren, diewile si in einer klarheit inen nit gelich schinent.

> Ein sele mag aber in ertrich die helfe han von frûnden,
> Das es die tûfel wol bewaren,
> Das si die tûfel jemer angenaren.
> Ist si sere schuldig, si mûs doch andere pine haben,
> Das mag si alles bas betragen,
> Wan de si die tûfele mûstin gevangen
> Und ane vnderlas ze spotte haben.

Do vnsere heilige vettere zû der helle fûren, das si mit în
brahten, de was ware hoffunge in kristan gelôben mit heliger
gotzliebin vnd vil manigi diemûtigû tugent und getrûwi arbeit.
Alle fûren si zû der helle, si waren doch zû dem himelrich
bereit; do mohte inen in der helle nit gewerren, das si mit în
brahten, de mûste si da breñen. De was die miñe, die sol
eweklich breñen in allen gotzkinden.

> Komen si zû dem himelrich niemer,
> Dis hat got alsust gemessen:
> Was wir mit uns hinan fûren,
> Das mûssen wir da trinken und essen.
> Aber die versumeten, die mit so grossen sünden
> Nu vngewandelt von hinan varent,
> Die mógent es niene vnverdampnet han so bôse,
> So vor der helle munde,
> Da ze allen stunden
> Lucifers atem mit aller pine usselät,
> Und si so jemerlich durgat,
> De die armen so sere vereinet sint
> In der flañe und in dem manigvaltigen griñe,
> Als die vil seligen vereinet warent
> In der suessen bekanten gotzmiñe.
> Ich sach da aller frôwen nit mere
> Dan die hohen fûrsten, die hie allerleie sünde
> Glich mit den fûrsten miñeten.
> Dû helle hat öch oben vf irem hôbet einen munt.
> Der stat offen ze aller stunt.
> Alle die in den munt komen,
> Den wirt der ewig tot niemer me benomen.

XXII. Ich han (gehört) von gotz barmherzekeit, von siner
bekorunge und gerehtekeit.

Ich han so vnmessige barmherzekeit von gotte gehôrt und
gesehen dc ich sprach: Herre wie mag dis geschehen?

Joch ist din rehtekeit diner barmherzekeit genos,
Wie ist din gûti alsust gros?
Do͞ sprach vnser herre ein vilgetrûwes wort alsus:
Ich sage dir bi miner gôtlichen trûwe,
Das der me ist in der heligen cristanheit
Die von dem munde ze himelrich varent,
Deñe der sie, die zû der ewigen helle varent.
Die rehtekeit hat doch stote ir gewalt.
Swas ir mit schulden vorgevallt,
Dc wirt ir von mir niemer benomen.   ◀
Ich wil aber allererst als ein vatter zû der beswerten sele komen.
Hab ich ŷt gûtes vnverzwivelt von ir vernomen,
Das kunt von der grossen bekorunge,
Die ich nach minen kinden han.

Do sprach die sele: Eia vil lieber, woltest du mir dine
bekorunge sagen, vf das din lust und min gerunge überein komen?
Do sprach vnser herre:

Nu hôre wie ich bin bekort.
Min gûti und min miltekeit, min trûwe und min barmherzekeit
Twingent mich so sere, dc ich si lasse vliessen
Ueber die berge des hochmûtes und über die tal der diemûtekeit
Und ŷber die bûsche der verrikeit
Und über die sclehten *(graden)* wege der reinekeit.
Und noch serer twinget mich min gûti,
Deñe dem bôsen menschen tût sin vngemûte.
Und grôsser ist aber min rehtekeit
Deñe aller tûfeln bosheit.
Do sprach dû sele:
Herre, din rehtekeit
Fûget dir als reht wol in der lebendigen warheit,
Dc si mir git unzelliche frôde ane herzeleit
Swar si ôch hin schleit
So frôwet sich je dû warheit.

XXIII. Die kraft der gerunge benimet die wort. Jungfröwen mag got nit enbern. Gotz angesiht umbevahen und sin lust überwinden tusent töde.

Swer do brant in der creftigen miñe für, der mag des nit erliden, de er sich mit den sünden iergen ergliche (*sic*) küle. Eya vil lieber, weñe sol dich des lusten des mich lustet? Alsust sprach ein ellendige sele, do antwurt ir der vil liebe und sprach, ass er nit wiste was si wôlte. Wes lustet dich? Do sprach si aber: Herr, dů kraft der gerunge hat mir benomen die stiñe der worten. Do sprach er: Die juncfröwen kônent nit wol vrîen, wan ir scheme ist von nature edel. Do klagte si: O we herre! Joch bist du mir alzelange vrômde. Kônde ich dich, herre, mit zôfere gewiñen, de du nit môhtest gerůhen deñe an mir. Eya so gienge es an ein miñen, so mûstest du mich deñe bitten, de ich fůre mit siñen. Do antwurt er und sprach alsust:

O du vnbewollen tûbe,
Nu gôñe mir des, de ich dich mûsse sparen,
Dis ertrich mag din noch nit enbern.
Do sprach si: Eya herre,
Môhte mir das ze einer stunt geschehen,
Das ich dich nach mines herzens wunsche môhte angesehen
Und mit armen vmbevahn,
Din götlichen miñe lûste
Mûssen dur mine sele gan,
Als es doch mensch in ertrich mag geschehen!
Was ich danach liden wôlte,
Das war nie von menschen ôgen gesehen,
Ja tusent tôde weren ze lihte,
Mir ist, herre nach dir also we;
Nu wil ich in der trůwe stan.
Maht du es herre erliden,
So las mich lange jamerig nach dir gân.
Ich weis de wol, dich mûs doch, herre,
Der erste lust nach mir bestân.

XXIV. Zweierleie lûten wirt gebotten zweierleie geist. Von got und von dem tüvel. Von sibenhande miñe.

Nu wil ich ůch schriben von einer waren geistlichen swester und von einer weltlichen beginen, die vndersprechent sich alsust.

Dů geistliche swester sprichet: Usser dem waren lihte des heligen
geistes sunder herzeleit; aber die weltlich begiñe sprichet vß
von irem fleische mit lucifers geiste, in grůwelicher arbeit.
Zwôigerleie geistliche lůte sint vf disem ertrich; den wirt geborn
zweigerleie geist. Got bůtet sinen heligen geist den reinen
geisten, die hie lebent in getrůwer heliger meinunge alles irs
wesens. Do komen zwo reine nature zesamene, de heisse fůr :
der gotheit und de vliessende wahs der miñenden selen. Ist
da deñe ein reine dahte der steter diemůtekeit, so wirt da ein
schôn lieht, da man verre davon gesiht. O miñende sele, so
wirstu also riche, das dich nieman mag verarmen, und bist du
allerarmest. Von diemůtekeit wirt man rich, von wolgezognen,
von gůten sitten wirt man edel und wolgeborn, von miñe wirt man
schône und lobesam, von smacheit wirt man vil hohe in gotte
erhaben. Hie an gedenke, geistliche swester, und la dich nieman
von dinen gůten sitten triben, so maht du helig beliben.

Der tůfel bůtet ôch sinen geist den geisten.
Die mit hasse und mit hochmůtiger girekeit
Zů den ergsten sint bereit.
Die wissent nit we dů miñe alles gůtes treit;
Si werdent also arm von bôsem hasse und von tůfels grimi,
De es vnmůglich were,
De si jemer bevnnden oder gevolgeten gotz miñe.
Die getrůwe miñe hat zů gotte ein stete lop;
Die gerende miñe tůt den reinen herzen vil manig sůsse not;
Die sůchende miñe ist ir selbes alleine;
Die bekañte miñe git sich allen creaturen gemeine;
Die lůhtende miñe ist noch gemenget mit trurekeit;
Dů swigende miñe gebruchet sunder arbeit.
O was si stille wirket, de es der lichamen nit enweis!
Dů luter miñe ist in got alleine stille,
Wañ si habent beide einen wille
Und ist enkeine creature so edele die si môge hindern.
Dis hat dů bekantnisse us dem ewigen bůche geschriben.
Das golt wird dikke mit dem kupfer beflekket vil sere;
Also tůt die valscheit und ital ere,
Die vertilget alle tugenden von des menschen sele.
Dů nnedel sele, der zů zergenglichen dingen ist so liep,
De si von miñe nie erschrak,
Und de got nie miñeklich in ir gesprach,
O we, leider! der ist dis leben alles nacht.

Dis ist das vierde bůch.

I.   Fůnf ding sint die lutern megde hân.

Wilt du den magetům zieren,
Den got also sere gelerͤet hat,
Das er dur dine liebi einer megde sun wart;
(Eya gedenke we sprichet das!)
So solt du diemſ̊teklich swigen
Und miñeclich kumber liden
Und in allen stetten
Alle din tage megdlicher schemede pflegen,
So maht du an der kůscheit genesen.
O maget, was dir deñe got wil geben,
Er wil dir ein schôner jungling wesen,
Und wil den hiñelreigen mit dir treten.
O ich vnselig lamer hunt!
Ich hůlze ôch mit dir.
Průve wie ich dis meine,
Der luteren megde *(zal)* ist kleine.

II.   Dis bůch ist von gotte komen.   Die sele lobet sich an mangen dingen.   Ir sint zwen engel geben und zwen bôse tůfel und zwôlf tugenden strîtent wider das vleisch.

Allen minen lebtagen, e ich dises bůches began, und ob sin von gotte ein einig wort in mine sele kam, do was ich der einfaligosten menschen eines, das je in geistlichen lebende erschein. Von des tůfels bosheit wiste ich nit, der welte krancheit kañte ich nit, geistlicher lůte valscheit was mir ôch vnkundig.

Ich müs sprechen got ze eren und öch durch des buches lerer
Ich vnwirdige sünderin wart gegrüsset von dem heligen geiste
in minem zwölften jare also vliessende sere, do ich was alleine,
de ich das niemer mere möhte erliden, das ich mich zů einer
grossen teglichen sünde nie mohte erbieten. Der vil liebe grůs
was alle tage und mahte mir miñecklich leit. Aller welt süsse-
keit und ere wahset noch alle tage. Dis geschach vber ein
und drissig jar.

Ich wuste von gotte nit mer denen cristanen glöben alleine,
und da stůnt ich jo mit flisse nach, de min herze werde reine.
Got ist selber des min vrkünde, das ich in nie bat mit willen
noch mit geren, das er dise dinge wölte mir geben die in disem
bůche sint geschriben. Ich gedahte öch nie, de es menschen
möhte geschehen. Diewile ich we bi minen tagen und bi minen
frömbden fründen, den ich je die lieboste we, do hatte ich diser
dinge keine künde. Do hatte ich lange vor gegert, de ich ane
mine schulde würde versmähet. Do fůr ich dur gotz liebi in
ein stat, da nieman min fründ was, deñe ein mensche alleine.
Vor demselben hatte ich angest, de mir die helige smacheit
und die lnter gottes liebi werde mitte entteilet. Do lies mich
got niergen eine, und brahte mich in so miñeckliche süssekeit,
in so helige bekantheit und in so vnbegriflich wunder, de ich
irdenscher dingen wenig gebruchen konde. Do wart erst min
geist vs minem gebette bracht zwischent den himel und dem
lufte. Do sah ich mit miner selen ögen in himelscher woñe die
schöne menscheit vnsers herren Jesu Cristi, und ich bekante in
an sinem heren antlüte, die heligen drivaltekeit, des vaters
ewekeit, des sunes arbeit, des heligen geistes süssekeit. Do
sach ich den engel, dem ich bevolhen wart in dem töffe und
minen tüfel. Do sprach vnser herre: Ich wil dir disen engel
nemen und wil dir zwene widergeben, die söllent din in disen
wundern pflegen. Do dů sele die zwene engel ansach, o wie
sere si in diemütiger amehtikeit erscrak, und leite sich vf die
füsse vnsers herren, und dankete im und klagete im vil sere,
de si also vnwirdig were, de sogetane fürsten solten wesen ir
kamerere. Der eine engel was von seraphin, und er ist ein

miñe breñer, und der verweneten selo ein helig lûhter. Der
ander engel wc von cherubin; der ist der gaben ein behalter
und ordenct die wisheit in der minenden sele.

Do lies unser herre zwen tûfel harvûr komen, die waren
grosse meister und waren usser lucifers schûle genomen, und
warent ôch selten vskomen. Do dû sele die vil grûwelich tûfel
angesach, do erbibete si ein clein und frôwete sich zû vnserm
herren und nam si doch vil gerne. Der eine tûfel ist ein trugener
mit schônem engelschen gewete. O wc von eiuis er mir ze
erste manige valsche liste vûrleite! Er kam ze einer stunt in
der messe von der hôhi harnider und sprach: Nu bin ich vil
schône, wôltest du mich anbeten? Do antwurt dû sele: Man
sol got alleine anbetten in allem gûten und in aller not. Do
sprach er: Wôltest du doch vfschen, wer ich si? Do wisete
beniden der luft ein schône valsche clarheit, die mangen ketzer
hat verleitet, und sprach: In dem trone vf dem stûle solt du
alleine die hôhste juncfrôwe sin und ich der schôneste jungeling
bi dir. Do sprach aber si: Er were nit wise, der wol zû dem
besten keme, de er deñe de ergeste neme. Do sprach er: Nu
du mir dich nit wilt geben, du bist also helig und ich also
demûtig, ich wil dich doch anbetten. Do sprach si: Dir wirt
keine gnade davon gegeben, das du einen pfûl anbetest. Do
wiset er gemalet die fûnf wunden an fûssen und an henden und
sprach: Nu sihst du wol wer ich bin; wiltu mines rates leben,
ich wil dir gros ere geben. Du soltost den lûten dise gnade
sagen, so keme da vil gûtes von. Do sprach si und si verdros
vil sere siner unnützen mere; jedoch so horte si die gerne vf
de si dester wiser were: Du seist mir de du got siest, nu sage
mir, wer deñe der sie, der jetzent hie des lebenden gotz sun
in des waren priesters handen si. Do wolte er euweg, und si
sprach:

> In dem almehtigen gotte mane ich dich,
> Das du nu hôrest mich.
> Ich weis dine meinunge wol;
> Solte ich allen lûten min herze sagen,
> Es solte ein kurze wile wol behagen,
> So wolltestu mit flisse danach stan,

Das sich das spil müsse verschlan.
Das woltest du darumbe tůn,
Das ich fiele in zwivel und in trurekeit
Und in vngelöben und in vnkúschekeit,
Und danach in ewig herzeleit.
Und darumbe tůst du es öch,
Das ich sölle wenen dc ich helig si,
Das du sust kumest zů mir.
Ja du vil alter trugener,
Diewile das mir got bistat
So verhúrest du alle dine arbeit.

Do rief er: Waffen über deinen zöuer, las mich nu von dir
varen, ich wil dich niemer besweren.

Der ander tüfel mir wart gegeben, der ist ein fridenbrecher
und ein meister der heligen (*heimlichen*) vnkúscheit. Jedoch so
hat im got dc verbotten, dc er selber niemer zů mir mag komen.
Er sendet mir aber verkerte lüte ze botten, die mir gůte ding
verkerent, und nement mir was si mugent mit worten miner ere;
öch ramet er damite, do gůte lúte zesamene sint, und redent
si iht vnútze nach vnkúscher wise, so mag ich arme da mit
unbetrůbet bliben. Das geschah mir nie.

In einer naht was ich den ersten sclaf in minem gebette,
do kam diser selbe tüfel in dem lufte gevaren und nam des
sündigen ertriches vil grosse war. Er was gros als ein risc, er
hatte einen kurzen zagel und ein krumbe nasen, im was sin
höpt gros als ein zuber und kamen us sinem munde gevaren
fůrige funken in swarzer flame bezogen. Do lachete er mit
valscher grime ein vil grüweliche stime: Do vragete in die sele,
wes er lachete, wc er sůchte und was er pflege. Do antwurt
er und sprach: Ich fröwe mich doch des, sider ich dich selber
nit mag pinen, dc ich der also vil vinde, die engel schinent
und es gerne für mich tůnt, dc si dich pinent. Nu spricht er
aber: Ich bin geistlicher lüte kamerer und ich sůche an in
zweigerleie krankheit die si allerschierost vo gotte scheident;
das ist helige oder heimliche unkúscheit. Swene ein mensche
in einem heiligen leben gemach sines fleisches ane rehte not-
dúrftekeit und an allen sinen fünf sinen sůchet, so werdent si
vnkúsche, dc ist grob und las, und wirt verkaltet dů ware gotz-

miñe. Das ander ist verborgen has in der offenbaren zwi-
drahtikeit, das ist mir also nütze sünde, swa ich die beschlafen
vngewandelt vinde, da ist es min gewiñeu, wan dis ist ein fun-
dament langer bosheit und verlust aller helikeit.

Do sprach dú sele: nu hastu von nature nihte niht gûtes
an dir; wie mag dis wesen, das du dise nütze rede vor diner
bosheit maht fúrgelegen. Do sprach er aber: Swar ich hin
wende, got hat mich so vaste in sinen henden, de ich nút mag
tûn, er wise mich darzû.

Ich vnselig mensche! ich hatte in miner ersten kintheit so
grosse sünde getan, were ich ane rúwe und ane bihte beliben,
ich mûste zehen jar ze vegfúr sin gewesen. Nu liber herre,
sweñe ich stirbe, ich wil durch dini liebi gerne noch dariñe
qweln.

> Das spreche ich nit von siñe,
> Es heisset mich die miñe.
> Do ich zú geistlichem leben kam
> Und zú der welte urlop nam,
> Do sach ich minen lichamen an,
> Do war er gewaffent sere
> Uf mine arme sele
> Mit grosser vollede der starken maht
> Und mit vollkomener naturen kraft.
> Do sach ich wol, das er min viend was,
> Und sach das öch: solte ich dem ewigen tot entgan,
> So mûste ich mich darnider sclân,
> Do mûste es an ein striten gân.
> Do sach ich öch miner selen wafen an;
> De was die here marter vnsers herrn Jesu Christi,
> Damitte werte ich mich.
> Do mûste ich stetcklich in grossen vorhten stan,
> Alle mine vient grosse schirmeschlege
> Uf minen lichamen schlan.
> Das was süfzen, weinen, bihten, vasten, wachen,
> Besiñen, schlege und betton stetcklichen an.

Dis waren dú waffen miner sele, da ich den lip mit über-
want also sere, da bi zwenzig iaren nie die zit wart ich were
müde, siech und krank allererst von rúwen und von leide, da-
nach von gúter gerunge und von geistlicher arbeit, und darzú
manig swere siechtag von nature. Hiezu kam dú gewaltige

miñe und beschafte mich so sere mit disen wundern, de ich es
nit getorste verswigen. Alleine, do wart mir an miner ein-
valtekeit vil leide. Do sprach ich: Eya, milte got, was hastu
an mir gesehen? Joch weistu wol, de ich ein tore, ein sündig
und ein arm mensche bin an libe und an sele. Disü ding
soltestu wisen lüten geben, so möhtest du sin gelobet wesen.
Da zürnet sich vnser herre wider mich armen vil sere vnde
fragete mich eines urteiles. Nu sage mir, bistu doch min? —
Ja herre, das gere ich an dich. — Müs ich deñe mit dir nit
tûn de ich wil? — Ja allerherzeliebester vil gerne, sölte ich ioch
ze nihte werden. — Do sprach vnser herre: Du solt mir an
disen dingen volgen und getrüwen, und du solt öch lange siech
wesen und ich wil din selber pflegen und alles des du bedarft
an lip und an sele, das wil ich dir geben.

Do gieng ich armû bibende, in diemütiger schame zû minem
bihter und seite ime dise rede, und gerte öch siner lere. Do
sprach er, ich sölte frölich volle varn; got der mich hette ge-
zogen, der sölte mich wol bewaren. Do hies er mich das, des
ich mich dikke weinende scheme; wan mine grossû vnwirdekeit
vor minen ögen offen stat, das was, das er eim snöden wibe
hies vs gottes herzen und munt dis bûch schriben.

Alsus ist dis bûch miñenklich von gotte harkomen und ist
us menschlichen siñen nit genomen.

*III. Die sünders enpfallent gotte von drien gaben der wisheit.
Von dem steine. Von der jungfröwen lob, de ist die cristanheit.*

Also man de liebe kint stillet, so slahet man das leide;
also tût vnser lieber herre vnde spricht alsust: Der nit gûtes an
im hat, der kunt niemer in min riche, und der nit kan vol werden
vergenglicher dingen, der sol gesattet werden mit dem ewigen
hunger. Und we dem, der das gût hat, de an sim herzen klebet
und der sich vber ander lüte setzen wil, der sol mir enpfallen
in de grundelose tal. Iliezû antwurt dû helige bekantnisse, de
vns got gegeben hat drierleige gabe an der waren wisheit, daran
wir vns mitte söllen satten und allen unsern schaden bewaren.
Das erste ist pfeffelichû wisheit und cristanliche lere, als mir

got gezôget hat in grosser cre. Ich sach mit waren ôgen miner ewekeit, in sûsser wuñe sunder arbeit, einen stein, der wc gelich einem gefügen berge und was von im selber gewahsen, und hatte an sich geformieret allerlei varwe und smakete vil sûsse von edelen himelschen wurtzen. Do vragete ich den vil sûssen stein, wer er were. Do sprach er alsust: *Ego sum Jesus*. Do kam ich miñenklich von mir selber und leinte min hôbet an in. Do sach ich, de vswendig ime wc beslossen alle vinsternisse und inwendig was er erfüllet mit dem ewigen liehte. Uf dem steine stûnt dû allerschôneste juncfrowe, die je wart geschen, sunder vnser lieben frôwen sante marien, jedoch ist si ir gespile. Ire fûsse sint gezieret mit einem steine, heisset jaspis. Der stein hat so grosse kraft, de er vertribet die bôsen gitekeit von den fûsse ir gerunge. Er git ôch reinen smak und reisset *(reizet?)* den heiligen hunger. Er verwiset alle vinsternisse von den ôgen. Diser edelstein de ist cristan gelôbe. Die juncfrowe stûnt vf zwein fûssen, der eine ist das bant, der ander die lôsunge an heiliger gewalt, die haben alle cristane gelôbige priester. Si treit in irer vordern hant einen kelch mit rotem wine, den trinket si alleine in vnzellicher wuñe, die engele versûchent sin niemer. De ist des ewigen sunes blût, de erfüllet iren mût so sere, de si vns git vil manige sûsse lere. In ir lingen hant hat si ein fûrin swert, das hanget alles vol guldiner cinbalen; die klingent also sûsse, de alle die zû ir komen mûssent, die der heligen drivaltikeit gerûchent.

Do vragete ich die juncfrowe, wie das were, de si ir swert in der linggen hant trûge und den kelch in der rehten hant? Do sprach si: Ich sol trôwen, wan ein jegliches menschen jungsten tage, so schlahet got sin sclag. Ich sol ôch sin blût schenken mit miner vordern hant, als cristus sinem vatter ze cren ist genañt. Si hat ôch eine grosse craft in iren henden, damit zûhet si zû ir alles de got erwelt, und wirfet ôch von ir alles das sich dem tûfel hat gegeben. Eya, si treit ein also schône antlit, ich mag si ansehen jemer deste bas. Ir flûsset olei vsser ir kelen, de ist barmherzekeit, salbe der sünde. Si hat ôch in irem munde guldin zên, da kûwet si mitte die himelschen

kranwurtzen, dc sint der propheten sprûcbe. Ir trûfet honig vs
ir zungen, dc die snellen binen, die heiligen aposteln, vs den
sûssesten veltblûmen hant gesogen. Si treit vor irem munde die
blûienden rosen, und ir naselôcher sint verstopfet mit sûssen
violen. Si treit an irem vorhôpte die grûnen wissen lylien, dc
bezeichent: Si ist ein mûter der wittewen, ein vrûndin der elichen
und ein ere aller megden. Ir ôgen spilent alles von wûñe als
dc wisse grûne morgenrot, wor sich tribet die spilenden suñe.
Und also ir ôgen sint von nature drivalt und doch gantz, also
ist es vmb die heiligen drivaltekeit gestalt. Das wisse bezeichent
den vatter, dc grûne den sun, die cleinliche suñe den heligen geist.

> Sweñe si sich von˙herzen ansehen,
> So mag kein grôsser frôde geschehen.
> Dise juncfrowe treit ôch vf irme hôbet eine crone,
> Dû ist gewûrchet von rotem golde.
> Das ist der hohe rat
> Und die heilige tat,
> Die man von den heiligen meistern hat.

Dise crone ist gelich einer gezinneten burg, davor lit ein
gros armes her und die hant einen vil vngetrûwen herren, dc
ist der tûfel und sine volgere, der ist arm und vngetrûwe. In
der cronen wonet ein loblich her in voller maht mit richer wer.
Die baut einen getrûwen herren, dc ist Jesus vnser lôser, der
wiset die bekerten je zû der gewer und die verarbeiten in dem
wînkelre. In dirre cron lît ein drivaltig cron, da mûssent die
starken inne wesen. Die der grossen miñe pflegent, die mûssen
schützen und wartman wesen, sôllent die nidersten genesen.
In der crone ist ôch ein turn.

> Die seligen, die da vffe wellent wonen,
> Die bedôrfent nit vil gestrite komen.
> Da mag aber nieman vf komen,
> Im werde von miñe
> Aller sin irdenscher wille benomen.
> Die crone hat oben an iren ziñen
> Vil manigen edeln tûren stein.
> Dc sint die, die nu von hiñen
> Zû dem himelriche gevaren sint.
> In dirre juncfrôwen herze inwendig
> Sach ich einen lebenden bruñen entspringen.

Dazů trůg man der heidenen kint,
Die warent alle ussetzig und blint.
Ob disem brunnen stůnt ein vil geistlich man;
Da mohte anders niennan in griffen,
De wc Johañes Baptista.
Er wůsch in dem brunnen die kint,
De si werden sehende und schöne gesunt.
    Do vragete ich die juncfröwe, wer si were.
Si sprach, ich bin die, die du so liep hast
Und ich bin din gespile.
Ich bin die heilige cristanheit,
Und wir haben bede einen brútgůme.
Dis ist der seligen pfaffen juncfrowe,
Die si so dikke lieplich anschöwen.
Die ander wisheit ist von natúrlichen siñen;
Da man beide mitte tůn, verlieren und gewiñen.
In dirre wisheit wonen vil verkecerter leien
Und valschen pfaffen und swinder geistlicher lúten.
Es wirt niemer mensche also heilig,
De er sich köne vor den drien volle hůten.
Also arg ist ir gemůte,
De si verkerent alle gůti.
Nieman wirt geistlich von dirre gabe,
Er si je dabi ein tore durch die gotzliebe,
Wan reinů heligů einvaltekeit
Ist ein můter der waren gotteswisheit.
Was hilfet, das ein fúrnem man vil pfeñige hat,
Und köffet doch nit deñe hunger und turst, und lange smacheit
Und darzů ewig herzeleid!
    Die dritte wisheit ist von gnaden
Und dů verribtet sich an allen gotz gaben.
Si enwirt niemer also riche,
De si sich den minsten creaturen getúrre gliche.
Vmbe ir vngemach betrůbet si sich niemer mere;
Si fröwet sich alleine in gotz willen.
Si mag öch des nit erliden,
De ein einig tugent vs ir túr beschlossen belibe.

IV. Von zwein vngelichen wegen, der ein gůt nider zů der helle,
        der ander stigt vf in den himel.

Die richeit zergenglicher dingen ist ein vngetrůwe gast,
das heilige armůte bringet vor gotte túren last.

Die italkeit gedenket nit an iren schaden,
die stetekeit ist aller tugenden vol geladen.

Die tumpheit behaget ir alleine selbe,
die wisheit kan niemer volle leren.

Der zorn bringet in die sele grosse vinsternisse,
die heilige sanftmütekeit hat alle gnade gewisse.

Dú hochvart wil je dú beste wesen,
diemûtikeit mag nit gerûwen,
si mûsse sich allen creaturen ze dienste geben.

Die ital ere ist vor gotte tôb und blint,
die vnschuldigú smacheit heiliget allú gotzkint.

Die valschheit hat den schönsten glas,
die vollkomenheit ist von den höhsten lüten versmehet.

Die girheit het jemer einen grellen munt,
die selige masse hat je einen sûssen grunt.

Die tragheit versumet richen schatz,
der heilige vlis sûchet nit ze sere sin gemach.

Dú untrúwe git jemer valschen rat,
ganze trúwe versumet niemer gûte getat.

Die ware geistlicheit mag sich an nieman rechen,
Das vngebuwete herze wil je den vriden brechen.

Die gûte andaht mag nit böses began,
Der böse wille ist nieman vntertan.

Die argheit hat von nature einen bösen grunt,
die götliche gnade hat ein mineklich antlût und einen sûssen munt.

Die weltlichen herren sint gerne ahtbar,
die geistlich sele wil jemer anderswar.

Die verborgene grimekeit hat einen schlichten munt,
die offenbar minesamkeit hat den gottesfunt.

Die vngetrúwe fare wonet dem hasse vil nahe,
die helige barmherzekeit sol alleine mit gotte gestan.

Die lugni ist ussen schöne und inan grúwelich getan,
des wirt si von iren gnossen vil lieplich enpfan;

Die warheit ist verstossen dur ir vnahtbarkeit,
die mûssent alle, die si minent, liden mit Jesu manige smacheit.

Der has grimet jemer ane vnderlas,
die mine brinet ane sere, ir ist von allem jamer bas.

Der böse abergunst hasset gotzmiltekeit;
das reine herze vol mine fröwet sich aller selekeit.

Die aftersprache schemet sich vor den lüten und vor gotte nit,
der doch alle ding höret und siht.

7*

Der zwivel ist ein grůwelich val;
die ware hoffen behaltet es al.

Der valsche trost wirt niemer vro;
die ware schult betrůbet in so.

Hienach sprach unser lieber herre, do er mir das gezöget
hette, vil schier alsust: Der da gedenket wie gůt ich si, der
haltet sich vaste je an mich.   Dazů hilf uns herre dur din
selbes ere!

V.   *Vnser sůnde zůkůnftig val, irdenisch wesen, de himelrich,*
     gottes gabe, sóllent stân offen vor vnseren ögen.

Herre, min schult, damite ich dich verloren han,
Die stat vor minen ögen gelich dem grösten berge
Und hat lange vinsternisse gemachet zwischent mir und dir
Und ewige verrunge von dir und von [1]) mir.
Eya liep vor allen liebe,
Zůch mich wider in dich.
Aber herre, der zůkůnftige val
Stât öch vor minen ögen, gelich
Einem fůrinen trakenmunde,
Der mich ze allen ziten gerne verselunde.
Eya min einiges gůt, nu hilf mir, de ich
Vnbefleket möge vliessen in dich.
    Herre, min irdensch wesen stat vor minen ögen,
Gelich einem důrren akker,
Da wenig gůtes uffe ist gewahsen.
Eya sůsser Jesu Christe,
Nu sende mir den sůssen regen diner menscheit,
Und die heisse sunen diner lebendiger gotheit
Und den milten towe des heligen geistes,
De ich verclage min heizeleit.
    Herre, din ewig rich
Stat offen vor minen ögen gelich
Der edelstein brutlofte und der grösosten hochgezit
Und der langesten wirtschaft.
Eya min trut,
Dar solt du ane vnderlas
Zu dir vôgen din miñelustige brut.
    Herre, alle dine gabe,
Die ich enpfangen habe
Von dir, die ist vor minen ögen

----

[1]) Handschrift: owe.

Glich einem ellendigen orschlage an mich,
Wan mich nideret hie diu hoheste gift.
  Alsus antwurt got, der es alles gibet:
Din berg sol versmilzen in der mine.
Dine viande sollen keinen teil an dir gewinen.
Dinen aker hat heisse sune durschinen,
Und din fruht ist doch vnverdorben bliben,
Und in minem riche soltu ein nůwů brut wesen,
Und da wil ich dir ein sůsses mnntkůssen geben,
Das alle min gutheit
Dur din sele sol sweben,
Und minů drivaltigen ögen
Söllent jemerme ane vnderlas
In dinem zwivalten herzen spilen.
Wa ist dene din truren bliben?
Betest du dene tusent jar,
Ich wölte dir nit einen sůfzen geben dar.

*VI. Gotz vswelunge mag nieman stören. Rehtů růwe hat ablas
(von) gottes gnade und ist ane vegefur.*

Ein betrůbet mensche bat mich, de ich für in bete, das tet
ich mit vorhten sunder mich. Do gehorte mich got mit siner
anschunge, mit sinen worten und mit siner warer stime und
sprach alsus: Es ist kein lamp also wis noch so reine, es si
betwungen vor der wollen, und min vserwelunge mag nieman
zerstören, de han ich im bezöget mit drin dingen: de erste, de
ich barmherzig was über sine schulde, de ander, de ich im mine
gnade han gegeben, de dritte, de ich nie wolte gestatten, de
vngetrůwe lůte je einig gewalt möhten an im began. Do klagete
ich für in alsus: Herte, er vörhtet noch sere, de du im sine
schulde nit gentzlich habest vergeben. Sus antwurt got: Das
were vnmůgliche. Dem sin sünde leit sint, dem vergibe ich si;
den si aber mit jamer růwent, dem gib ich min gnade, und den
si also růwent, de er sin lip gebe, eb er es me tete, und blibet
also stete, der wirt nach disem libe dur die schulde ze keiner
pine me gezihet, er entue grosse tegeliche sünde und der vnge-
wandelten wirt gewunden. (sic)

VII. Wie ein vrii sele sprichet zů gotte in ganzer liebin.

Herre darumbe de ich vndertenig bin gewesen aller creaturen, so hast du mich gezogen vber allů ding zů dir, und darumbe, herre, de ich keinen irdenschen schatz habe, so enhan ich kein irdensche herze. Wan du, herre, min schatz bist, so bist du ŏch min herze und du bist alleine min gůt und ich bin wandelbar an allen dingen.

VIII. Von gotz licham, der siechen, der verlassent und der craft.

Das ein sieche gotz lichamen nit mag enpfân der verlasset, (ist), da was ich also einvaltig an, de ich mich (mit) minen siñen und mitte minem glŏben nit volle konde entrihten, wan man got nit mag verlieren, wan alleine mit sünden. Do vragete min sele in der vereineten liebi vnsern herren wie es darumbe were. Do antwurt unser herre alsus: Du hast war, er mag mich nit verlieren deñe mit sünden: aber sin licham mag von krankheit minen lichamen verlieren. In disen worten sah ich in der heligen drivaltekeit dise glosen: Sweñe wir gotz lichame enpfân, so vereinet sich die gotheit in vnser vnschuldige sele, und mischet sich gotz menscheit mit vnserm grüwelichen lichame, und so machet der helig geist sine wonunge in vnserme gelŏben. Dis selig einunge sŏllen wir mit grosser hůte behalten.

IX. Von vierhande opfer der priesteren.

Hienach seite mir vnser herre, de die priester ir opfer sont enphân an vier enden und anders niergen: Von dem altar, von der bůsse, mit gotz lichamen, wr (für?) den siechen. Aber sol der sieche opfern vf die ŏlunge nach sinen statten, und nach sinem můtwillen. Und vf dem velde sol er nemen de man im da wil geben. Der priester sol nit kiesen und sol nit vordern, wan de der sieche geopffert hat, de sol er alles enpfân, von gnaden und nit von rehte.

X. Von der leien oppfer nach iren statten.

Die leien, die da oppfernt, die sŏllent sich in irem oppfer also dike bewaren vor der bösen kargheit, als der priester sich

sol bewaren vor der geswinden girekeit, das ist uns beiden vil
not, wan der leie sol oppfern mit grosser liebi und mit einer
lachenden sele got in sin milten hant. Der priester sol es mit
diemütigen vorhten und bibenden herzen us gotz henden nemen,
und sol es in allen sinem tünde got lobelich widergeben, wan
dis irdensche gůt ist schalkhaft, so man es nimet; es ist aber
harte fri, so man es gibet.

XI. Wie cristan gegen den juden sich süllent halten an vier dingen.

Hienach lerte mich got, wie sich die cristane sönt halten
gegen den j u d e n. Man sol ir ê nit halten. Man sol mit inen
nit wonen. Man sol öch über naht mit inen nit wesen. Man
sol mit inen köffen und verkoffen ane früntliche geselleschaft
und ane valsche girekeit.

XII. Wie die brůt, die vereinet ist mit gotte, verwirfet aller
creaturen trost, sunder alleine gotz, und wie si sinket von der
pine.

Dis spricht gotz brut, die gewonet hat in der besclossenen
triskameren der heligen gantzen drivaltekeit. Eya, stant bi und
gant von mir alle creaturen, ir tůnt mir we und ir mögent mich
nit getrösten. Die creaturen sprechent: warumbe? Dů brut
spricht: Min lieber ist mir in minem schlafe engangen, do ich
in siner einunge růwete. „Mag ꝟch disů schonů welt und alles
das si gůtes hat nit getrösten?" Nein, ich sihe den selangen
der valscheit, der valschen list sclindet în (ein) alle wollust dirre
welte. Ich sih öch den angel der girekeit in dem asc[1]) der
unedelen süssekeit, da si manigen mitte vahet. „Mag ꝟch de
himelrich nit getrösten?" Nein, es were in im selber tot, wen
tete der lebendige got (sic). „Nuñe, vrô brut, mögent ꝟch die
heiligen nit getrösten?" Nein, sollten sie von der durvliessunge
der lebendigen gotheit scheiden, si solten seror weinen deñe
ich, wan si über mich sint komen und tiefer in got wonen.
„Mag ꝟch gotz sun iemer getrösten?"

---

¹) Handschrift: assc.

Ja, ich vrage in wol, weñe wir wellen gan
In die blůmen der heligen bekantnisse
Und ich bitte in vil gerne,
De er mir vfschliesse
Die spilende vlůt,
Diu in der heligen drivaltekeit swebet,
Da die sele alleine von lebet.
Sol ich getröstet werden nach miner edelkeit,
So sol mich gotz aten in sich ziehen sunder arbeit,
Wan die spilende suñe der lebendigen gotheit
Schinet dur de clare wasser der vrölichen menscheit,
Und der süsse lust des heligen geistes
Us in beiden ist komen.
Der hat mir alles das benomen,
De beniden der gotheit wonet.
Mir smekket nit, wan alleine got,
Ich bin wunderliche tot.
Dis smakes wil ich allerdikost gern enberen,
Vf de er wunderlich gelobet werde.
Wand, weñe ich vnwirdiger mensche
Mit miner maht got nit kan geloben,
So sende ich alle creaturen ze hove
Und heisse si, de si got für mich loben
Mit aller ir wisheit, mit aller ir miñe,
Mit aller ir schöne und mit aller ir gerunge,
Als si vnverböset von gotte waren geschaffen
Und öch mit aller ir stiñe als si nu singent.
Sweñe ich dis grosse lob ansich
So ist mir niergen we.

Ich mag öch des nit erliden de mich ein einig trost berůre,
deñe alleinig min lieber. Min irdensche frünt miñe ich in einer
himelscher geselleschaft und mine viende miñe ich in einem
heiligen jamer nach ir selekeit. Got hat alles dinges genůg,
sunder alleine der berůrunge der sele wirt im niemer genůg.

Do dis wunder und dirre trost hette gewert aht jar, do
wolte mich got alzusere trösten vber miner sele edelkeit. Eya
nein, lieber herre, höhe mich nit so sere! Sus sprach die vn-
wirdige sele: es ist mir alzegůt in dem nidersten teile; da wil
ich jemer vil gerne sin durch dine ere. Do viel dů arme har-
nider vnder die verhangenen und vnder die verworhten selen
und dunkte ir alze gůt. Dar volgete ir vnser herre nach als
solicher getane, als si erliden mohten, die in der nidersten fröde

warent, wand got schinet in allen darnach schône, als si hie
gcheiliget sint in der miñe und geedelt an tugenden. Sant
Johans spricht: wir sôllen got schen als er ist. Das ist war;
aber die suñe schinet nach dem wetter. Maniger hande wetter
ist vnder der suñen in ertriche, also ist manigerleic wonunge in
dem himelriche. Mere wie ich in mag erliden und schen, also
ist er mir.

Do sprach vnser herre: wie lange wiltu hie wesen? Die
brut: Eya, entwich mir lieber herre und la ·mich fûrbas sinken
dur din erc. Hienach kam beide, sele und lip in so grosse
vinsternisse, de ich dû bekantnisse verlor und das lieht, und vm
gottes heimlicheit wiste ich nit, und dû vil selige miñe fûr ôch
ir strasse. Do sprach dû sele: War sint ir nu vrŏ trûwe?
Ich wil v́ch nu der miñe ambaht bevelhen, und ir sônt gotz ere
an mir bewârn. Darvnder vant sich dise kamererine ir vrôwen
mit so heliger lidunge und so vrôlicher beitunge, de ich lebte
sunder kumber. Do kam der vngelôbe und vmbvieng mich
alumbe mit einer grosser vinsternisse und rief mich an mit so
grossem griñe, de mich sere grûsete vor siner stiñe und sprach:
Were dise gnade von gotte gewesen, er hetti din so sere nit
verzigen.

Do sprach dû sele: wa sint ir nu vrŏ stetekeit? heisset den
waren glôben zû mir gan. Do sprach der vatter von hiñelriche
zû der sele: Gedenke was du bevunden und geschen hast, do
niht zwischent dir und mir we. Do sprach der sun: gedenk
was din licham von minen pinen gelitten hat. Dis sprach der
heilig geist: Gedenk we du geschriben hast. Do antwurt beide,
sele und lip mit des waren gelôben der stetekeit: Als ich habe
gelôbet, gemiñet und gebruchet und bekant, also wil ich unver-
wandelt varen von hinan.

Hienach kam die stete vrômedunge gotz und bevieng die
sele so sere alumbe, de dû selig·sele sprach: Siest willekomen,
vil selig vrômeduñge. Wol mir de ich je geboren wart, de du,
vrowe, nu min kamerin solt sin, wan du bringest mir vngewone
vrôde und vnbegriffenlich wunder und darzû vntreglich sûssekeit!
Aber herre, die sûssekeit solt du von mir legen, und la mich

dine vrômedunge han. Eya wol mir trut got, de ich si muos
nach der miñe wandelunge tragen wan in dem gûme miner sele.
Hiezu gerte ich de alle creaturen lobten vnsern herren mit *Te
deum laudamus*. Des wolten si nit tûn, und kerten mir den
naken zû. Do wart dú sele vnmassen vro und sprach dis selbe:
De ir mich nu versmahent und vweren naken zû mir kerent,
schent, und wol mir! dis lobet vnmesseklik vnsern herren. Nu
gat es an mir an sin ere, wan nu ist got wunderlich mit mir,
nu mir vrômedunge bekemer ist deñe er selber. Dis wiste dú
sele wol, do si got wolte trôsten in der grôsten vrômedunge.
Do sprach si: gedenk herre, wie ich si, und enthalte dich von
mir. Do sprach vnser herre zû mir: gôñe mir dis, de ich die
hitze miner gotheit, dú gerunge miner mônscheit und den lust
des heligen geistes mit dir kûlen mûge. Dazu antwurte si:
Ja herre, also bescheidenliche, de dir, herre alleine damitte wol
si und mir nit.

Hienach kam dú brut in so grosser vinsternisse, de der
licham swiste vnde kramp in der pine. Do wart si von men-
schen gebeten, de si wêre ein botte fûr si ze gotte. Do sprach
ich: Vro pine, dis beuilhe ich vch, de ir mich lôsent nu, wan
ir nu de hôbste an mir sint. Do hûp sich dú pine von der selo
und von dem libe gelich einem vinstern schine und vûr¹) ze
gotte mit wisen siñeu und rief mit grosser stiñe: Herre, du
weist wol we ich wil. Do begegente ir vnser herre vor des
riches tûr und sprach, willekomen vro pine. Ir sint das nehste
cleit, de ich in ertrich trûg an minem libe und aller der welt
smacheit was min hôbstes vmbecleit. Swie sere ich vch dôrt
miñte, ir koment doch nit harin. Mere dú juncfrôwe dú zwôi
ding wil tûn, der wil ich zwôi ding geben. Si sol sin steteklich
gezogen und wise, so hilfet si, das du ir botte siest, und so wil
ich ir geben min vmbehalsunge und min herzeeinunge. Do
sprach dú pine alsust: Herre, ich mache manigen selig und bin
ich doch nit selig, und ich verzer manigen heligen lichamen und
bin selber bôse, und ich bringe manigen zû dem himelriche, und

---

¹) Handschrift: vor.

kum doch selber niemer dar. Hiezû antwurt vnser herre alsus:
Pine, du bist vs dem himelriche nit geborn, darvmbe maht du
nit wider harin komen. Mere du bist vs lucifers herze geborn,
da soltu wider in komen und solt mit im eweklic wonen.

Eya selige gotzvrômdunge, wie miñenklich bin ich mit dir
gebunden! Du stetigest minen willen in der pine und liebest
mir dû sweren langen beitunge in disem armen libe. Swamitte
je ich mich me zû dir geselle, got, je got grôsser und wunder-
licher uf mich vallet. O herre, ich kan dir in der tieffi der un-
gemischeten diemûtikeit nit entsinken,

> Owe ich dir in dem homûte lihte entwenke.
> Mere, je ich tieffer sinke,
> Je ich sûsser trinke.

*XIII. Die schrift dis bûches ist gesehen, gehôret unde bevunden
an allen lidern.*

Ich enkan noch mag nit schriben, ich sehe es mit den ôgen
miner sele und hôre es mit den oren mines ewigen geistes und
bevinde es in allen liden mines lichamen die kraft des heiligen
geistes.

*XIV. Von der heligen drivaltekeit, von der geburt und von dem
namen Jesu Cristi und von des menschen edelkeit.*

Ich sach und siehe drie personen in der ewigen hôhi, e
gottes sun enpfangen wart in Sante Marien libe. Do waren si
bekant und mit vnderscheide angesehen von allen heligen engeln
an ir ganzheit und an irem namen und wie die drie ein got waren.
Swie clar ir ôgen waren, si sahen doch noch weder bein noch
vleisch noch varwe noch den herren namen Jesum. Dis was
în wunderlichen verborgen in des ewigen vatters brust. Si
namten den vatter den vngeschaffen ewigen got, den sun die
vnbegunnene wisheit. Ir beider geist nanten si die rehte kunst
der warheit. Die heissen engel von dem hôhsten rate, die do
hangent gegen die miñe der gotheit in eime zuge des atems
der ganzen drivaltekeit, die dienten und sahen an den wunek-

---

¹) Handschrift: owe.

lichen rat do got gotmensche wart. Gabriel fürte den namen
Jesu mit dem grüsse alleine hernider. Im war weder bein,
noch vleisch, noch blůt mitte gegeben. Die ander persone
de we je der ewige sun, alleine hette der die menscheit noch
nit angezogen; er was je vnser und wart vns nie gegeben, e
Gabriel dů botschaft tet. Were die selbe an der persone vor
der botschaft dur vns gewesen ze lösende, so můste er ein be-
giñe wesen, de geschach nie. Die selbe ander persone was
ein nature worden mit Adames menscheit, ê er sich verbösete
mit den sünden. Alleine was adames nature zerbrochen und
verwandelt und sin teil jemer mer verlorn, do enkos got nie zů,
darvmbe mohten wir, und mögen noch widerkomen. Got hat
sin edel miñende nature gantz behalten, darumbe mohte er sich
nit enthalten. Got warf lucifer zehant von im in den ewigen
kercher; mere adam gieng er nach und vragete fn, wa er were,
und brahte iu wider ze wege. Lucifer hatte nit wan ein einig
nature in gotte, do er die zerbrach, do mohte er niemer wider-
komen.

Der mensche hat volle nature in der heligen drivaltekeit,
und den gerůchte got ze machende mit sinen götlichen henden.
Do er die vilheiligen arbeit an vns verlor, do wart er betwungen
in im selber mit einer drivaltiger lust. Darumb wolt er vns
widerbringen mit sinen füssen und mit sin selbes henden, de
wir so grosse einunge mit im hetten. Were der mensch in
dem paradys bliben, got der were ze stunden sünlich mit im
gewesen und hette gegrüsset sin sele und gevröwet den lip.
Also sach ich got komen von dem himel in de paradys, einem
grossen engel gelich. Dieselbe nature twinget got noch dazů,
de er uns grüsset hie mit bekantheit, und mit heliger iñekeit, als
verre wir sint mit heligen tugenden und mit warer vnschuld bereit.

Sweñe ich de gedenke, de götlich nature nu an ir hat bein
und vleisch, lip und sele, so erhebe ich mich mit grosser vröde
verre über min wirdekeit. Aber der engel ist etlicher masse
gebildet na der heligen drivaltekeit; doch ist. er ein luter geist.
Dů sele ist mit irem vleisch alleine hus vor dem himelriche, und
sitzet bi dem ewigen wirte, im selber allerglichest. Da spilet

öge in öge und da flusset geist in geiste, und da ruret hant ze-
hande und sprichet mund ze munde, und da grusset hertz in
hertzen. Alsus cret der wirt bi siner siten die husfröwen. Mere
die fürsten und die dienstherren, de sint die heligen engel, die
hat der wirt vor sinen ögen. Aller der dienst und alles das lop,
des die engel pflegent, de ist alles der husfröwen mit dem wirt
gegeben. Jemer darnach als wir hie rich sint an heiligen tu-
genden, also sint vnser dienstmañ edele.

XV. Die rehte luter miñe hat vier ding. Gibest du dich gotte,
so git sich got öch dir.

Dú rehte luter gotzmiñe hat vier ding an ir, die ruwent
niemer. De erste ist dú wahsende gerunge, de ander die vlies-
sende qwelunge, de trit die briñende bevindunge sele und libes,
de vierde stetú einunge mit grosser hüte gebunden. Hiezú kan
öch nieman komen, er tüge ein gantze wehselunge mit gotte,
also de du got gebest alles de din ist, inwendig als vswendig,
so git er dir werlich alles was sin ist, inwendig und uswendig.

> Weñe dú selig stunde ist vergangen,
> Als got der miñenden selc
> Sinen vberheren trost hat getan,
> Eya, so ist deñe dú miñecklich so wol gemút,
> De si alles de dunket gút
> De vrömeden selen we tút.
> Bistu deñe grel, so ist da grossú angest,
> Ane das dich der tüfel gesalbet hat.

XVI. Die grosse miñe hat mê deñe zehen stuke und zwiegerhande
clage.

Hienach hat die grosse miñe ir nature, si vlusset nit mit
trehnen, mere si breñet in dem grossen himelfúre. Da iñe vlus-
set si allerverrost, und stat doch in ir selber allerstillost. Si
stiget gotte allernohest und blibt an ir selber allerminst. Si
begriffet allermeist und behaltet allerminst. O allerseligste miñe,
wa sint die, die dich bekenent. Si sint gentzlich verbrant in
der heligen drivaltekeit, si wonent nit in iu selber. Dise seligen
mögent niemer vallen in höptsúnde. Warumbe? Si sint mit gotte
durvlossen und umbevangen so sere; je me si besúchet werdent,

je starker si werdent. Warumbe? Je langer si hie sint in dem
strite und miñent, je edeler si got dunket und je snôder und
unseliger si sich selber dunkent. Warumbe? Je heliger miñe,
je grôsser angst und je maniger trost je steter vorhte. Aber
dú miñende sele mag nit grúwelichen vúrhten, mere si vôrhtet
edellich. Zwôi ding kan ich niemer verklagen, de eine, de gotz •
so sere vergessen ist in der welte, de ander, de geistlich lúte
so unvollekomen sint. Harvmbe můs manig val beschehen, wan
vollekomen lúte vielen nie.

XVII. Von einer vrŏwe, die ze hove gerne was, von irme tüfel
der ir siben bosheit riet.

> Ein vrowe hette sich begeben
> Und wolte deñoch ze hove dienen,
> Do bat ich fúr si mit aller miner maht,
> Bede tag und naht,
> Wan ich aach iren schaden also gros,
> De si nach disem libe, eb si do blibe
> Jemerlich můste wesen der tüfel genos.
> Si miñete ir herschaft alze sere,
> Und hielt sich nit zů gotz ere;
> Mere si ordente die vnnútze hofzuht
> Und hette jemer vor den ŏgen
> Die edellicheit irs herren und ir vrŏwen.

Hienach kam ein grosse túfel, fúrig, blůtig, swartze mit
takken und mit hornen glasŏgen, und gieng vor mir hinstan.
Ich vorhte in nit, doch segente ich mich und entslief. Do wal-
terte er úber mich als ein balg vol wassers und pingete mich also
sere, de ich sůchte gnade zů vnserem herren. Do kam mir ein
wis engel ze helfe, der was von dem vierden kore der engelen,
und was derselben vrŏwen hůter. Den vragete ich wer dirre
viande were und we er mir wisse. Eya da sprach der liepliche
engel mit himelscher stiñe: Es ist der bôsosten túfeln einer, den
die helle mag geleisten und hat das ambaht, de er der lúte herze,
die doch gůt wellent sin, zesamen knúpfet mit schedelicher liebi,
und pineget dich darumbe, de du in wilt verstossen von diser
vrŏwen. Eya, sol er mich ůf lange pinigen? — Nein, got der
wil sin gůti alsus zeigen. Hienach kam der túfel aber und schos

uffen mich mit fúrigen stralen, die schutzzen achter mich helle-
sche pine an libe und an sele. Do sprach ich: Alles de dir
got gestattet de tû mir. Do erwachete der tůfel und sprach:
Nu du dich diemůteklich zû der pine gibest, nu verlûre ich alle
min kraft. Do sprach dû sele: bi dem lebenden got mane ich
dich, de du mir sagest dinen namen und we din ambaht an dirre
vrôwe si. -- Minen namen? Ja den wil ich dir nit sagen, wan
es môhte mir alzesere schaden. Du mûst bi dem jungesten tage
(es wissen). Ich pflege an ir des grimen hochmůtes und der
geswinden wisheit und der kreftigen girheit, und ich heisse
zornige grellekeit, die geistliche herzen stôret.

XVIII. Der geistlich Mensche ist glich eim tier an drissig
dingen siner nature.

Alsus klaget sich ein betrûbtû sele und sprach ellendeclich
zû irme lieben: Eya herre, ich habe lange zwôier dinge gegert,
der bin ich noch nit gewêrt. Das eine ist ein getrûwes geistlich
leben. O we mir, herzeliep, de ist alles vnderwegen bliben.
De ander ein helig ende; darzû frôwe ich mich also sere, de
ich minen trurigen ernst verliere. Hiezû antwurt vnser herre
und zeigete mir ein snôde vnahtbar tierlin und sprach: Sieh an,
disem cleinen tier bist gelich. Do sach ich wie de tier wart
gezelet an einem eilande in dem mere von dem schlîme der sich
sûveret vs dem mere, zwischent der heissen suñen und dem mere.
Also de di suñe we des tieres vater und de mer sin mûter und
der schlîm sin materie.

Also wart adam von gotz craft vf der erden von kranker
materie gemacht. Dis tier betûtet ware geistlich lûte. Weñe
der mensche enpbât einen geistlichen geist, so wird er gezelet
mit der heissen gotheit und wirt enpfangen in siner mûter, der
gotes menscheit, so ist sin materie der heilge geist, der sine
sûntliche nature in allen dingen vertilget. Dis tier wahset gegen
der waren suñen. Also tût der geistliche mensche, der gotz geist
enpfangen hat. De ist ein so edel sât, si kimet und wahset vntz
an des seligen menschen ende.

Dis tier isset nit mere, es hat einen grossen zagel, der ist vol honiges, den suget es alle tage. Es hat ŏch guldine grañe, die klingent also schone als es suget, das im die süsse stim̄e und der vrŏliche klang spiset in sin herze, und der lip wirt gespiset von des süssen honiges trank. Dirre zagel ist heiliger lüten ende, den si mit gûten werken und mit steten tugenden vrŏlich und wislich vor iren ŏgen habent und doch gerne grosse trûwe an langer beitunge tragent. Die guldine grañe, das ist die edel gotzmiñe, die dur das miñende herze in die edel sele klinget. Wol im, de er je mensche wart, der das rehte einist enpfindet.

Das tier hat etweñe ein natürliche lust, de es des meres trinke dur einen unnützen turst, so mag es niemer genesen, es müsse das bitter merwasser velassen und widergeben. Also ist es vmb vns sünder gelegen. Sweñe wir trinken den pfûl der welte und nützen dû unedelkeit vnsers vleisches na dem rate des bösen geistes; o we! so ist uns selben mit vns selben vergeben. Wellen wir deñe jemer genesen, so müssen wir vns selben verlassen, und der welte schult widergeben.

Dis tier hat grosse oren, dû stant im offen gegen dem himel, und es hŏrt nach der vogel sange, es flühet dû egeselichen tier und vŏrhtet dû irdensche selangen. De tût ŏch werlich dû miñende sele: si vlühet steteklich böse gesellschaft und si hasset valsche wisheit und ir oren sint bereit ze hŏrende gotz wisheit.

Dis tier hat ein edel gemüte. Es mag nit bliben in dem mer, so dû tier reieut und de wasser wŏtet. Es miñet ŏch küscheit und lŏffet vf den hŏhsten berg, den es weis und küset da den allerschŏnesten boun und klim̄et daruf mit vrŏlicher arebeit und behalset deñe den hohen stam̄e, und so rûwet es mit grosser liebi in hoher vriheit. Alsus tût die miñende sele: ir ist bitter dû itelkeit und flûhet sere zergenglicheit, die als ein wasser hinan vert. Si weis ŏch wol, wie si mit grossen tugenden und mit heiligen arbeiten lŏffen sol vf den hŏhsten berg des schŏnen himelriches. So klim̄et si fürbas in die gnade sunder arbeit, uf den schŏnesten bŏn der heligen gotheit, da behalset si den hŏhesten stam̄en und wirt selbe vmbehalset von der heligen drivaltekeit.

Dis tier hat öch zwöi scharpfů horn, damitte wert es sinen lip mit so grosser wishelt, das es von allen tieren vri hinan gat. O minende sele, was du dis wol verstâst? Du vertribest dů tůfel mit gotz wisheit von dir, und lebest in heliger luterkeit von allen sünden vri.

Dis tier hat zwöi schönů menschlich ögen, dů vliessent im vol treheuen na dem schönen berge; da were es aber gerne. Eya minende sele, wie schöne sint die ögen diner bekantnisse. wan du hast gesehen in den ewigen spiegel, und dir sint dů süssen trêhne vil lieplich bereit; du lidest doch gerne des sündigen meres biterkeit.

Dis tier hat einen reinen munt und ein reine zungen. Es enhat öch keine zêne, es kan nit grinen noch bissen. Der minende meusche hat öch einen nützen munt, er leret und berihtet ze aller stunt gerne, und sin zunge ist von allen schedelichen worten gezogen und gebunden. Er hat öch kein bissende zêne, er tröstet dů betrůbten jemer gerne. Er hat öch enkeinen grim, wan alleine vf die sünde und vf gotz smacheit, ja im ist kein pin so leit. Des tieres mund ist oben offen und niden klein. Die grössi vnsers mundes ist das vnbegriffenlich lop, de wir got leisten söllen mit der gemeinschaft aller creaturen, allem unserm tůnde und an allen dingen, zů allen stunden. Das niderste teil vnsers mundes sprichet alzegerne von der sündigen erden. O we ob allem sprechen! We sol der valschen heligen werden, dů mit heliger lůte gabe valschlich iren sündigen lip generent, und bewisent sich reht, als ob si es alles in der rehten gotzwarheit haben ervaren. Der getrůwe got, der allein die warheit het geminet, der můsse sine reine frůnt vor in bewarn.

De tier hat snelle fůsse und hat kein stime, es ist in im selber stille. Dieselbe nature hat die gezogen sele; in der höhsten mine ist si beide, snell und stille.

Dis tieres hůt und hår ist uncdeler varwe, wan es ist vůl vnde snöde anzeschende. Es jaget öch nieman dur sine gegenwirtige schöni. mere nach sinem tode, so andrů tier fulent, so wirt sin hůt also edel und sin hår so mangerleie schöni, de alle die höhisten, die es mögent haben, sine hůt fůr die edelsten zobele tragent. Vollekomener lûte vride und ir nütze sitten und ir helige lere, der ahtot man bi ireme libe leider alzeklein, mere nach irme tode, swa wir sündigen kumen in nôte und wir dene gedenken, wie heleklich si lebten und wie getrûwelich si vns warneten, so komen wir in sümtlich schemede, de wir in waren so vrômede. So wirt ir leben ein schône zobel, den wir sündigen vor vnsern ôgen vil schône in vnserm herzen tragen. Aber bi irme seligen libe vôrhten wir je das vngebe kupfer, de wir dis edel golt nit môgen berûren.

Dis tieres vleisch isset man an dem fritag. Es stirbet ôch nit, es werde von des meres vinden tot geschlagen. Heliger lûte leben de sint alles fritage, wan si vastent alles von sünden, und si essent nit die verbotten spise, mere si lebent nach götlicher wise. Die grossen bulgen der stürmenden mine tût si sterben aller dingen und leben got alleine; ja dene erste sint allû ding ir alleine in der mine mit gotte gemeine, so hat ir mine nützo krefte in gottes lobe ze allen dingen.

Dis tieres gebeine ist eis edelen visches grât, do machet man schôni cleinot abe, de edel lûte zû iren eren habent. Wie edel ein cleinôt de si, de ein helig licham minevol und sünden si vri, de wiset vns got an sinen liebsten frûnden, als wir dû waren zeichen an vinden. Got hat vns an sinen heligen vrûnden manig nütze kleinôt gegeben; loben wir in nit darumbe so môgen wir nit der heligen ein werden, die man erhebet hie vs von der erden. Dises tieres namen sprichet ze tûte alles nütze. Wol im, das er je mensche wart, der disen namen vor gotte hat!

XIX. Das ambaht der gebenedigten mine ist manigvalt.

O gebenedeite mine, de was sunder begine
Din ambaht und ist noch,
De du got und des menschen sele zesamene bindest,
De sol din ambaht sunder ende sin.
      Gegrûsset siest du vrôwe min,
Und beware de ich nit klage
Mime schônen herren vber dich.
Wil er ze lange von mir sin,
So erfrûre ich ze sere;
De bewar, herzefrôwe, kûnegin!

Du hast mich in gotte verleitet,
De ich seleklich gebunden bin.
  O mine fröwe, hilf du mir,
De ich an sinen armen verscheide,
Da ich mit ime bevangen bin.
Jedoch wil ich gerne liden des todes pin
An dem sündigen lichamen min.
Miñe, du hast den grössosten gewalt
Vor allen tugenden jemer me,
Des wil ich got danken,
Du benimest mir manig herzensere.
  Ich habe kein tugende mere,
Er dienet mit den tugenden sin.
De were mir swerer als der tot,
De ich iht gütes möhte getün annder den herren min.
Alles de ich von miñe spriche,
De getar ich mir leider nit zůziehn,
Mere got der meinet alle die damitte,
Die in sinem herzen erwelt sin. ¹)
Den dis augůt der bevindet es wol;
Die miñe machet ital herzen vol.
Mere weñe wir werden vol wranges unde surekeit,
So ist vns der miñe spil vil vnbereit.
Gůte naht, miñe, als ich schlaffen welle. Alleluia.

XX. Von sehs tugenden S. Dominicus.

In sant Dominicus tage bat ich vnsern herren für der predierorden gemeine. Do gerůhte des vnser lieber herre, de er selber zů mir kam und brahte Sant Dominicum, den ich miñe vber alle heligen. (Ich vrage) eb ich getar sprechen, (da) sprach vnser herre: Dominicus, min sun, hatte in ertriche vier ding an im, die solten alle prior an in haben. Er hatte sine brůder also miñeklichen liep, de er de nie mohte erliden, das er sie betrůbete mit den sachen, die von sinem eignen mütwillen kamen. Das andere de er dikke sin spise bösorte, sinen brůdern ze helfe und ze liebe, vf de junge brůder wider in dehten in die welt, und de die alten nit erlegen in dem wege. De dritte de er inen mit heliger wisheit das bilde gab, de si dazů dur got solten messig sin in allem irem wesende und an allen iren sitten und an aller irer notdurft. De vierde de er so barmherzig was, de er sine

---

¹) Handschrift: sint.

lieben brûder nie wolte besweren mit dekeiner bůsse, die im der orden nit wisete nach der schulde. Aber sprach vnser herre: Noch sage ich dir zwói ding. Swene Dominicus lachete, so lachete er mit warer sůssekeit des heligen geistes, so er aber weinete, so weinete er mit so grosser trůwe, de er jemer alle sine brûder zevorderste an siner gerunge trûg vor minen ôgen, und dazů mit aller maht die helige cristanheit. Das einige lachen sunder italkeit mag bôse sin, des wiste ich êdes nit.

XXI.   *Dur sehszehen ding hat got predierorden liep.*

Hienach sprach vnser lieber herre alsus: Zwôi ding miñe ich also sere in der Bredier orden, de inen min gôtlich herze zů lachet ane vnderlas. Das eine ist dů helikeit irs lebens. Das ander ist der grosse nutz der heligen cristanheit. Darzů grůssent si min heligen drivaltekeit mit siben dingen, die sprechent alsus: Crefteklichen sůfzen, herzeclichen weinen, lebendige gerunge, herten twang, kumberlich ellende, getrûwi demûtekeit, vrôlichů miñe. Aber sprach vnser herre: Si êrent ôch mine drie namen mit siben dingen vswendig: an lobclichen sange mit warer predeunge, mit rehter losunge, mit mineklicher trôstunge, mit frůntlicher helfe, mit heligem bilde, und ôch sint si ein heilsam bant des heligen Cristan gelôben. Mere sprach vnser herzelieber herre alsus: Ire almůsen, dů si gebent den armen dur min liebin, die ist also helig, de der armen lûte sünden geminret werdent, die si enpfant, und das ôch der tůfel da niergen bliben mag, da man ir almůsen isset. Dis kunt von der helekeit irs gevelligen armůtes. Eya ewiger bruñe der gotheit, da ich vsgevlossen bin und allů ding, ich vnwirdigů creature lobe dich mit alle dem das vnder dir ist, de ich, herre, doch alsus von dir getrôstet bin. Amen.

XXII.   *Von vierhande crone brůder Heinrichs und von der wirdekeit S. Dominicus.*

In predierorden starb ein brůder an eim hêren ostertag, do er hatte geprediet, messe gesungen und den lûten bette gegeben

vnsers herren heligen lichamen. Und do er alle sin pfliht hatte
vollebraht, da hies er sich oleien, und vůr gegen naht. Do er
wac begraben, do gieng ein mensche zů sinem lichame und
grůssete beide, sele und lip. Des pflag si alle zit nach geist-
licher lůte ende. Und do machte got in ir sele eine gôtliche
hochgezit. Und also wart ir sin sele in gotes vmbehalsunge in
grosser ere bewiset. Do sach si wol, de sin ere noch nit we
vollekoñen und fragete vnsern herren, wie lange er also wôlte
wesen, und eb er dehein vegefůr hette gelitten. Do sprach vnser
herre: Er sol alsus sin vierzig stunde, de waren siben tag und
siben naht.

> Er hatte sich geneiget vf gotz brust
> In vnzellicher wollust
> Wider die geistlichen iñekeit,
> Die im hie was vil vnbereit;
> Und also snelleklich
> We er do ane pine komen,
> Als ein můter ir liebes kint
> Vs der eschen in ir schosse hat genuñen.
> Do sprach er: sag miner swester,
> Ich wil si trôsten inront vierzig tagen
> Mit gotte. Das geschach.
>   Si starp vierzehen naht danach.
> Do ladet er mich zů siner hochgezit
> Als er solte enpfân sin ere.
> Darzů bereite sich alles himelsch here
> Und schareten sich in ein schône procession.
> Sant Dominicus kam mit einer ganzen schar,
> Die waren alle predier, und si trůgen alle guldine krenze
> Die in dem orden sint hingevarn,
> Danach edel als si in dem orden helig waren.
> Sant Dominicns brahte brůder heinrich
> Zegegene ein lůhtende crone,
> Die spilete in ir blikunge also schone
> Als die suñe in irem llehtosten done;
> Die gab er im von gotte ze lone,
> De er sinem heligen bilde hat gevolget
> In der predier orden.
> Sant Dominicus ist vor den andern vnzellich schône,
> Wan er hat von jeglichem brůder sunderlich wirdekeit ze lone.
>   Ich sach in sunderlich gekleit
> An drierleie wirdekeit.
> Er treit ein wisses kleit

Der angebornen[1]) kûscheit,
Darzû ein grûn kleit der wahsenden gotzwisheit
Und dazû ein vnbesprenget rot kleit,
Wan er die marter geistlichen leit.
Si hant ein hérzeichen von des ordens wirdekeit,
Das nieman me treit.
Ein schônû baner gat in vor,
Dem volgent alle die nach,
Die hie an irme rate stant.
Vnser herre sas in siner almchtekeit
Und krônte disen brûder mit drierhande wirdekeit.
De was einvaltigû gehorsami,
Willigû armût, stetû unahtibarkeit.
Do dankete brûder Heinrich vnserm herren alsus:
Ich danke dir herre, dines fundes
Und diner behaltnisse und zûneñunge.
Do neig er vnserm herren
Und kerte sich zû sinen brûdern.
Do sprach sant Dominicus:
Sist willekomen lieber sun,
Nu gang in die ere dines herren, alleluja.[2])
De mir disû gnade môhte beschehen
Und dis môhte besehen,

de was sunderlich davon de ich dur got ellende was und von
gotz frûnden steteklichen arglich versmâhet.

XXIII. *Von Sante Johañes ewangeliste begrebde.*

Sant Johans ewangelisten lichamen han ich gesehen
werlich mit den ôgen miner vnwirdigen sele. Er lit in grosser
wñûe und begraben ob allen zergenglichen dingen und der
schöpfnisse des ewigen riches. Sin licham hat nu der götlichen
ewekeit also vil enpfangen, das er lûhtet als ein fûrig kristalle.
Er lit reht also miñecklich menschlich geschaffen, als er were in
eim himlischen jubilo geistlich entschlafen. Sin ôgbrawen sint
im alleine brun und hat sin ôgen zûgetan und lit vf sinem ruggen.
Vnder im, ob im und alumbe ime ist es alles klar, und je ze
siben stunden koment die heligen engel zû dem lichamen mit
lobelichem sange, der lutet alsus: helig lûter, einvaltig wise, gotte

---

[1]) Handschrift: andergebornen.
[2]) Am Rand:
         De we der sibende kor
         De we an ende.

von herzen liep. Süsser wise hat der sang, deñe tusent seiten
oder harpfenklang. Zwischent sinem lichamen und der schöpf-
nisse des himelriches ist nit me deñe ein dünñ want als eines
eies hût, und ist doch als ewig veste, das dar kein lichame me
dur mag, untz an den jungosten tag.

*XXIV. Wie got in himelriche die selen enpfahet und wie er
drierleie lüte crônet, und wie er si grüsset, zieret, lobet und
inen danket.*

Das himelriche hat manige porten schôn und hat doch en-
keine. Die manigvaltigen porten ist der herlich vnterscheiden
lon, da got ein jeglich sele mit enpfat, und sich der gantze
himel vf tût gegen der wuñeklichen gotzbrut. Got der gat her-
nider dur die kôre alle, der sele engegen und im volget alles
himelsch her, alles da nach schône de si mag empfahen ze lone.
So vart[1]) dü sele vro vs dem vegefür oder vs disem elende, so
volgent ir öch vil manig schône engel. In der himelporten koment
die zwene gelieben zesañene, got und die sele. Sin edel ansehen,
da er si mitte enpfahet, hat so grosse kraft an ir, de si niemer me
mag gedenken an iren schaden noch an dekein ir herzeleit.
Ein gemeine krone des riches kunt vf ir höbet in der porte,
das ist gotz wille: damitte leitet er si erlichen in. Darumbe
heisset si des riches krone. Dem verworchten sünder vntz an
sin ende, dem got rûwe sendet, dem wirt anders kein wirdekeit
ze lone. Got krônet drier hande lüte mit sinen vetterlichen
henden, megde, wittewan und Elüte. Als er si hat mit allem
lob enpfangen, so krônet er si deñe. Die wittewen und die an
der ê krônet unser herre sitzende an siner almehtigen ere; aber
gegen den megden stat er vf und krônet si stênde, als ein
keyserlich juncherre. Er grüsset si iñewendig mit siner leben-
digen gotheit, er êret si vswendig mit siner almehtigen menscheit,
er zieret si mit sines heligen geistes miltekeit. Er lônet in öch
ane ende mit siner gantzen drivaltekeit, ordenlich in sinem riche
alles des de si da mit in bringent. Er danket in allen sunder-

---

[1]) Handschrift: wart.

lieb, dc si wolten komen und si lobent got, wunneclich, dc er
inen den ewigen tot hat benomen.

XXV. Wie vnser gegenwirtekeit si nu in dem himelrich, in dem
vegefür und in der helle.

Unser gegenwirtekeit ist nu zem himelriche reht. Als wir
nu hie sint bekleidet mit den tugenden und gezieret und dur-
flossen mit der heligen gotzmiñe, also sin wir jezt da allen seligen
offenbar, und si lobent got und vröwent sich an vns, als ob wir
jetzent mit in da werint. Das vns aber zûgat, dc sehent si nit
vor, merc das wir wahsen an der edelkeit und dien andern
klarheit und stigen vf an der höhin. Dc geschiht den seligen
die noch hie sint von stunde ze stunden. Hievon meret sich
der heligen und der engeln wuñe. O we, so wir aber in grosse
tegeliche sünde sinken, so erlöschet vnser schöne himelbliken.
So gerent die engel und die heligen bittent an vnsern lieben
herren, das wir bekerten und wider luter werdent. Unser ge-
genwirtekeit ist öch in dem vegefür, also schier wir es hier
erarnent. Das tût allen den wê die da sint. Si mögent vns
doch nit gehelfen, wan si selber so jemerlich smelzent. Es ist
manig armû sele ze sogetañem vegefür mit sogetaner schulde,
dc si nit wissen mag, ob si jemer sol werden erlöst. Warvmbe?
Si wolten nit bihten mit irem vleischlichen munde. Wie si aber
behalten mögen werden, das haben wir an einer anderen stat
funden. [1])

Des sünders gegenwirtekeit ist öch offenbar in der helle.
Dem volget gotz barmherzekeit nach, also sint si hütte da,
morne sint si der engelen gesellen. Alsus so vart vnsere gegen-
wirtekeit vs und in zû dem himelriche, in dc vegefür und zû
der vnseligen helle, danach dc wir vns mit mûtwillen zûgesellen.

XXVI. Von dem gotztrost eis beswêreten brûders Baldewinus.

Ein brûder in der predierorden, der was so sere beswert mit
einem gûten ambahte in der gehorsami, als vil maniger ist, dc

---

[1]) Am Rand: l. 3. c. 21.

im entgieng sin jugentlichů maht, und verlor sine menlichen kraft; doch tet er es mit gůtem willen. Do bat ich vnsern herren, de er sine gnade dazů wólte keren. Unser herre wisete mir und sprach. Ich horte und sach alsus alle die arbeit die er lidet, und de er liset und schribet; de sol alles von miñesingen min lop vor minem ewigen gesinde alsus: Grosser got, ewig, kreftig, wunderlich, alleluja! und ich wil sin hóbet vfhaben und alle sine maht, als ich die habe getan nit alleine von nature mere öch sere von gnaden. [1]

XXVII. Von dem ende predierorden, von dem endecrist, Helya und Enoch.

Der predierorden wart sere angevohten in valschen meistern, darzů von manigem girigen sünder. Do bat ich vnsern lieben herren, de er an inen wólte behüten sin selbes ere: Do sprach got: Alle die wile de ich si haben wil, so mag si nieman vertilgen. Do vragete ich: Eya lieber herre, sol der orden stân untz an de ende der welte. Do sprach vnser herre: Ja, si sóllent wesen untz an de ende der welte; Aber so sóllent komen einerhande lüte, die sóllent si vor verwisen, also de die lüte die deñe koment, wiser sóllent sin und gewaltiger und armer von irdenscher notdurft und füriger von dem heligen geiste dur die ellendige not die der heiligen cristanheit deñe zůgat.

Do sach ich dise lüte und ir cleider und ir leben und darzů, de ir we ein grossů mengi. Si hant nit me deñe zwói kleit, de nehste ist wis und de oberste rot, nach der reinen menschheit vnsers herren und nach sinem heligen tode. Ir har und ir bart blibet inen so lang als es wirt. Ir gürtel ist gemachet von • haste eines olei bómes, nach der heligen barmherzekeit, die si tragent zů der verwiseten cristanheit. Si gant alles barfůs, mere in dem lande da es vrůset, da tragen si rote schůhe mit wissen riemen und enheine hosen. Ir hóbet twahent si ze sumer selber in dem walde mit wasser und ze winter niht, wan si hant kein

---

[1] Am Rand: Año dñi MCCLVI.

eigen wonunge. Si sint in allen stetten geste und lident ma-
nigen kumber. Si enhant weder hus noch hof, silber noch golt
niergen behalten. Ir jeglicher gat mit einem stabe, der ist wis
geverwet (und) rot. Der stab hat ein kruken, die ist einer
spangen lang und ist von helfenbein. Bi dem helfenbein sont
si wesen kůsch und in allen dingen reine. Der stab ist wis
und rot, dabei gedenkent si christi tot. Einhalb an dem stabe
ist die marter vnsers herren gegraben, anderhalp sin himelvart.
Den stab můssen si an allen stetten bi in haben, so si essent
oder selaffent, bettent oder predient oder messe singent oder
bihte hôrent, und wa si den stab vs der hant lassent, da můssent
si in in die erden stossen vor iren ôgen, de si christi marter
steteklich anschôwen.

Sweñe ir weg ist drissig milen lang, da si hin můssent dur
nutz oder not, so můssent si zwene eiuen esel mit in vôren.
Da si etweñe riten, so môgentz iren stab nit vôren bi iren siten,
mere si můssent in in der hant vor inen vfgerihtet vôren als ein
gotteserůze. Darumbe můssen si de snôde tier riten, de si sich
got an der demůt gelichen, und ôch ir fůsse werdent inen also
ser, de si die lengi nit môgent vollegan. Aber die schůhe tragent,
de mag nit langer weren deñe von aller heligen tag vntz sant
peters tag als er Bapst wart.

Si sôllent nieman nit bitten ze bůche noch ze kleiden; mere
als man inen de brot nůt bůtet, so sônt si es diemůeteklich bitten,
und sônt bi den gemeinen lůten essen und trinken alle die spise
die si inen gebent, ane vleisch alleine. Si sônt ôch nit me
vasten, deñe de dů cristan ê gebůtet und sônt also herbergen,
de si môgen betten und selaffen von den lůten vnder einem
sunderlichen tache.

Als die lůte dis helig leben erkeñent und angesehent, so
werden si sin also sere gebessert, das si inen gerne ir notdurft
willeklich mit grosser liebi gebent. Si sônt ôch nit keiner wit-
wen ze herberge wesen. Die lůte sônt in ir herte vůsse wůschen
mit grosser iñekeit und sôllent des got sere danken, de si da
gên und salbent die verweisete cristanheit, als Maria Magdalena
tet vnserm herren. Si salbent si ôch na, de sôllent mañes namen

tůn, (sic) wan si nit got sint. Als die lüte de gesehent, de ir
kleider ze krank sint, so gebent si inen nůwi. Vil wôlte man
inen gerne geben; si sônt es nit nemen; mere si ratent barm-
herzekliche ze gebende an alle nütze stette.

Ir gros kapittel ist zwůrent im jare vsgeleit dur nutz und
notdurft der cristanheit ze sumer in dem walde, ze winter in der
stat vf der burger rathus. Wer in disen orden wil varen, der
sol selber zweierleie bůch haben: Vs dem grossesten bůche sol
er predien. De erste de an dem bůche ist geschriben, de spricht:
„Credo in deum", und darnach sint es alles meisterliche sermone,
alles geordent mit dem cristan gelöben. Vsser dem minsten
bůche sol er sine gezit vom jare leisten vnserm herren. Der
erste meister der dis leben sol erheben de sol des kůnges sun
von Rome wesen. Sin name spricht vor gotte ze tůte alleluja.
Dem sol der Babest sinen nehsten gewalt geben, und danach
kůset er selber und enpfât vom dem Babest dis leben. So be-
gebent sich alles hohe meister mit im: die söllent nit junger den
von vier und zwanzig jaren wesen. Si enpfant öch nieman, er
si dene gesunt und habe ze hoher schůle gelernet, und sie můs-
sent alle priester, bihter und hohe vserwelte lerer wesen. Den
ersten meister sont si heissen ir vůrste und sol gan selbe vierde
brůdern, wan der cristangelöbe wirt allerdikost an im versůchet,
und die vierzehen sônt einen meister vnder în han, den sônt si
heissen iren hůter, und der sol gan selb dritte brůdern. Ir ge-
walt ist vil gros, wan kein Bischof ist ir genos. War si komen,
da ist inen predien, bihte hören und messe singen und lesen
vnverboten. In jeglichem bistůme sônt ir siben wesen, nach
den siben gaben des heligen geistes; in eim erzbistůme drie-
zehen, nach dem heligen convent vnsers herren. Ze Rome sônt
ir drissig wesen, na dem seligen köffe der an Christo wart ge-
geben. Ze Jerusalem sol îr wesen allermeist, do Jesus dur vns
den tot leit.

Ir minste capitel sont si haben ze drien wochen, nach der
ganzen einunge der heligen drivaltekeit mit fůnf brůderen nach
dem bilde der heligen fůnf wunden oder mit sibenen, nach den
siben gaben des heligen geistes und danach me als si zesamen

mógent komen. Swa si essent oder trinkent, da sol diewile der eltest in dem orden etwas sprechen von cristi wandelunge und von sinem heligen leben und die andern sóllent swigen.

Ich sach óch ir bette, wi si sóllent ligen vf dem strówe zwischen zwein wissen wollentūchern, und ein küssen ist in vnder de hópt gegeben, de sol vf dem vndern tūche, vf dem strówe ligen. Ir lenden sóllent niemer sanfte sitzen noch ligen, wan si sónt alle ir tage gesunt wesen untz an die helige marter, als cristus tet. Mere jeglich alt meister, der vil nütze ist gewesen und vor alter nit mag volle herten untz an das ende des ordens, er werde krank oder siech, den sol man sanfte legen und lieplich halten, wan si kónen noch den vil heligen rat geben; und der besten spise sónt si deñe leben.

Dis helig leben sol stan mit gútem vride drissig jar; dazwischent sont die si cristanheit so sere erlúhten und leren, de von vngelerter einvaltekeit nieman darf von cristangelóben keren. O we, dana sol es an die not gan. So kunt der endecrist und vnderwindet sich der weltlichen vúrsten mit golde und mit dem edelsten gesteine und mit grundelosen valschen listen, da inen nu vil liep ist. Harvmbe volgent si im vil gerne und sprechent, er si ir got und ir herre, und gebent îm grosse geleite, ir ingesigel und ir brieve. O we, so kunt er zū geistlicher gewalt, da vindet er óch die gitekeit und bringet also grosse valsche wisheit, de der Bischóven und Brópsten und der pfaffen al ze kleinen gestat. So tragent dise seligen brúder iren lip veil und predient vil sere cristan gelóben, und gebent ein gewaren aplas aller súnden, allen den, die in cristanem gelóben in warer rūwe sterbent, de si sunder vegefúr behalten werdent. Dur de dise helige brúdere mit den lúten also helekliche vor hubent vmbegangen, so sol manig helig martrer mit inen werden. Manig jude und semlich wise heiden sónt von disen brúdern den heligen tóf und cristan glóben enpfán. Dis sol den endecrist so sere besmahen, de er sin gros gebot und sweren twang vf alle die legen sol, die zū irre predie gant. Der doñe dar gút und mit inen gestát, der ist ein seliger man.

So gat es an die not, so scheident sich die gúten vs den

bôsen, und verwegent sich des libes und alles des de si hant.
So koment des endecristes boten dar und durstechent allererste
den heligen predier dur sine cristane lere mit einer isenstangen;
da mûs der gottestrût an hangen und winden zû den armen
gotteskinden. So tragent si in deñe zwischent in gespisset, den
heligen man für alle die welt gemeine: die gûten weinent. So
singet er mit des heligen geistes stiñe: Credo in deum, und trôstet
und rûffet: Volgent mir, helige gotteskinder. Alle, die im deñe
volgent die werdent gevangen, und ir ôgen verbunden, und
werdent mit geiselen geschlagen und getriben als die schâf in
dem rôbe in ein stat, da ein gros wasser gat. Da schlahet man
in allen ir selig hôbet abe und wirfet si in das wassere. Da
des wassers nit ist, da tribet man si uf de velt und martert si
da. Got der git den bôsen in sin, de si den gûten die ôgen
verbindent, de si in ir gevengnisse nit mögen gesehen die grosse
zierde und die vnmessigen herschaft und ere die die vnseligen
hant von dem Endecrist irem herren, durch das si deste bas
gestanden, wan si ôch menschen sint als si. Den seligen pre-
dier nement si also tot und setzent in vil hohe in derselben stat,
da er de gotzwort sprach und gemartert wart.

Die danach den Cristangelôben predien wellent, die müssent
wesen lebende marterer und hohe helige. Des Endecristes gewalt
ist also gros, de nieman ist sin genos. Als der babest wider
in nit me mag gestriten, so kert er sich zû den heligen brüdern,
und lidet de si lident. So kunt inen ze helfe Enoch und Helyas,
die nu sint in dem süssen paradyse, und leben da mit selen und
mit libe in derselben wuñe, und essent dieselben spise die Ade
we gegeben, eb er da iñe were beliben. Si müssent ôch in gotz
gehorsami denselben bôn miden, do Eva und Adam den ôpfel
von assen, do si gotz gebot brachen. Disen bôn han ich ge-
sehen: er ist nit gros und sin fruht ist vswendig vil schône und
lustlich als ein rose, aber inwendig ist si von nature vil sur.
De bezeichenet den bittern schaden der sünden, den got nie
menschen gonde. Darvmbe de dise fruht dem edeln menschen
als vnbekeme ist, de si noch vnser vergift ist, so leite got sin
gebot da vf, wan er den menschen nie vngemach erschûf.

In der jungesten not, als dise seligen brůder das gemeine
volk also lange hant getröstet, das nieman gůtes ist beliben, er
habe dur got die marter gelitten, so lebent noch dise brůder
allermeist. So ist irů vnschuligů not also gros, de ir gebet ist
also helig, de inen deñe erste got Enoch und Helyam sendet,
die (si) deñe tröstend und von dem walde leitent und gant aber
predien und sich zem tode bereiten. Dise zwene herren, die
deñe komen sint vs dem paradys, die sint von götlicher warheit
also wise, de si den Endecrist mit gewalt vmbetribent. Si sa-
gent ỉm rehte wer er si und von welcher maht sin zeichen sint
und wie er harkomen si und welich ein ende (er) sölle nemen. Als
dis die verkerten vernement, wie unselig ein got ỉn ist gegeben
dur ir grosse gitekeit und dur ir wollust maniger bosheit, die
got an irme herze weis, so bekeret sich deñe manig edel man
und manig schöne frowe, die von den cristan (dem) endecrist
waren gevolget.

So můssent die seligen gemarteret werden, wan dem Ende-
crist ist deñe in ertriche der gròssest gewalt gegeben. Er heisset
samnen alle die man, die er (an) Cristum gelöben geprůfen kan.
So bereitet man vffen der strasse siedende pfañen und tribet si
deñe zemale dar zů und sendet na iren husvrowen und na iren
schönen kinden. So heisset man die man kiesen, weder si lieber
behalten in dem vngelöben die schöner vröwen und ir lieben
kint, richtům und ere, oder si in Cristum gelöben, in den pfañen
sieden und iren liep verlieren. So sprechent dů man: Eva lieben
wip und kint, gedenket nit an mich, mere gedenket, de ir cristan
sint und opfernt got einen lip, so scheiden wir vns nit. — So
bindet man den mañen ir fůsse und hende und wirfet si in die
pfañen. So sprechent vröwen und kint öch: Herre Jesu, o
marien kint, dur dine liebi so wellen wir gerne liden dieselbe
not. So machet man ein grůben vol vůres, da in wirfet man
die kint und die můteren sint und wirfet vf si für, holtz und
strowe und verbreñet si also.

Der engel geleitet Enoch und Helyam vs dem paradyse.
Dú clarheit und die wuñe, die si nu han an irme libe, dů můs
alle alles da bliben. Do si de ertrich angesehent, so erschreket

si, als die man tůnt, die de mer ansehent, und sich vórhtent wie
si vberkomen sőllent. So enpfahent si den irdenschen schin und
mússent tőtliche menschen sin. So essent si honig und vigen
und trinkent wasser gemischet mit wine und ir geist wirt őch
von gotte gespiset.

*XXVIII. Von fúnferleis craft der miñe. Dur krenket und der
lúte valscheit můs man swigen der warheit.*

Dis bůch ist begoñen in der miñe, es sol őch enden in der
miñe, wand es ist niht also wise noch also helig, noch also
schőne, noch also stark, noch also vollekoñen als dů miñe. Do
sprach vnser herre Jesus Christus: Sprich Vatter, ich wil nu
swigen alse du swigest in dem munde dins sunes albriñende
dur die krankheit der lúten; und min menscheit sprach albibende
durch die valschheit der welte, wan si louete mir mit dem bit-
teren tode.

Dis ist der fünfte teil des bûches.

I. Von drierleie rûwe und zehenhande nütze und von dem wege der engelen und der tüfelen.

Es ist drierhande rûwe damit sich der sünder weget wider in de ingesigel de am crûze was gegraben, als vns die sünden zerbrochen haben. Das erste ist der rûwe der schulde, die hat drie dinge an ime, dû bitterkeit in dem herzen, da dû sünde vsgeflossen ist, schame in den sinen, die der sünde gebruchet hant, gůt bilde des lebendes, wa sich der mensche verböset hat. Dise rûwe versûnet den himelschen vatter und die sündigen sele und löset si von der ewigen helle pine. Das ander ist rûwe der bůsse; dû hat öch drû ding an ir: Vlissig arbeit und stete sicherheit und lutern sig über alle bekorunge. Dise rûwe löset den sünder von allem vegfûr. Die dritte ist rûwe der mine, wan si ist got alleine getrûwe. Ir ist vil leider gotz smacheit dene ir schade ·oder ir herzeleit. Si wollte öch lieber mit lip und mit sele zů der ewigen helle varn, eb si im lieben mit einer höptsûnde wölte betrüben. Dis minerûwe heliget und machet vollekomen lüte in ertrich und höhet si in himelriche vor gotte. Swene die selig sele an diser ahte stat, so ist ir got über ir selber liep und die sünde vf das höhste leit. Der selige der diser dreier rûwen hat, dem geschiht hie in ertrich die ere, de

got sunder vnderlas sinen vůrigen geist vs siner heligen dri-
valtekeit schinen lat in die miñende sele, glich als ein schöner
sunnenstral, der alswebende vs der heissen suñen schinet vf einen
nůwen goltvarwen schilt. Der gegenblik gotz und der miñenden
sele, der vs von ín beiden so wuñenklich blikket, der hat also
grosse kraft und also offenbaren schin,

Vor allen die in dem himelriche
In vegefůr und in der helle sin.
Das die höhsten engeln, cherubin und seraphin
Der miñenden sele müssent heimlich sin
Und wandelen hernider bůrnende in unzellicher liebin
Zů der miñenden, vůrigen sele in demselben schin.

De ist der edelen fürsten weg zů der verweneten sele in
disem armen libe, wan der engel und dú miñe der sele sint von
gotte ein ganze nature von angeborner kůscheit und von der
miñe vůre in seraphin. Aber die angenomen kůscheit, gezieret
und verlůhtet mit dem vliessenden fůre der götlichen miñe, die
bliben in cherubin. In *(ihnen)* gat aber harnideren gen ein fůrig
klare miñelust vs von seraphin, wan si miñen fürig sint.

Darumbe zůhet der edel schin harnider,
De si von miñen blikkent wider.
Die engel die vns in dem töffe werdent gegeben,
Die mögent nit der breñenden miñe pflegen,
Wan got hat inen nit die hitze gegeben,
Mere si sint vns darzů gegeben,
De si vnser tugenden pflegen. —

Ire edlů gegenwirtekeit und vnser beste mütwillen, die hei-
ligent allů vnsre werch und vertribent des túfels list und sinen
gewalt von unserm fünf siñen. Aber der grosse fürin schin, der
alles lůhtende harnider gat vs von der heligen drivaltekeit in
die miñende sele, den fürhtent die túfel also sere, de si niemer
getörent gevaren dur die heligen strale. Des lident si manige
smacheit die wege, die ín got in den lüften hat gegeben, das
inen die ein irdensch mensche mit der gotzeinunge mag benemen.
Si mögent alle ir wege vollevaren, di si von bosheit wellent
haben, und wa si einer miñenden sele in einem licham werden
gewar, da müssent si vnder die erden varen. Och mögent si
den luft nit entreinen, wa si die seligen vindent, die werliche
lebent sunder höptsünde. Alle die sünde, die sie vns anbringent,

der müssent si zen ersten begiñen. So müssen wir deñe mit cristan gelöben in vnsern besten siñen vf zů got stigen, so verlierent si alle ihr maht und müssent vor vns vlieben.

II. Von zweierleie pine und von vierleie nutz und von der manigvaltigen schar der sünden.

Ich danke got aller gůti, und klage vber mich selber alle die wile de ich lebe, wan got der pinget nit vergeben. Diewile de der mensch sünden mag, so bedarf er der pine alsowol als der tugenden. Die pine ist vil nütze, die der mensche îm selber anleit dur got mit rate. Die pine ist aber also vil nützer und edler die vns got anleit mit sinen vienden oder mit sinen vründen, als got edelor ist an allen pinen. Christus lôste vns nit mit der pine, die er im selber anleit, mere er lerte vns, wie wir im solten dienen mit arbeiten und mit pine. Aber er lôste uns mit der pine, die im sine viende anleiten ane schulde, und mit dem jemerlichen smehlichen ende, do nieman was sin getrůwe frünt, deñe ein maget alleine. Maria ʼsin můter, die im was vereinet werlich inwendig, dů gestůnt alleine uswendig mit im.

Do mich vngetrůwen menschen erdros miner pine, do gab mir got disen trost und sprach: Nu sich, der pine mag nieman enberen, wan si lůtert den menschen je von stunde ze stunde von sinen manigvaltigen sünden. O we, do sach ich vns mittevolgen ein also gros grůwelich schar der manigvaltigen sünden, als ob alle berge, alle steine, alle regenstropfen, alles gras, böme, löp und sant, alles lebende personen werin und vns verdruken wöltin, de wir niemer vf ze gotte kemin. O we der leidigen stöbsünden, die wir nit zen worten bringen köñen! dawider wirt uns hie die pine gegeben, die wir heimlich an vnsern armen libe tragen. Das ander, die bitterkeit der pine beschirmet vns vor dem zůkunftigen valle, davor dik ein reiu herze bebet, de gotz geist in im treit besclossen. Das dritte, die edelkeit der pine machet vns wirdig der gnade gottes ze enpfahende, wan weñe ich alles min gemach, nine notdurft und allen minen irdenschen trost mit angest und mit vorhten und mit ellendigen herzen enpfân, so ist got mit sinem trost da.

*III. Got wil wêgen alle vnschuldige pine und öch drierleie lúte
blât.*

An dem jungsten tage so wil Christus Jesus vor sinem vatter
uf haben ein herliche wage, da sol sin helig arbeit und sin un-
schuldige pine ufligen und da iñe und dabi allñ dú vnschuldigñ
pine, smacheit und herzeleit, das je dur Christi liebin von men-
schen wart gelitten. Ja so gat es an die rehte wage, so vrô-
went sich die allermeiste, die da iñe vil habent. Der megde
blût von nature, der martrer blût dur den cristanen gelôben und
ander man mauselahtige blût, das anc schult geschihet in rehter
not, das wil der helige gotz sun mit sinem blûte wegen, wan
es ist in warer vnschult vs geben. De rehte blût kunt nit in
die wage? Warvmbe? Es ist vor bewollen, aber es lôschet die-
selben sûnden, die da kunt von des vleisches kûnde.

*IV. Der wunderlichen miñe ist manigvaltige craft. Wie die
smeket. Von vierhande diemût. Von sibenleie schôni der
miñenden seele.*

O wunderlichû gottesmiñe,
Du hast heilig grosse kraft,
Du erlûhtest die sele und lerest die siñe
Und gibest allen tugenden volle maht.
Wol mir armen dôrperiñe,
De ich dich vrôwe je gesach.
Eya miñe, du bist wuñeklich
Und zû allen werken lobesan,
De bevinde ich in der sele min,
Dir sint alle tugende undertan.
Aber die sinkende diemûtekeit,
Die nit ist vndersnitten mit hohenmûte in der geistlicheit
Und die angebornû kûscheit
Oder angenomen, die gliche lûter vollestan,
Dise zwo tugende mûssent mit der miñe gan,
Doch sint si ir vndertan.

Die miñe wandelet dur die siñe und stûrmet mit ganzen
tugenden vf die sele. Diewile de die miñe wahset an der sele,
so stiget si mit girekeit vf zû gotte und breitet sich alvliessende
gegen das wunder de ir gemuszet. Si smelzet sich dur die sele

in die siñe; so můs der lichamen ŏch sin teil gewiñen, also dc er wirt gezogen an allen dingen.

Mag man mit der gottesmiñe böse sitten haben, dc kan ich niergen vinden, also gros kraft hat die vngevelschete gottes miñe. Mere die sele wirt niemer so sere durflossen mit götlicher miñe, si werde dikke bekort mit irdenschen dingen. De kañ die sele nit enpfahen, die mit der valschen miñe ist durgangen. Als dů miñe volle wahsen ist an der sele, so hat si ŏch vfwert vollestīgen, als verre es muglich von menschen mag wesen, wan die miñe hat masse an ir ordenunge. Hette si nit masse, eya sůsser got, wie manig rein herze in sůsser wuñe brêche!

Sweñe die sele mit der miñe zuge und mit maniger girikeit irs jagenden herzen nach gotte uf den hohen berg der gewaltigen miñe und der schönen bekantnisse komen ist, so tůt si als der bilgeri, der berge ufgestigen hat mit grosser gerunge, so stiget er anderhalp nider mit grosser vorhte, dc er sich nit vberwerfe. De ist, de die sele so sere durschinen ist in der hitze der langen miñe, und also unmehtig worden ist in der vmbehalsunge der heligen drivaltekeit so begiñet si ze sinkende und ze kůlende

> Als die suñe von der hohsten stat hernider gat
> Und sinket untz in die naht.
> Weis got also wirt es an der sele
> Und ŏch am lībe vollebraht.

Die miñenriche sele sinket harnider in dem zuge der vngruntlichen diemůtekeit und wichet je vor. Wc ir got ze liebe tůt das ist ir vilbekeme von der edelen nature, di got und si in einer meinunge erfüllent. Aber si kert de ŏge der wollust von allen dingen, vf das si gotte vil lobes möge gewiñen.

Der licham sinket ŏch vil sere, weñe er sinem viande dienet und verswiget und sine vrůnde got ze eren vermidet. Die sele sinket noch fürbas wan si merer maht hat deñe der licham; si sinket mit grossem vlisse in die nidersten stat, die got in siner gewalt hat. O wie getar ich dise stat den [1]) nemen, die der sinkenden diemůtekeit nit erkeñent.

---

[1]) Handschrift: dem.

Die erste Demûtekeit lit vswendig an den kleidern und an der wonunge, dc die messig und geistlich gesnitten und geneiet sin, und doch reine. Die ander lit an den sitten in der geselleschaft, das die miñesam sin in allen nôten vnd zû allen dingen. Hievor wahset dû helige gotzmiñe. Dû dritte demûtikeit lit an den siñen, also dc si aller dinge nach sinem rehten gebruche und ordentliche miñet. Die vierde diemûtikeit wonet in der sele, dc ist die sinkende diemûtikeit, die also manig süsses wunder an der miñerihen sele begat. Si jaget si vf in den himel und zûhet si in dis abgrunde nider. Si leitet dû sele zû allen creaturen sunderlich und sprichet: Nu sich, dis ist alles besser als du bist! und bringet si deñe an ire stat, da si nit fûrbas mag, dc ist unter lucifers zagel. Môhte si deñe in der gerunge nach irem willen gotte ze eren da wesen, da wôlte si nût fûrnemen.

Alsus sere wirt die arme, miñerich sele mit der diemûtigen miñe gebunden, dc si sich nit vorhtet noch schâmet deñe alleine in gezogener wise, als man pfleget in himelriche ze vôrhtende. Mere der arme licham mûs sich vor vinsternisse sines herzen und vor krankheit siner vswendigen siñe beide, vôrhten und schemen, wan er noch vnverwandelt ist vom tode. Aber die sele ist also schône in irme lichamen als in himelriche, si ist aber also gewis nit. Si ist also kûne, si ist aber also stark nit. Si ist also gewaltig, si ist aber also stete nit. Si ist also miñesam, si ist aber also vrôlich nit. Si ist also milte, si ist aber also rich nit. Si ist also helig, si ist aber also unschuldig nit. Si ist also gnûglich, si ist aber vol nit. Dis ist alleine dû sele dû hier durvlossen ist mit der diemûtekeit got ze liebe.

Als si alsus vfgestigen ist in dc hôhste das ir geschehen mag, diewile si gespañen ist ze irme lichamen, und harnider gesunken ist in dc tiefeste dc si vinden mag, so ist si deñe vollewahsen an tugenden und an helikeit. So mûs si deñe gezieret werden mit pine in der langen beitekeit.

> So gat si vf die trûwe stan
> Und sihet alle ding mit grosser wisheit an,
> So mag ir enkein ding entgan,
> Si gewiñe je got sin lob daran.

V. Von einer begine vegefür, die dur eigen Willen kein gebet half.

O we sünde, de du so schedelich bist sider dem male de heligû werk also schedelich sint, die man tût aue rât; also de man sprichet: Nein, Ich bin hoîñen über menschen rat. „Ich wil leben nach gotz rate;" vor disen worten grûwelot mir je und je. Wan sich kein mensche an keiner stat also rehte nützlich diemûtigen mag, als de er mit vndertenigem herzen cristanliches rates volget.

Das han ich funden an einer Fröwen: Die hatte vnsern herrn von herzen lieb, und der liebi gebruchete si mit also vnmenschlicher arbeit, de ir nature verdorret also sere de sû müste sterben. Da bat ich für si in cristanlicher gewonheit. In dem zuge mines geistes sach ich iren geist, der was clar an im selber als die suñe. De hatte si von irne reinen herzen in getrûwer meinunge. Si we bevangen mit einer grossen vinsternisse und begerte vil sere zů dem ewigen lichte. Si we in eim ufzuge, so we je dú vinster naht davor. Das was der eigen wille aue rat der disen vollekomenen menschen also sere gehindert hat.

Ich vrage si: wamit mag man dir gebelfen? Do antwurt si alsus: Ich wolte in ertriche keines menschen rat volgen nach cristanlicher ordenunge, darumbe mag mir keines menschen gebet noch gerunge helfen. Do kerte ich mich zů vnserm lieben herren und vragete în, wie das jamer were, de ein mensche ze pine möhte komen, der sich hie dur sine liebi so heliger pine hette angenomen: Do sprach vnser herro: Alle tugenden sint mir vnmerer die ane rat geschehent; wan ich kam in ertrich mit rate und ich diente vf dem ertrich mit grosser vndertenikeit minem vatter und allen menschen, und do für ich ze hiñele in ganzer vriheit; mere das ich nie getet, da volgete mir nieman mitte. Die gerunge, gebet und alle arbeit, die man hie für si tût, da wirt si mitte gezieret, weñe si ze hiñele vert. Die sele: wand alles das vns in dem wege zum himelriche wirt gegeben, de ist mit rehte vnser. Als wir aber dar komen, so wirt es den gemeinen

selen. De tût vns got ze liebe, de si deste ê zů vns komen
nnd helfen uns got in der ewigen ere loben.

Die rehtekeit ires lidens de waren sibenzehen jar; aber die
erbarmherzekeit gotz hat es ir gelassen vf sibenzehen manode,
wand si es von also herzelicher liebi tet. Got helfe vns rehter
masse. Amen.

VI. Wie die sele lobet die helige drivaltekeit.

Herre Jesu Christe, der du bist gevlossen sunder begine us
dem herzen dines ewigen vatters geistlich, und geborn von einer
lutern ganzen maget, Sante Marien fleische, und der du bist mit
dinem vatter ein geist, ein wille, ein wisheit, ein gewalt, ein
oberste craft vber alles de je wart sunder ende! Herre, ewiger
vatter, wan ich, aller menschen vnwirdigeste, ŏch vs dinem
herzen gevlossen bin geistlich, und ich, herre Jesu criste, geboren
bin us diner siten vleischlich, und ich, herre, Got und Mensche,
mit vwer beder geist gereinget bin, — so spreche ich armer,
betrûbter mensche alsus: Herre himelscher vatter, du bist min
herze! Herre Jesu Christe, du bist min lip! Herre heliger Geist,
du bist min atem! Herre, heligů drivaltekeit, du bist min einigů
zufluht und min ewig rûwe.

VII. Wie got widerlobet die sele.

Du bist ein gruntvestunge mines gŏtlichen vleisches, du
bist ein ere megetlicher bestandunge, du bist ein blůme der
hohen wuñe, du bist ein vŏgtin der tüfelen, du bist ein spiegel
der ewigen anschowunge.

VIII. Drû kint sol der mensche haben, fûr die er bitten sol.

Nieman weis was trost oder pine oder gerunge ist, er werde
selber ê gerûret mit disen drîn. Ich sûche helfe, wan mir ist
leider alzewe. Ich habe drû kint, da ich grossen jamer an sihe.
De erste sint dů armen sünder, die ligen in dem ewigen tode,
da ist nit me trostes an, deñe de si den menschlichen lip hant.
O we, dis kint sihe ich mit blůtigem herzen an und ich miñe
es mit weinenden ŏgen an miner sele arme, und trage es fûr

die füsse sines vatters, da ich es bi gewuñen habe. So sihe
ich dises kint an, bitte sinen getrůwen vatter Jesum, dc er dis
kint erwekke mit derselben stiñe siner götlichen barmherzekeit,
da er Lazarum mitte erwahte.

Hiezu antwurt got alsus:

Ich wil des kindes siechtagen wandelen.
Wölte es nit wider in disen tot vallen,
So sol es mir jemer gelich wesen
An miner schönin, an miner edelkeit,
An miner richeit,
Vmbevangen und durchgangen
Mit aller wollust in der ewigen ewekeit.
Stant uf liep kint min, du bist genesen,
Den frien willen ker, den ich dir han gegeben,
Den wil ich dir niemer benemen.
Wan dagegen
Wirt allû din wirtekeit gewegen
In dem schönen himelrich
Den heligen gelich.
O we, noch lit dis stille
Vf sinem eignen můtwillen!

Min ander kint, das sint die armen selen, die in dem vegefür
qwelent, den můs ich min herzeblůt ze trinkende geben. Weñe
ich für si bitte, und ich die manigfaltige not und den bitterlichen
gesmak ansihe, den si von jeglicher sünde sunderlichen lident,
so han ich můterliche pine, doch ist mir liep dc si mit rehter
schulde pine got zů eren liden.

Si lident ir pine mit grosser gedult,
Wan sie sehen offenbar alle ire schuld.
Si lident ir not in gezogner wisheit
Und trinkent in sich selber vil manig herzeleit:
Sol dis kint vil schiere genesen,
So můs die můter vil getrůwe und erbarmherzig wesen.

Min dritte kint, dc sint vnvollekomen geistliche lûte. Weñe
ich allû miñ kint ansihe, so ist mir enkeinem also we als von
disem alleine, wan es sich leider mit vswendigen siñen in ver-
genglichen dingen also verre und also sere von himelschen
dingen hat geteilet, das es die edele gewonheit und die süsse
gotzheimlicheit alles hat verlorn, dar es got mit sunderlicher
erwelunge iñe hatte gezogen. Hienach werdent si also sere
verkert, dc si nieman mit worten vmbe getůn kan, so be-

scheltent si dû iñekeit und verkerent gottes sůssekeit, und haltent
ŏch alles das zenare de si geschent und hŏrent. So schinent
si vswendig wise, und sint doch alle leider inwendig toren. Dis
kint mag allerwirst genesen, wan es vallet allererst in můtwilligen
krieg, darnach in tragheit, danach in valschen trost, danach in
missetrost, darnach wirt es leider aller gnaden los. So craset
dis arme kint deñe in sůntlichen lebeñe untz in sin ende; so
ist es vil sere gewaget war die versumete sele hinwende.

IX. Von der ére sibenzig mañe, die mit Cristo stånden ze gezůge.

An dem heren ostertage, da vnser losunge also sere ge-
offenbaret wart, de Jesus Cristus also gewalteklich erstůnt und
also erlich rumete siu grap, de die juden und die heidene ver-
luren ir mankraft und alle ir ere, und die waren cristenlůte
wurden gebenedibt mit des vatters willen und wurden gesegent
mit des‧sunes gewalt und wurden geheliget mit´ des heligen
geistes lere jemer me, —

> Do erstůnden mit vnsern herren uf sibenzig man,
> Die waren gewesen gotz geboten also vndertan,
> Do si den gotzstrit hatten getan —
> Do wurden si gerehte lůte vunden.
> Do si besůchet wurden,
> Do si de wasser in irem grossen tursto
> Mit den heiden wurfen zů irem munde.

Ir sele wart inen von got in irem lichamen wider gegeben,
also de man das wol merken mŏhte, de si tote lůte waren ge-
wesen. Aber de sůndliche menschliche saf, das adam vs dem
ŏpfel beis, de noch natúrlich allů unsre lider durgat, und darzů
de verflůchte blůt, de Even und allen wiben von dem ŏppfel
entstůnt, das wart inen nit widergegeben, wand ire wandelunge
solte gŏtlich, ein gezůge mit got wesen, de der ewige tot tot
was. Darumbe sturben si nit me, do si diser zweier dingen
an inen nit hatten. ´Do teilte sich aber ire sele von irem libe
ane pin und ane we. Ir lichame ligen vil schŏne obe dem lufte
und ob den sternen. Darumbe de si anderwarbe nit menschlich
sturben, so mohten ir lichamen nit me zů der erden bestatet
werden. Adam behielt de saf an ime und danach alle man.

Eva und allú wip behielten dis vil schemlich blût. Dis ist das alleine pinget natúrlich vnser vleisch und vnser siñe und zu jungest in vns bitterlich sterben mûs, wan Jesus Cristus hat vns nach Ades valle alle pine nit me benomen, deñe den ewigen tot nnd dazů, dc wir môgen mit rúwe widerkomen. Er hat uns aber vil mangen trost und rat und lere gegeben, davon wir aller unser sûche wol mitte môgen gesehen.

X. Wie die súnde si gelich gottes grôssi.

Der almehtigen gottes grôssin ist kein grôssi so gelich so dû súndige grôssi miner bosheit.

XI. Geistlich namen sol gehôhet werden. Von der swestern Gelûs. Wie si betten und erbitten sônt mit gotte.

O geistlich namen, we du edel bist über alle irdenschen namen! darumbe wolte dich Jesus cristus selbe in allem sinem lebende also getrûwelich tragen, dc alle hobe namen, kúnge, keyser, grauen und alle namen die edel danach sint genañt. Die namen mûssent alle verwelen, mere geistlich name alleine, der sol erhôhet werden, darnach dc er hie edel getragen wirt. Ja er sol wunderlich, sunderlich, heleklich gehôhet werden, bi brûderci Jesus und bi swester Marien, die dû allerersten waren, die je ein geistlichen namen getrûgen in so grosser verdampnisse ussewendig.

Dis ist vil sere wider di lúte, die sich hie geistlichen also sere vswendig zierent mit so heligem gelasse und mit so tiefer bôgunge, und behenkent sich vor den offenbaren lúten mit schônen worten, das man rehte wenen mag, das si iñewendig haben des heligen geistes vlût, der es alles also hervûr tribe. Nein, es ist etsweñe leider ein vil gros geswinde bekorunge, die der mensche von mûtwillen an sich niñet, dc er ane arbeit hatte ein gůt wort, und enpfindet doch in sinem herze nit des heligen geistes volle geburt. Dis wird an der stat wol schin, da er wirt ein grimmig bere und ein brûmende lôwe, bi sinen heimlichosten genossen, da er ein lamp an der sanftmûtekeit und ein tube an den tugenden solte sin.

So ist ir leben von der welte ein trugene und vor gotte nnd vor ir genossen ein vil schedelichü lügene. O we dir vil vnseligen girekeit, wie gram ist dir min herze! wan du beröbest mine lieben swester der inewendigen gottes süssekeit und der vswendigen minnesamekeit, die si sölten bereiten und in de helige brutbette leiten, der heligen drivaltekeit. Die machest also harte inwendig und also unwillig uswendig, de man nit getar ein geistlich wort vor in sprechen, es si zehant von in verkert.

Nein, liebe swester, du müst von erste haben breite siñe, so wirt dir ein gütwillig herze und ein offen sele, do dü gnade invliessen mag. Machest du dine notdurft ane rat und ane not alzebreit, so wirt dir werlich din höhin der heligen gerunge und din breite der götlichen vülunge und die tieffi der vliessenden gottessüssekeit jemerme vnbereit. Wan es ist ein ewig schade und ein hohü vnzuht, de ein küngesbrut also gerne in dem pfüle wattet. ')

Eya swester, so du ze rehte bitten solt, so gib dich gentzlic gotte und sprich: Vil lieber trut Jesu criste, dise stunde ist alleine din und der vil armen sündern und der heligen cristanheit und der betrübten selen und nit min. Alle mines herzen maht und kraft die gibe ich dir herre hüte, de du, vil lieber, dir selber ze lobe nach miner gerunge in ze helfe wellest komen und gib mir herre danach de ich rehte erkeñe wer ich selber si, so erste betrübe ich mich.

Aber liebü Swester, weñe du ze dinem werke gast, so segen dich, und sprich:

Hilf mir Jesus, min herzeliep,
De ich min sele uul min siñe also tief in dich winde,
De ich die irdensch girekeit nit ver clinde.
Ja, Swester, bist du wise von siñen,
So vihtet dich dü gitekeit an mit griñe;
Bistu aber wise von gnaden,
So mag dich kein bosheit verleiten noch verraten,
Wan in der gnade die harnider vlüsset
Vs der heligen drivaltekeit
In ein herze das jemer gegen den himel offen stat

') Am Rand: wie si sont arbeiten.

Da vindet man dů warheit
Und aller dinge bescheidenheit.
Es ist vil lihte angenomen,
De man vor den lůten gůt si;
Ist die warheit da nit,
So bist du eis selangen vergift.
Mache dein herze je brinnen reine,
Und bewise dich vswendig cleine,
So bistu mit gotte gemeine. ¹)

XII. Wie got antwurtet einem brůdere von der schrift die bůches.

Meister Heinrich, ich wundert sin menlicher worten, die
in disem bůche gescriben sint. Mich wundert wie ich des wun-
dern mag. Mer mich jamert des von herzen sere sid dem male
das ich sůndig wip schriben můs, das ich die ware bekantnisse
und die heligen herlichen anschöwunge nieman mag geschriben,
sunder dise wort alleine, si dunken mich gegen der ewigen war-
heit alzekleine. Ich vragete den ewigen meister, we er hiezu
spreche? Do antwurt er alsus: Vrage in wie de geschach, do
die aposteln kamen in also grosse kůnheit nach also grosser
blödekeit, do si enpfiengen den heligen geist. Vrage me, wa
Moyses do we, do er niht wan got ansach. Vrage noch me,
wavon de was, das da Daniel in siner kintheit sprach.

XIII. Von zehenhande nützen eines gůten menschen gebet.

Dis gebet hat grosser kraft, de ein mensch leistet mit aller
siner maht. Es machet ein sur herze süsse, ein trurig herze
vro, ein arm herze rich, ein tump herze wise, ein blöde herze
kůne, ein krank herze stark, ein blint herze schende, ein kalte
sele brinnende. Es zühet harnider den grossen gott in ein klein
herze; es tribet die hungrigen sele vf zů dem vollen gotte; es
bringet zesamen dů zwöi geliebe, got und die sele, in ein wunck-
liche stat, da reden si vil von liebe. O we, ich vnseliger entpfâ
sis sak(rament) dar, de ich nit gesterben mag. ²)

---

¹) Dies Gebet ist zum Theil von andrer alter Hand geschrieben.
²) Der Text ist hier dunkel.

XIV. *Von böser priester vegefür.*

Des ist lang de ich ein vegfür sach, de was gelich eim
fürigen wasser und es sot als ein fürig gloggenspise, und es
was oben mit einem vinstern nebel bezogen. In dem wasser
swebten geistliche vische, die waren glich menschlichen bilden.
Dis waren der armen pfaffen selen, die in diser welt hatten
geswebet in der girekeit aller wollust und hatten hie gebrant
in der verwassenen vuküschikeit, die si also sere verblendet,
de si nit gûtes mögent gewiñen. Vf dem wasser fûrent vischere,
die hatten weder schif noch netze, mere si vischeten mit iren
fürigen klawen, wan si öch geiste und tüfel waren. Als si si
brahten vf das lant, so zugen si inen geistlich bitterliche die
hût abe und warfent si in einen siedenden kessel alzehant;
darin stiessen si si mit fürigen gablen. Als si den nach irem
willen volgere warent, so vrassen si si in iren sneblen. So
hûben sich die tüfele vf das wasser aber, und taten si dur iren
zagel und vischeten si und vrassen si und döweten si aber.

XV. *Von eines gûten priesters vegefür.*

Ein reiner priester starb in siner eigner rehter pfarre. Do
bat ich für in als für einen andern menschen in cristanlicher
gewonheit. Do sach min sele die sinen in loblicher wirdekeit,
also de er noch in beitunge we der himelschen ere. Vier engel
die fûrten in vber alles vnwittere in dem ersten himele, und si
lireten ime mit den himelschen seiten. De was sin vegefür,
damitte si in zû der himelschen wuñe bereiten. Ich vragete in,
wamit er die sunderliche wirdekeit hette enpfangen. Da sprach
er: ich miñele in ertriche de einöte und ich vorhte mich alleine
in minem gebete. Do sprach ich: Eia du vil seliger, warumbe
vûre du nit zehant mit disen wuneklichen engele ze hiñele. Do
sprach er aber alsus: Die ere ist also gros, die ich empfan sol
von miner reinen pfafheit, de ich dar noch nit komen mag.

XVI. *Es ist tüfelich, de man sündet.*

Semliche lüte die geleret sint, sprechent, es si menschlich
de man sündet. In aller miner bekorunge mines sündigen lieba-

men und in aller gevûlunge mines herzen und in aller miner
bekantnisse miner siñe und in aller edelkeit miner sele, so konde
ich es nie ander vinden, es si lüfelich, de man sûnde tût:

> Di sûnde si klein oder gros,
> Der tûfel ist je ir genos.

Mere vnsere angenomeñ tüfellicheit von vriem mûtwillen,
die ist vns alleine schedelicher, deñe alle vnser menscheit. Dis
ist menschlich, hunger, turst, hitze, vrost, pine, jamer, bekorunge,
selafen, mûdekeit; de sint ding, die Cristus an ime leit, der ein
ware mensche was, dur uns und mit vns. Mere were dû sûnde
alleine menschlich, so sôlte er ôch gesûndet han, wan er ein
warer mensche was an dem vleische und ein gerehte mensche
an der wisheit und ein steter mensche an den tugenden und ein
vollekomen mônsche an dem heligen geiste; und da vber we er
ein ewiger got in der ewigen warheit und nit ein sûnder. Mere
sôlten wir im glich werden, so mûssen wir im ôch glich leben
oder mit rûwe behalten werden.

XVII. Dis ist ein grûs und ein lob und ein gebet der sûnderin.

> Gegrûsset siest du lebender got!
> Du bist vor allen dingen min.
> Das ist mir eine endelose vrôde,
> Das ich ane vare mag reden mit dir.
> Als mich mine viande jagent,
> So flûhe ich in den arm din,
> Da mag ich min leit verklagen,
> Als du dich neigen wilt zû mir.
> Du weist wol wie du ihren kanst
> Die seiten in der sele min.
> Eya, des begiñe alzehant,
> De du jemer selig mûsist sin.
> Ich bin ein vnedel brût,
> Jedoch bist du min edel trût,
> Des wil ich jemer frôwen mich.
> Gedenke wie du truten kanst
> Die reinû sele in dinem schos
> Und vollebringe es herre an mir alzehar
> Alleine ich si din yngenos.
> Eya zûch mich, herre, vf zû dir.
> So wirde ich rein und klar;
> Last du mich in mir selber,
> So blibe ich in vinsternisse und in swere.

XVIII.   Wie got hiezů antwurtet.

Sus antwurt got:

> Min widergrůs ist ein so gros hiůelvlůt,
> Solte ich mich in dich nach miner maht geben
> Du behieltest nit dein menschlich leben.
> Du sihest wol, ich můs mine maht enthalten
> Und übergén mine klurheit,
> Dur de ich dich deste langer behalte
> In der irdenschen jamerkeit.
> Wan da vfgat allů din sůssekeit
> In der hôhi der ewigen wirdekeit,
> Und mine seiten sont dir sůsse klingen
> Nach der trůwen koste diner langen miůe.
> Jedoch wil ich vor begiůen
> Und temperen in diner sele mine hiůelschen seiten
> Uf de du deste langer môgest gebeiten
> Wan hohe brůte und edel ritter
> Die můs man mit tůrer koste
> Lange und sere bereiten.

XIX.   Wie sibenzehenhande sůnde jagent den menschen.

Dise ding jagent einen menschen also verre von gotte, de
er niemer wider koůen mag zů gotte, ime werde grosse gewalt
getan von der heligen drivaltekeit. Dů italkeit ist dů erste
sůnde, die den menschen bsgiůet ze jagende von gotte, und
lassen wir die nit, so rihtet sich die vnkůscheit vf. Mere lassen
wir die vnkůscheit nit, so rihtet sich die gitekeit uf. Lassen
wir die nit, so rihtet sich die tragheit uf; lassen wir die nicht,
so rihtet sich die lugine uf, lassen wir die nit, so richtet sich
der meineit uf, lassen wir die nit, so richtet sich der zorn vf,
lassen wir den nit, so rihtet sich die hinderrede uf; lassen wir
die nit, so rihtet sich der hochmůt uf; lassen wir den nit, so
rihtet sich der has uf; lassen wir den nit, so rihtet sich rache
vf, lassen wir die nit, so rihtet sich missetrost uf; lassen wir den
nit, so rihtet sich bôse kůnheit uf, lassen wir die nit, so rihtet
sich vnschemede uf, lassen wir die nit, so rihtet sich die ver-
kerte wisheit vf; lassen wir die nit, so rihtet sich vngelôbe uf
und sprichet: Es ist nit als man seit.

O we, so emphahent si alle die ding so von gotte har-
koment also arglich, de man nie kume ût tar gesagen; und we
si selber fürbringen, de ist also verkert und mit luginen so sere
gemenget, de leider nieman den heligen geist in iren worten
vinden kan. Aber si wisent sich etteswene löblich, es ist doch
leider trügelich. —

Durnehtige sele, vröwe dich,
Du bist alleine got gelich.
Ja es ist wol billich,
Wan du trinkest mit götlicher gedult
Ane schuld
Vil manig bitterkeit in dich.

Du wirst von dinen vienden dikke betrübet. Alsus der helle
rief vf die himelblûmen, ja si blûiet doch für sich hin vil hohe
in ir edelen schöni, wand dû wurzelle ir stetekeit, die ist von
dem heligen geiste ze allen ziten grüne.

XX. Ein lob gottes von aht dingen. Von der sünden oppfer.

O grosser tö der edelen gotheit!
O kleine blûme der süssen maget!
O nütze fruht der schönen blûmen!
O heilig oppher des himelschen vater!
O getrüwelose pfant aller der welte!
Du bist, herre, min labunge
Und ich din blûiunge.
Du bist mir, herre, kleine mit diner vntertenikeit
Und ich bin dir gros in dem jamer miner bosheit.
Ich oppher dir, herre, alle tage
Alles das ich an mir habe,
De ist alles bosheit.
Da solt du, herre, din gnade ingiessen,
So mag ich von diner miñe vliessen.

*XXI. Warumbe der M.[1] ist verworfen und doch geminet, und
wie du dich segnen solt.*

Also sprechent des menschen siñe, der die warbeit hat er-
varen: Herre, min lichame ist gedötet in der verwandelunge aller
bosheit. Darvmbe haben mich dine viende verworfen von irem
antlûze als einen toten der da vbel smeket. Aber herre, min

---

[1]) Das *M.* ist radirt.

sele die ist lebendig in dir, darumbe bin ich gemiñet von dinen fründen. Eya herre, lieber brütegöme, min süsser Jesu crist, ich segene dich ¹) ane vnderlas in minem herzen vúr allü irden schü ding und bitte dich, de du mich vor inen behaltest vngemenget, wan swie helig si sint, si wegen mich doch in dem höhsten punte von dir. De mag ich nit erliden, darumbe müs ich von inen kriegen.

XXII. Von siben dingen des gerihtes. Von schemede und gütem willen.

Die alleredelste vröde der siñe und der allerheiligoste vride des herzen und de allermiñeklicheste glas ²) der werke de kunt davon de ein mensche warhaftig ist in allem sinen tünde. ³) Hie sprichet vnser lieber herre· und leret mich selber siben ding, die alle die selige sôllent an în haben, dü de jungeste geriht mit Jesu crist sont besitzen über alles menschlich küñe· Swer diser dinge nit hat, der müs vor gerihte stan als ein verköfet kneht vor sinem herren; wan alle die sich hie strengent wider die gottes warheit mit der geswinden lugene, die verköffent dise tugende. De erste ist gerechte in der gegenwirtekeit. Dis ist die glose: Sihe ich, de min frünt minen vienden und gotz unrehte tüt, so sol ich minem fründe getrüwlich schult geben und minen vienden miñeklich helfen. Das ander ist: barmherzig in der not. *Glose.* Sihe ich minen vrünt und minen vient in glichen nöten zesamen, ich sol în glich helfen. Das dritte ist getrüwe in der geselleschaft. *Glose:* ich sol minen gesellen niemer schelten, deñe vmbe sine vngetrüwete sele alleine. Das vierde ist nothelfig in der heimlicheit. *Glose:* Das man süche und vrage wa die ellenden siech sien und die gevangenen und tröste si mit worten und bitte si, de si dir sagen ir heimliche not, dur de du inen môgest ze helfe komen. O we, de man ane sützen und ane trehene und allerleie erbarmeherzekeit vor den ellenden siechen hiñe gat!

---

¹) Handschrift: mich.
²) Glast oder Glanz?
³) Am Rande: drü ding koment von warhaftikeit.

Was de geistlichen hüten übel stat,
Und si leider also verre von gotte schaltet,
De si vf derselben stat
Verlierent die süsse gotzheimlicheit,
Und wellent doch des nit wissen
De gotz vrteil also schlät.

De fünfte ist, das man sprachelos sie in nöten. Glose, also
de man der girigen wort, die da vfstigent vs eim homůtigen,
zornigen herzen nůt spreche; davon vindet man grundelose gnade
in gotte. De sehste ist, de man sî vol der warheit. Glose:
Der mensche ist wêrlich vol der warheit, dem sin herze in siner
besten gewissende luterliche keine schulde git und sich des
fröwet de gotz öge in sin herze sihet, und sich des niergen
mohte schamen, ob alle die lůte in sin herze sehent. Das si-
bende ist; de man sie der lúgene vient. Glose: Das wir die
lugene an allen lůten schelten und das wir si nit verdeken an
vns selben.

Dise siben ding söllen wir ůben und vollebringen
Wider den smakke vnsers armen vleisches
Und wider die wollust und krenkine menschlicher siñe,
Wir mögen si anders nit vollebringen.
Aber vnser sele edelkeit zů allen gůten dingen
Die gibet uns mit rehter gottes sůssekeit
Den ersten rat;
Mere vnser verbösetes vleisch versumet mit siner unedelkeit
Vil magen manigen götlichen tag.
Sweñe si gedenkent an die gebenedeiten stunde,
Als vns got vs sinem vngrüntlichen herze
Und us sinen wisen siñen, und us sinem vrölichen gemůte,
De ane vnderlas vol vlüsset aller gůte,
Und us sinem sůssen munde
Also vilo getempert hat geistlich in vnser sele,
Wislich in vnser siñe, nothaftlich an vnserme libe,
So müssen wir vns schemen uswendig
Unser bösen sitten, und inwendig
Unsers ungetrůwen herzen.
Wir mögen uns öch leider schämen an vnsern siñen,
Das wir die edelen manigvaltige gottesgaben
Als unnützekliche tragen,
De si also kleine fruht bringent
Wider in dieselben stat
Da si vsgeflossen was, das ist gotz herze.

O we miner schuldigen smerze!
Der gûte willen bringet alle tugende in rehte stat,
Alleine der licham der werke nit vermag.

*XXIII. Von sante marien gebet. Von Gabrieles lieht. Von des
kindes tûch. Wavon die milch kam und des kindes oppfer.
Von den tûfelen und von dem hungertûch.*

Ich sach ein maget an irme gebette, ir lichame was geneiget
zû der erden und ir geist hatte sich ufgerihtet gegen der ewigen
gotheit. Wand vor der zit da J. cristus den himel vfsloz mit
dem schlüssel des heligen crûzes, so wart nie mensche also helig,
de sin geist möhte oder mûste vfstigen mit arbeite und sweben,
mit gerunge und behalsen, mit der miñe der heligen drivaltekeit
in der ewigen höhin. Darumbe mohte der reinen juncfröwen
geist in den himel nit komen, wañ adam hatte den grendel alze
verre fúrgeschoben. [1]

Mere got der neigete sich und er stunde dem ertrich also
nahe, de er sine vrûnde troste, und de si sinen willen vernamen.
Aber die propheten riefen lute und ladeten vnseren herre sere
harnidere. Mere disû juncfröwe zoh vnsern herren harnider
mit einer süssen stiñe irer sele; und si sprach in irme gebete,
do si was alleine, alsus: Herre got, ich vröwe mich des, de du
komen wilt in also edeler wise, de ein magt diu mûter wesen
sol. Herre, da wil ich zû dienen mit miner kúscheit und mit
allem dem de ich von dir habe. Do trat der engel Gabriel har-
nider in einem himelschen liehte. Das lieht bevieng die junc-
fröwe alumbe, und der engel hatte also lieh gewete, de ich des
gelich in ertrich niergen vinden kan. Do si das lieht gesach
mit vleischlichen ögen, do stûnt si vf und erschrak. Do si den
engel ansach, do vant si ir gelichnisse der kúscheit an sinem
antlûte. Do stûnt si mit grosser zuht und neigete ir oren und
rihte vf ir siñe. Do grûste si der engel und kúndete ir gottes
willen. Sinû wort dú warent bekeme irme herzen und ir siñe
wurdent vol und ir sele wart fúrige. Jedoch vragete si nach

_____

[1] Am Rand: Sünde ist der grendel.

dem vnderscheide, da brahte si mâgdelichû schâmede zû und gòtlichû liebi. Do si berihtet wart, so tet si ir herze vf in gûtem willen mit aller maht. Do knûwete si nider und sprach: Ich gebe mich gotte ze dienste nach dinen worten.

Do trat dû ganze helige drivaltekeit mit der gewalt der gotheit und mit dem gûten willen der menscheit, und mit der edeln gevûgheit des heligen geistes dur den ganzen lichamen ires magtûmes iu der vûrigen sele irs gûten willen, und saste sich in das offen herze ires allerreinosten vleisches und vereinete sich mit allem dem das er an ir vant, also das ir vleisch sin vleisch wart, also de er ein vollekomen kint wûchs in irme libe und also, de si ware mûter wart sines vleisches und ein unverseret maget bleip. Also, je si in langer trûg, je lihter, schônor und wisor si wart. Do stûnt si vf und sprach: Herre, vatter ich loben dich, wan du hest mich. gros gemachot und min geslehte sol gros werden in himel und erden.

Do die zit vmbe kam, als andere vrôwen trurig sint und besweret gant, do was Maria lihtevertig und vrô. Ir licham was doch al vol davoñe, wan si hatte da iñe vmbevangen den wolgemachten gottes sun. Maria wuste die zit nit vor, weñe got wolte von ir werden geboren, ê si in in irme schosse sach in der strasse und in der naht ze betleeme in der vrômeden stat, da si selber was ein arm vngeherbergete gast.

Der almehtige got mit siner wisheit, der ewige sun mit siner menschlichen warheit, der helig geist mit siner cleinlichen sûssekeit, gieng dur dû ganzen waut Marien lichamen mit swebender wuñe ane alle arbeit. Das we also schier geschehen, als die suñe gibet iren schin nach dem sûssen tôwe in miñenklicher rûwe. Do Maria ir schône kint angesach, do neigte si ir hôbet ze sinem antlit vnd sprach: „Siest mir willekomen min vnschuldiges kint und min gewaltiger herre, der alle ding din sint."

In der enpfengnisse vnsers herren
Und mit der drahte siner mûter,
. Und in der geburt, und in der schosse siner mûter,
Ê er in die kripfen kam,
Do we die kraft der heligen drivaltekeit
Und de wnñekliche himelvûr an Marien also heis,

Das der hellengeist, der alle dů welt durchvart
Und alle geschiht der dingen weis,
Dem lande und der stat, da Maria iñe was,
Nie als nahe mohte komen,
De er das wunder hette vernomen,
Wie das kint wero har komen.

Maria nam von Josephs sattel ein hertes tůch
Das der esel uf sim ruggen vnder dem sattel trůg,
Und darzů das oberste teil von irme hemde,
Da si vnsern herren vnder hatte getragen,
Das ander teil bant
Si wider vm iren lichamen zesamne.
In disñ tůch want
Die cleinliche jungfröwe den grossen heilant
Und leit in in die krippfen. Do weinete er alzehant,
Als ein nůwegeboren kint.
Wan diewile de dů kint sprachlos sint,
So weinent si niemer ane rehte not.
Also tet vnser herre,
De er wider siner edelen art
In cime vihestalle
Also herte gebettet wart,
Durch die böse sůnde.
Do wende er alles menschlich kůñe,
Do verbarg er alle sine wuñe und allen sinen gewalt.
Do wart dů jungfröwe betrůbet
Und de kint wart hungerig und kalt.
Do můste dů můter iren sun stillen,
De was sines vatters willen
Und des heligen geistes wollust.
Do neigte sich dů jungfröwe mit můterlicher liebi
In megtlicher zuht
Ze irem gepingeten kinde
Und bot im ir kintliche brust.

Hôret nu wunder:
Die lůhtende blůiunge ir schönen ögen
Und die geistliche schöni irs megtlichen antlitz
Und die vliessende sůssekeit irs reinen herzen
Und die wunenkliche spilunge ir edelen sele —
Dise vier ding zugen sich zesamene
Nach des vaters willen
Und nach des sunes notdurft
Unde nach des heligen geistes wollust
In ir megdtliche brust.
Do vlos dů sůsse milch harus von irme reinen herzen
Ane allen smerzen.

Do soug de kint mönschliche
Und sin mûter vröwete sich helekliche.
Die engele snngen got einen lobesang.
Die hirten kamen, si snchten und funden [1]
Vnser war lösepfant.
     Do vragete ich Marien wo Joseph were.
Do sprach si, er ist in die stat gangen
Vnd köfet vns kleine vische und gemeines brot,
Und wasser trunken si öch.
Do sprach ich: Eya vröwe,
Du soltest essen das allerschöneste brot,
Und trinken den alleredelosten win.
Nein, sprach si, das ist richer lûte spise,
Der haben wir nit in disem armen libe.
     Do der vrömde sterne schein,
Do kam Sathanas zû bethleem und volgete den drein
Küngen vil geswinde nach und er sach
Das kint vil arglichen an.
Do man dem kint mit dem hohen opfer also grosse ere bot,
Do kamen satanas gedenke in grosser not.
Und sprach in im selber alsus:
Wie ist dir vnseliger nu geschehen!
Dis mag wol dasselbe kint wesen,
Da die propheten hant von geschriben,
Das dir din meister lucifer
Also lange und also vil dikke hat bevolhen,
De du ze siner zelunge soltest komen
Und machen die vnreine,
So blibet vns zû der helle alle dû welt gemeine.
Dis kint ane sünde gezilet und geborn,
Es were mir anders nie verholn.
Nu habe ich alle mine kunst verlorn,
Nu mûs ich wider zû minem meister komen
Und klagen im dise not,
Wan dis kint wirt vns noch alze gros.
Sol es über vns stigen,
Wie son wir das erliden?
Es wart e nie enkein kint geborn,
Dem dise ere wurde gebot'en.
     Do lucifer dise mere vernam,
Do sas der gruntvient und gram
Mit sinen zênen und grein
Das sines zornes für über alle hölle schein.

---

[1] Handschrift: wñden.

Do sprach er alsust: Sol ein mensche vnser rihter wesen?
So müssen wir jemer mo vor allen menschen beben; ')
Die nach sinem willen leben.

Var hinwider Sathanas, und nim ze helfe die fürsten von
dem lande, die meistere von juden und lere si wi si in töten in
siner kintheit, eb das er in die schüle gat. Do Sathanas zu
herode kam, do vant er lucifers gelichnisse an dem verböseten
man, has, homüt, gitekeit. In dise drie wege gieng der grosse
tüfel in sin grosses herze und bereitet sich in alle sine fünf
sinne, und mahte den künig also mortgirig, de er tet des tüfels
willen an den vnschuldigen kinden, die nu erlichen heligen in
himelriche sint.

Ich vragete Mariam, war si das oppfer hette getan, de si
ir selben nit köfte ein opferlamp? Do sprach si: die helige
vliessende miltekeit, und du notdürftige barmherzekeit und die
minne williger armût, die hant mir den schatz benomen. Min
oppferlamp was J. Cristus, des almehtigen gottes sun, der us
minem herzen was geborn, und dem nach sines vatters gebotte
alle die vnbevlecketen lamber je geopfert und gebraht werden
ze eren nach sines vatter meinunge, der ist min war oppferlamp.
Ich solte anders keines haben.

Das oppfer das minem kinde wart braht,
Da han ich mitte alle die bedaht,
Du ich werlich konde vinden nothaft.
Das waren verarmete weisen und reine jungfröwen,
Die kamen damite zur e, de man si nit durfte steinen;
Und dazü die elenden siechen und die langen alten,
Die solten es geniessen und den hatte es got behalten.

Aber drissige marke goldes die waren mir nach rehter not-
durft von disen armen vberbliben, die solte ich zu den hunger-
lachen geben, da die gemeine lüte zügiengen zu irme gebette,
wan da lag grosse bezeichunge an. Das tüch was halp swarz
und halp wis. Norden ime tempel we das tüch swartz, das was
die lange vinsternisse in der alten e. Daruf waren geneiet
grünü bilde. Wan alleine die e vervinstert was mit manigen
grossen sünden, so waren doch sumeliche menschen darinne, die

---

') Handschrift: bibenen.

nie dürre wurden von iren sünden, mere si waren vinster mit
der schuldigen. Die scheffenisse der bilden, de was alles von
der schulde und von der not, die den grossen got also sere be-
wegeten de er und wie er behielt mit sinem gesinde Noe den
rehten man, und lies alle die welt vndergan.

So deñe in dem bettehuse was das tůch edel wis. De was
ein vorzeichen der reinen, klaren küscheit Sante Marien, da wir
noch alle mitte solten vberwinden alles vnser herzeleit. Da vf
waren bilde geneiet mit golde, die waren glich den vogelen,
die Noe vs der arche hatte gesant, de dobi weren bekant die
vngetrůwen girere, die allen iren trost hie sůchent vf der erden.
Mere do we öch angeneiet dů reine tube mit eim grünen zwige,

> Die also vuschuldig wider kam,
> Daz si das as in iren munt nit nam.
> Dabi waren die bekant,
> Die alle tage mit nůwen tugenden ze gotte koment,
> Und haltent sich in dem getrůwen hiñelvluge
> Mit des heligen geistes zuge.

Lange hernider, do die stukke zesañen giengen, do was ein
guldin liste. Mitten über mittes gieng ein grüne horte, der we
besetzet mit edelm gesteine. De bezeichente das alleredelste
holtz,

> Das unsers herren lichamen an ime trůg,
> Do man die himelporten durchgrůp
> Und mit den hameren si vfschlůg,
> Das Adames grendel dañan vloch.

Alleine die betütunge wenig jeman wiste, so waren doch
die zwo gezierde ein erlich crůze. Uf dem crůze was geneiet
ein wîs oppferlamp, und es was gezieret mit edelm gesteine und
mit clarem golde, als es rehte verbürnen solte. Das was vor-
bezeichenet und wart do vollebraht, do das vnschuldige gottes-
lamp einen grossen miñetot an dem hohen crůze nam. Darumbe
viel das tote hungertůch mit dem toten lambe in der marter
vnsers herren nider, de man das lebende gotzlamp in derselben
stat jemer me solte anbetten.

Maria nähte irme kinde Jesu einen rok mit also gevöger
nat, weñe im der rok würde kurz und enge, de si in möhte

witern und lengern. Der rok was brunval von bertem gezwir-
netem garne.

> Joseph we armer lûte zimb·rman͂,
> Also de er sumelichen pfenig zû ir notdurft gewan.
> Maria die nate und span
> De si in drien cleidern gewan.

Do si vluhen in Egyptenlant, do hatte si gottes engel vm-
bevangen mit eime himellichte, das der tûfel nit wiste wa das
kint hinkam, untz an die zit de es gewohs, ein kint von
drissig jaren, ein vollekomen man. Do ward der tûfel sin gewar
in der wôstenunge und danach zû manigen stunden gôtlicher
zeichene. Do kerte er sich zû den jüdenschen meisteren, die
waren in͂ewendig vil bôse und vssewendig an irme gelasse vil
schône. Die lerte er, wie si Jesu mit verkerten worten solten
widerstân

> Und soltent sine lere niemer enpfân,
> So môhten si an ir jndeschen ê gestan.
> Do für aber Sathanas zû lucifer und sprach:
> O we meister, unsre lere mûs vergân!
> Ich han vunden in dem sündigen ertrich einen man,
> Der ist alleine starker und wiser den͂e wir alle waren,
> E wir ze valle kamen,
> Wan ich kan in mit allen minen sin͂en
> Einen sündigen gedank nit anbringen.
> Do gram aber lucifer als ein hunt
> Und beiss sinen hellenhunt und sprach:
> Du solt imo mit allen menschen widerstân;
> Ist er den͂o aller menschen hohster,
> So mag er allen sünden entgân.
> Meister, wir komen wol vs diser not,
> Wan ich vinde der lûte allermeist

die den man gerne tôtent. Do sprach er: Nein, ich vôrhte es
were uns villihte bôse, wan er mit des obersten gotz kraft die
von vleischlicher sûche und von menschlichem tode also drahte
erlôset, werde im sin lip benomen. Ich vôrhte noch mere, de
sin sele zû vns wolte harkomen und lôsen die sinen. Wan de
ist verre vber vnser maht, de er die lûte in ertriche lôset wider
die nature von allerleie pine sterben, mer er selber mûs mit
den erbesünden varen zû der helle. Aber blibet er reine von

allen sünden, und nimet man im sinen lip vnverschuldet, so gehört er nit zü der helle.   Wand nie engel noch mensche wart ane schuld verdümet, so ist er alleine edel und vri, und was er deñe wil, de müs über vnsern dank geschehen.   Mere du mahst das mit lihter kunst zü bewaren, de vns zü der helle behöret dü meiste schar.   Aber du solt je danach stan, de man in uf das allerhöhste versmahe und de man in qwele mit der allerscharphosten pine.   Ist er deñe ein mensche, so mag er vallen in grossen zwifel und also mag er vns bliben.

> Maria, vnser fröwe sprach mit iren gedenken
> Vnserm herren zü als dikke si wolte,
> Und so antwurte ir etesweñe sin gotheit,
> Davon trüg si gezogenlich ir herzeleit,
> Und das we Mario magdalene vil vnbereit.
> Weñe si vnsern herren mit vleischlichen ögen nit sach,
> So wart si vngetröstet, und ir herze trüg
> Diewile grossen jamer und vngemach.
> Si brañte ser in einvaltiger miñe,
> Sunder hohe bekantnisse himelscher dingen,
> Untz an die stunde,
> Do die aposteln enpfiengen den heligen geist.
> Do allererste wart ire sele wunde [1]
> Mit der gotheit.   Aber vnser vröwe was vil stille,
> Do vnser herre von dem tode vferstünt
> Also erliche.   Doch hette ir herze
> An gotlicher bekañtnisse
> Vor allen menschen den tiefesten grunt.

XXIV.   Von sehsleie kleide vnsers herren gotz und von tugenden Sant Dominicus und wie got sinen orden geeret hat an vier dingen.

Ein hoher fürste, der einen nützen sun hat im selber, und einen trostlichen sun sinem volke, der sun ist ein also lobelich sun sinem vater und ein also erlich liep sun, de die gehügenisse des sunes und alü sinü werk erwekkent des vatters ere, swa der sun hinkeret.   Dirre hohe fürste de ist vnser liebe herre der himelsche vatter, der hat gewuñen siben nütze süne und ein vil schöne tohter, bi vnser müter der heligen cristanheit.

---

[1] Handschrift: verwundet.

Sin erste sun, vnser liebste brûder de we vnser herre J.
Cristus. Welich ere der himelsch vatter des sunes hat, und
welchen trost sin volk von im hat, de ist wol offenbar. Vnd
wie sich der himelsche vatter mit disem sune vereinet hat, und
wie er in zů der rehten hant gesetzet hat, und wie vil gewaltes
und eren er im geben hat, das ist ane masse und doch wol
zemasse. Der ander sun des himelschen vatters, de waren die
heligen apostelen, die vns den tûren schatz behalten hant, der
vssert dem hohen berge wart gegraben, den ein bön trüg und
vnser viende an fünf enden durgrůben und allen vnsern himel-
schen schatz da vs jageten und selůgen. Der dritte sun, de
waren die kûne marterer, die die himelstrasse mit irnc blůt
begossen hant. Der vierde sun, de waren die steten bihter, die
vns reine (warheit) gent und lerent. Der fünfte sun, de waren
die reinen jungfröwen, die ir kûscheit dur gotz liebi hant be-
halten. Die mögent den himelschen vatter bewegen, wa si sin
gelichnisse ganze an in tragent. Er wil si im selber alleine.
haben, und si söllent ire schappel in siner trutunge eweklich
tragen. Ja si söllent ir höbet nit mit schemede bedeken, als
die irdenschen brûte pflegent, da vnser herre dise nûtze kint in
die hohen wirtschaft also erlichen hette bi ime gesezzet, das
alles irs leides und ir vromekeit in ertriche vergessen was.

Do gieng sin gemeine volk also ser irre an dem rehten
gelöben und an der lutern bihte, de sich der himelsche vater
erbarmete und gewan do zwene sûne in einer trahte aber bi
vnser lieben mûter, der heligen cristanheit, und si sögete selber
dise zwene sûne ja mit iren brüsten, die also vol der süssen
milch sint, de si si nie und ŏch niemer me mögent volle sugen
us. Dise brûste, de was und ist dů alte ê und die nuwe ê, do
vnser mûter dů helige cristanheit mitte sögent allů gotteskint.

Dis sprach ŏch vnser herre: Man solte nieman ze priester
wihen, er kŏnde deñe beide, die alten ê und die nûwen ê.

> Wan vf einem fůsse mag nieman ze hove gan,
> Und ŏch nit lange ze diensten stan.

Dise zwen sûne de sint die predier und die minren brûder,
do Sant Dominicus und Sant Franciscus die ersten wurzellen von

warent. O we, was des vil vergangen ist, des si getrůwelich
pflagen! Je mere des vergêt, je kranker der orden wirt; je
langer er stât, je ê ein ander sun geborn wirt vs dem getrůwen
herzen des ewigen vatters, der sinů kint zemale nit wil verlassen.
Sant Dominicus der merkte sine brůder mit getrůwer andaht,
mit lieplicher angesiht, mit heliger wisheit, und nit mit vare, nit
mit verkerten siñen, und nit mit getrůwelicher gegenwirtikeit.
Den wisen leret er fůrbas me, das er mit gotlicher einvaltekeit
solte temperen alle sin wisheit, den einvaltigen lerte er die waren
wisheit, dem bekorten half er tragen heimelich alles sin herzeleit.
Die jungen lerte er vil swigen, davon werden si vswendig ge-
zogen und inwendig wise. Die kranken und siechen troste er
vil miñeklich und er bedahte ŏch alle ir not mit getrůwem vlisse.
Si frŏweten sich alle gemeine siner langen gegenwirtekeit und
sin sůssů geselleschaft machte inen senfte alle ir kumberliche
erbeit. Dirre orden war in den ersten ziten reine, einvaltig und
darzů vol der breñenden gotzliebi. Die reine einvaltekeit, die
got einigen menschen git, die wirt also vnderwilen gespottet
von etlichen lůten, das er die gabe verlůret, da man die gotz
wisheit iñe vindet und kůset. De verlŏschet ŏch gotz brenendů
miñe.

Dem in dem orden von herzen leit ist, de er ahtber wirt
und alle irdensche ere für ein grosse bekorunge enpfahet, der
mag des nit gelassen von rehter edelkeit sines geistlichen geistes,
den er von gotte hat enpfangen mit heliger sinkunge sines herzen
vnder alle creaturen. Eintweder er můs die ere behalten mit
vorhten der schemede und mit getrůwem vlisse und mit erbarm-
herziger helfe und mit milter vrŏde oder er můs darnach stan
mit aller wisheit, de er die burdine mit ere gelasse, wan ein
geistlich herze, de můs stillen vriden haben und miñenklich sol
es blůien vf gegen der heligen drivaltekeit.

Got hat dise zwene sůne sunderlich geeret mit vier dingen.
De hat er darumbe getan, de si vmbe sich selber nit me sorgen,
deñe alleine de si die sůnde lassen; mere alle ir sorge und
arbeit, sprach unser herre, solte darumbe geschehen, de min
volk selig und heilig werde. Das erste ist schŏne enpfengnisse

von den lúten, de ander getrúwi helfe an der notdurft von
nihte, das dritte die heligoste wisheit vs der gotlichen warheit,
das vierde der nützoste gewalt der heligen cristanheit. De man
die brúdere ze sere tribet ane barmherzekeit und ane sússe lere,
davon geschehen schedelichú ding der ich nu mús swigen.

*XXV. Eines dinges genússet man in dem hĩmelriche, de ist in
siben dingen, danach volgent siben ding. Das lob des betrúbten
menschen ist nuz in siben dingen.*

Eines dinges genússe ich in dem himel allermeist; es ist
öch alleredelost und lúhtet allerschönost gegen der heligen dri-
valtekeit und kostet öch in disem libe allermeist, de ist, das
man in armút, in smacheit, in ellende, in wetagen, in geistlichem
armúte, (das allerswerost ist,) in getwange der gehorsami, in
allerhande bitterkeit inwendig und uswendig, ja das man hie iñe
welle und möge und köne got loben von herzen, danken mit
vröden und reichen vf mit der gerunge und vollebringen mit
den werken. Hievon wirt sele und lip in himmelriche also ahtber
und lobsan, das si schönor singent und miñent deñe die andern
und claror lúhtend in der vröide deñe die andern, und de si
hoher swebent deñe die andern, und wuñeklicher lebent deñe
die andern, und de si notlicher gezierent sint deñe die andern,
und von richtuome grosser wirdekeit habent (mere) deñe die
andern, und de si wuneclicher gebruchent und tiefer sugent in
die heligen drivaltekeit deñe die andern.

Herre got, ich vrage dich: Wie smeket dir dis lob und dise
añemikeit, die dir ein betrúbter mensche leistet ane alle sússe-
keit? Höre nu we er saget:

Es stiget vf mit gewalt,
Und des ere ist und wirt manigvalt,
Wan ime mús runen alles de je wart,
Unz es kunt in die götliche stat
Miner heligen drivaltekeit
Und es da alsolich wunder tút,
Das es mine drie personen al durchgat.
Und rúret und reizet und machet miñenlustig
Mine ganze drivaltekeit.
Minen smak den ich habe,

Den bevindet die sele selber wol;
Ich mag ir nút vollen heimlich wesen,
Si welle sich rehte müssig und blos
An minen götlichen arm legen,
Und de ich mûs mit ir spilen,
Wan darum han ich mich in ir gewalt gegeben,
Kindesch, arm, nakent, blos, versmehet
Und ze jüngest in den tot,
De si alleine sol sin (Eya, ob si wil)
Min nehste min liebste genos,
Und si sol jemer me in miner heligen drivaltekeit
Mit sele und mit libe sweben und spilen sat
Und ertrinken als der visch in dem mere.
War ist deñe komen alle ire swere,
Die si durch mich und na mir hat gelitten?
Alsus wil ich ir süssen wehsel geben.

XXVI. Wie got sich lobet und singet.

Eya nu höre wie die helige Drivaltekeit sich selber lobet
mit ir vnbeginlicher wisheit und mit ir endelosen güti, und mit
ir ewigen warheit und mit ir ganzen ewekeit. Nu höre die
allersüsosten, die allerhöhsten, die allerwuñeklichosten stime,
wie die helige drivaltekeit in ir selber singet mit einer ganzen
stiñe, da aller heligen süssen stiñen vsgeflossen sint, die je
gesungen wurdent in himelriche und im ertriche und noch söllent
ewekliche:

Des vaters stiñe sprichet ime lobesange: Ich bin ein vs-
vliessende bruñe, den nieman erschöpfen mag. Aber der mag
villihte sin herze selber mit eino vnnütze gedank verstoppfen,
de die vngerûwige gotheit, die jemer mere arbeitet ane arbeit
nit in sin sele mag vliessen.

Der sun singet alsus: Ich bin ein widerkomende richtuom,
den nieman behalten mag, wan alleine die miltekeit, die je ge-
vlossen und jemer gevliessen sol von gotte, die kunt alles wider
mit siñe sune.

Der helig geist singet dis lob: Ich bin ein unûberwunden
kraft der warheit, de vindet man an dem menschen, der loblich
mit gotte bestêt swas in angat.

Alsus singet die ganze drivaltekeit: Ich bin also stark an miner vngescheidenheit, de mich gescheiden nieman mag noch zerbrechen an miner ganzen ewekeit.

XXVII. Mit zwölf worten enpfieng der himelsch vatter sinen sun Jesum. [1])

Mit disen worten enpfieng der himelsche vater sinen sun, do er us von diesem irdenschen strite in den himelschen vriden was komen: Siest willekomen min erliche sun, de ich selber bin min hant an dinem werke, min ere an diner gewalt, min kraft an dinem strite, min lob an dinem sige, min willen an diner wider-kunft, min wunder an diner vffart, min zorn an dim gerihte. Die vnbeflekte brut, die du mir bringest, die sol din und nu jemer me vngescheiden sin. Min gotheit ist din crone, din menscheit ist min süne, vnser beder geist de ist ein wille, ein rat, ein craft an allen dingen, ane beginne und ane ende. Din sele ist vnser drier personen allernehstü brut.

O wie wunenklichen cristi sele in der ganzen heligen dri-valtekeit spilet! ze gelicher wis, als das wunderlich bliken, de in der schönen sunen swebet, de nieman kan geschen, denne der vil schönü ögen hat.

XXVIII. Von siben cronen brůder Albrehtes. Ein anderes ist satzunge gottes, ein anders ist erwelunge.

Swa dů kunst hat wisheit und minne, da bringet dů erwelunge fruht, und nieman weis was er gůtes an ime hat, er werde denne mit dem bösen versůchet. Ich bat für brůder Albertes sele von minen, do wisete mir got sin wirdekeit. Do sach ich siben megde cronen ob sinem höpte sweben. Do wunderte mich sere wie es da vmbe were, wand er ein rüwere was gewesen. Do sprach vnser herre: Dise crone hat er darumbe gewunnen, de er siben jungfröwen an irer küscheit behielt mit manigen arbeiten, alleine dur mine liebi, und eweklich sont si alle sine wirdekeit zieren, und sont doch niemer berüren sinen lip noch sine sele. Ich habe de in himelriche gesehen, lon, wirdekeit und crone,

und das ist nit alles ein. Der lon lit an dem werke, dú wirde-
keit an den tugenden, crone an der miñe. Aber der lon ist rich
nach der manigvaltekeit gúter werke, dú wirdekeit ist gebreitet
nach der masse der tugenden, die crone lúhtet in der hôhi nach
dem vlisse der breñunge in der miñe. Brûder Albreht seite mir do,
de ein brûder solte sterben úber sechs jar. Das wart nit war. In
dem sibenden jare vragete ich vnsern herren, wie de were. Do
sprach vnser herre: Er sach die satzunge und nit mine erwelunge.
Ich erwele minú sunderliche vrúnde in langer smacheit ane
schulde, und ich vriste si in heliger gerunge langer ze lebende.

   Sweñe der mensche in der miñe liehte, das ist in der war-
heit, sin herze besihet, so vindet er niht wan de er ze rehte
versmâhet sol sin me deñe jeman. Dariñe wahset die gerunge
mit vnmessigem hunger und bringet deñe den menschen vsser
im selber in gotz willen also verre, de gott des gerûchet, das
er den menschen vristet, und git im deñe alles núwe gabe, ob
er si mit gútem vlisse wil behalten und bewaren.

XXIX. Nach gotz zuge were der mensch als ein engel, eb er dem
volge'e. Und von der boshrit des tüfels.

   Der sich rehte hielte nach dem zuge der von gotte kunt
und nach dem liechte de er bekeñet, der keme ¹) in also grosser
wuñe und in also heliger bekantnisse, de enkein herze möhte
getragen. So were er als ein engel allezeit miñenklich mit gotte
vereinet in allen dingen. So wrde er des tüfels helle und gottes
himelrich. Sweñe aber der gúte mensche von dem zuge lat, so
sendet im got den tüfel zû, de er in bekore mit den dingen die
allerswerost sint, vf de er in wider erwekke. Aber vnser lieber
herre der entzúhet dem tüfel sine maht und beschirmet den
menschen, de er in nit gevellen mag. Mere er weuet rehte, de
im vrlob si gegeben, das er den menschen nach sinem willen
möge vellen, darvmbe ist er also vlissig tag und naht.

   O we mir armen! mir ist vil dikke also geschehen. Got
hat mir ein also erlich ding gewiset und gelobet ze leistende,

---

¹) Handschrift: keñe.

de ich es vor miner vnwirdekeit nit getorste getrůwen, und darum gedankete ich es ím leider niet. Do kam der tůfel und wolte mir pine anlegen. Do sprach ich, we wiltu? Joch sihest du wol, de got hie mit mir ist. Wie gedarst du mich gepinigen vor siner gegenwirtekeit? Do sprach der tůfel: Ich wil nu als ich je wolte, minen stůl setzen bi dem sinen; ja ich wolt in von dem stůle diner sele triben ob ich möhte und setzen mich da in, und wolte gerne, de das himelrich, paradys, vegefůr und ertrich, de die alle ein helle werin in der ewigen helle. Do sprach ich: Woltestu nicht, de disů ding allů ein himelrich werin, vf de du ŏch zehulde kemest? Do sprach er: Nein, das mag ich niemer getůn. Do sprach ich: O we, wie bistu so reht vnselig, de du dich vor gotte nit schemest! Do sprach er: Swer iht gůtes an ine hat, der ist nit alzemale böse und swer sůndet der verlieret die schame, wan schamete er sich, so tete er der sůnden nit. Ich bin durkůne als ein vliege und valle je zů. Ich schone niemañes; nu der sich mit tugenden weret, der bleibet vnbesweret und der in gotte veste stat, der überwindet erlich alles sin herzeleit.

XXX. *Von zwenzig kreften gottes miñe und von manigvaltigen namen.*

Eja liebe gotzmiñe, behalse je die sele min,
Wan es mŭrdete mich ob allem we,
Solte ich wesen von dir vri.
Eya miñe, nu la mich nicht erkůlen,
Mine werk sint alle tot
So ich dich nit vůle.
O miñe, du machest sůsse pine und not,
Du gibest lere und trost den waren gotteskinden
O miñebant, din sůsse hant
Hat den gewalt, si bindet beide jung und alt.
O miñe, du machest grosse burden lichte
Und kleine sůnde dunket dich swere.
Du dienest gerne sunder lön
Allen creaturen vnderton.
Eya sůsse gotzmiñe, swene ich alzelange slafe
An versunnekeit gůter dingen,

So tů wol und weke mich und singe
Mir vrowe dinen sang,
Da du die sele mitte růrest
Als ein sůsse seitenklang.
Eya miñe, frȯwe, wirf mich vnder dich,
Ich werde vil gerne sigelos,
Das du mir deñe benemist eis leben,
Daran lit vrowe aller min trost.
O we, milde gotzmiñe, du schonest min alzesere,
Das clage ich jemer mere.
Miñe, din vil edle gůs der lat ervůllet minen munt,
Miñe, din vil reine qwelen tůt mich ane sůnde leben.
Miñe, dinů stetů andaht
Hat mich in also sůssen kumer braht.
O gótlichů miñe, wie sol ich din mit gedult enbern?
So du mir wilt frȯmbde sin.
Miñe, de ist ein wuñcklich hoher můt,
De mir din vrȯmdi wol tůt!
O wunderlichů miñe, wol selig der jemer, den du lerst,
De ist sin wuñenklichestů diemůtikeit,
De er, frȯwe, dich es bittet, das du von ime kerst.

      Eya miñe, wie kleine du der vindest,
Die dich mit aller maht in allen dingen sůchent
Und mit stetem vlisse din gebruchent
Und die dich in miñeklicher gere heissent,
Das du von inen vliehest.
Der ist aber vil, die dir mit dem munde růffent
Und mit den werken von dir kerent.
Miñe, din scheiden und din kẹmen.
Das ist gliche willekomen
Der wolgeordeneten sele.
Miñe, du hast alles das undergetan,
Das got hat mit uns in herzeklicher liebi began
Miñe, din vil edele luterkeit,
Die als ein schȯner spiegel stat
Vor gotte an der kůschen sele,
Die machet heisse miñelust
In der magetlichen brust
Zu Jesu irme lieben.
Die sere miñen vnde megde sin,
De sin die jungfrȯwen von seraphin.
Miñe, din helig barmherzekeit,
Die tůt den tůfelen manig leit.
Miñe, din vil sůsser vride
Bringet senfte gemůte und reine sitten.

Miñe din helige genůgunge machet vri gemůte
In willeclichem aremůte.
Miñe din ware durnetekeit
Die claget nit gerne missekemi noch arbeit.

*XXXI. Von zehen creften der miñe und de keine creature mag
rolgedenken der sele gerunge ze gotte.*

O miñe, wie breit wirt dein liht in der sele, und wie vůrig
ist din schin, und wie vnbegriflich ist din wunder, und wie manig-
valt ist din wisheit und wie snell ist din gabe, und wie kreftig
ist din bant, und wie durnehtig ist din wesen, und wie senfte
ist din vlus, und wie gros ist din koste, und wie getrůwe ist
din arbeit und wie helig ist din vnderscheidenheit! Alse du
die sele mit allen disen dingen durchvarest, und si den sich
vfhabet und begiñet vliegen mit tubenvedern, de ist mit allen
tugenden, und begiñet deñe ze gerende mit des aren girheit, so
volget si der hitze vf ze hiñele, wan es dunket si alles kalt
und vngesalzen we zergenglich ist.

So spriche vz dem munde der warheit alsus: Herre, die
gerunge, die ich zů dir habe in dinem zuge; herre, die wisheit
die ich deñe enpfan in der miñe vluge; herre, die einunge, die
ich deñe begriffe in dinem willen; herre die stetekeit die
ich deñe behalte nach diner gabe; herre, die süsse gehůgnisse
als ich din gedenke; herre, die verwenete miñe die ich zů dir
habe, die ist in ir selbe also rich und vor dinen gotz ögen also
gros; eb du es nit wistest, herre, so möhten es nit alle sant-
körner, alle wassertropfen, alles gras und löp, stein und holz,
alle toten creaturen, dazů alle lebenden creaturen, vische, vogele,
tier, wurme, vliegende und kriechende, tůvel, heiden, juden vnd
alle dine viende, noch me alle dine vrůnde, menschen, engel,
heligen, nu, eb alle die personen sprechen könden, wolten und
riefen ane vnderlas untz an den jungesten tag, werlich, herre,
de weistu wol, si möhten dir nit halp gekündigen die meinunge
miner gerunge, und die not miner qwelunge, und das ja-
gen mines herzen, und das vfruken miner sele nach dem

11*

smake diner salben und dem vngescheidenen anhangen ane
vnderlas.

Ja Maria, fröwe, gottesmůter, wie solte es dir ergan, eb du
begondest mit dinem sune ze kündende der ewigen gotheit die
liebi dů ein vereinitů sele ane valsch in disem libe in der ewi-
gen gotheit hat und das růren, damit er si trutet. Vröwe, du
möhtist můde werden und din sun můste âmehtig werden,
wan der götlichen miñe vůrige kraft gabt über alle mensch-
liche maht.

XXXII. *Von dem hohen ende swester Mehthilt.*

> Nu můs ich doch dise rede betwungen schriben,
> Die ich gerne wölte verswigen,
> Wan ich vörhte vil sere,
> Den heimlichen swung der italen ere.
> Aber ich vörhte michel mere,
> Wil mir got gerecht wesen,
> Das ich gotz arme deñe alzevil habe verswigen.

Jamer, vorhte und stete herzeleit han ich getragen heimelich
von kinde vm ein gůt ende. Nu an miner jungeston zit hat mir
got alsus gewiset, das von himelriche kamen vier scharen in
procession, das waren junevrowen und engel. Die jungvröen
bezeichenten tugenden, da ein mensche got mit gedienet hat.
Die engel bezeichent ein rein leben, da der mensch got mit
gevolget hat.

> Unser herre und sin erlich můter
> Volgeten der wuneclichen procession,
> Untz die ersten stůnden
> Vor des menschen munde,
> Also we der weg vridesam almube und vmbe
> We er clarer deñe die suñe
> Von dem schine der heligen,
> Die da kament von der gotz wuñe.

Do sprach dů sele: Herre, dirre weg behaget mir über alle
mine wirdekeit unmassen wol, aber ich vörhte sere, wie ich us
minem lichamen sölle komen. Do sprach vnser herre: Also de
sol geschehen, so wil ich minen aten ziehen, das du mir volgest

als ein agestein. An beiden halben der procession was ein schar tüfelen, der was also vil, de mir de nit mohte geschehen das ich möhte vbersehen, jedoch so vörchte ich keine. Si vnderslůgen sich mit grossem grime und si undereratzten sich als die vnsiñigen. Des vröwet sich die sele noch mer, deñe das si vor ir sach vnsern herrn. Do vragete si von grossem wundere vnsern herrn, wie de were. Do sprach vnser herre: Die vröde kunt vor der gewissen sicherheit, de dich alle dise tüfele niemer mögent von mir gehinderen.

XXXIII. Wie die cleine sünde schadet der collekomenheit und wie sich der tüfel davon nahet der sele.

Das hindert geistliche lüte allermeist an rehter vollekomenheit, de si der kleinen sünde also wenig ahtent. Ich sage vch des werlichen: Sweñe ich mich versume mit eim lachende de nieman schadet oder mit einer surekeit in minem herzen, die ich nieman bewise, oder mit einer kleinen vngedult miner eignen pine, so wirt min sele also vinster, und mine siñe also stumpf und min herze also kalt, de ich ellendeklich můs weinen und jemerlich můs klagen, und früntlich bitten und kresteklich geren und diemůteklich bekeñen alle mine vntugende, deñe erste mag mir armen die gnade geschehen, de ich widerkrieche als ein geselagen hunt in die kuchin.

Noch mere, sweñe ich einen gebresten an mir habe vnbekant und vngewandelt, so stat zehant ein helle vlekke an miner sele. So mag des kein rat sin. Der tüfel, der des vegefüres pfliget, da die sünde ine breñen solte, er wil zehant sin glichnisse ansehen. So begiñet mich ze eisende, da ich alleine bin, wan min sele wart vri gemachet von aller eisnuge, do ich dú gabe enpfieng die man heisset bekautú miñe. So valle ich zehant vf die erde und sprecke: *miserere mei deus* oder *pater noster.* So zehant kume ich wider in min süsses paradys, da mich der vlekke us het gewiset.

*XXXIV. Von fünfleie nûwe heligen, der böse lûte gesunt, und
wie got wil weschen die cristanheit in sin selbes blûte hienach.*[1])

Mich wundert sere nach der edelkeit die do lit an der
helikeit und nach der krankheit die an den menschen lit. Das
Sante Elyzabeth also drahte helig wart und also vnlange vnder
der erde lag, des berihte mich unser herre und sprach alsus:
Es ist der botten reht de si snelle sien. Elyzabeth die ist und
si was ein botte den ich gesant habe ze den vnseligen vröwen,
die in den burgen sassen, mit der vnkûscheit also sere durflossen
und mit dem homûte also sere vberzogen, und mit der italkeit
also stete vmbevangen, das si nach rehte in de abgrûnde solten
sin gegangen. Irme bilde ist manig vrowe gevolget, dermasse
si wolten und mohten. Sant Dominicum sante ich den vngelöbigen
ze botten und den tumben ze lere und den betrûbten ze
troste. Ich sante öch Franziscum ze botten den girigen pfaffen
und homûtigen leien. Mere Sant peter, der nûwe marterer
der ist min bote des blûtes, do nun die valsche cristanheit so
jemerlich inc bevangen ist. Si sprechen alle, si sint reine und
si sint vor minen ögen vnkûsch. Si sprechen si sint getrûw,
und si sint doch vor minen ögen valsch. Si sprechent si haben
mich liep, und si hant ir fleisch michels lieber. Wer mit mir
wil bliben, der getröste sich mit sant peter des irdenschen libes.
Die verborgen schulde machet zejungost dû offenbare not.

Ich armer mensche, ich war in minem gebete also kûne,
de ich frevenlich tet, und nam alzemale die verbösete cristanheit
an miner sele arm, do borete ich mit jamere. Do sprach vnser
herre:

> Las, s'ist[2]) dir alzeswere.
> Eya, nein, sûsser herre
> · Ich wil si vfheben und für dine fûsse tragen
> Mit din selbes armen,
> Da du si mit an dem crûze truge.
> Do gestattete mir armen got mines willen,
> Uf de er mich möhte gestillen.

---

[1]) Am Rand: cessa, als Wink für den Leser oder Schreiber.
[2]) Handschrift: sust.

Do dů arme Cristanheit alsus für vnsern herren kam, do was si glich einer juncfrowen. Do sach ich si an und ich sach öch de si vnseren herren ansach. Do schemete ich mich vil sere. Do sprach vnser herre: Nu sich, gezimet mir, dise jungfrowe wol in minem ewigen brûtbette ane ende ze miñende und mit minen keyserlichen armen zû mir ze nemende und mit minen götlichen ögen anzesehende, wan si surögge ist an ir bekantnisse und si öch lam ist an iren henden, wan si nöte gûtû werk tût? Si ist öch hufhaltz an den füssen irre gerunge, wan si min selten nnd treglich gedenket. Si ist öch vnvletig an der hûte, wan si ist vnreine und vnkûsche. Do sprach der arme geist, wel rat sol ir deñe werden? Do sprach vnser herre: Ich wil si weschen in ir selbes blûte und alle die seligen, die da warhaftig unschuldig sint, die wil ich beschirmen und nemen si verborgen zû mir in ciñe heligen tode.

Mere sprach vnser herre: Swester Jutte von Sangerhusen die hau ich den heideñe gesant ze botten mit irme heligen gebete und mit irme gûten bilde. Dis sprach öch ˙vnser herre: Dis bûch sende ich nu ze botten allen geistlichen lûten, bedû den bösen und den gûten. Wan weñe dû sûle vallent, so mag de werk nit gestan. Ich sage dir werlich, sprach unser herre, in disem bûche stat min herzeblût geschriben, de ich in den jungesten ziten anderwarbe giessen wil. Von drierhande blûte seite mir vuser herre alsnst: Das erste blût, das Abel und dû kint, [1] Johañes Baptista und alle die ir helig unschuldiges blût gussen vor der marter vnsers herrn, de was cristi blût, wan si litten dur sine liebi den seligen tot. Das ander blût das was des himelischen vatter blût, das cristus ns sinem vnschuldigen herzen gos. Das dritte blût, de man vor dem jungesten tage giessen sol in cristanem gelöben, de ist des heligen geistes blût, wan sunder des heligen geistes andaht wart nie gûttat vollebraht. Der marter blût dur cristum, de gibet geselleschaf und kûñe; des vatters blût in cristo git

---

[1] Die von Herodes ermordeten.

lösunge und gelöben. Das jungest blût in dem heligen geiste
git behaltunge und ere.

XXXV. *Wie Swester Mehthild danket und lobet got und bittet*
für drierleie lüte und für sich selber.

> Eya milte vatter, got von himelrich,
> Zühe mine sele al vliessende, vnbekümert vm dich,
> Und vlüsse ir herre engegen mit allem dem
> De du hast wuñenkliches in dir.
> So mag si bitten und gebieten
> Und dich, herre, volle loben aller diner güti.
> Eya und gib mir herre diner heligen drivaltekeit zuge
> In dem süssen miñe flnge,
> Also, herre, de ich dich lobelich gebruche
> Aller diner milten gaben,
> Und ich dich, süsser herre, niemer bitte,
> De du mir herre zů dinem lobe nit wellist geben. Amen ¹)

Eya vatter aller güti, ich arme sünderiñe danken dir aller
trüwe mit minem gepingeten libe und mit miner ellendigen sele
und minem sündigen herzen und mit minen betrübten siñen und
mit minem versmeheten wesene an dirre welte. Herre vatter,
das ist min und anders nit, und mit dinem lieben sune J. cristo,
und mit der gemeinschaft aller creaturen. Alle si waren vnver-
böset, und als si noch widerkomen sönt in de allerloblichost de
si werden wöllent und mögent.

Eya süsse vater, mit alle disen dingen so lobe ich dich
hütte vmb alle din getrüwe schirmunge die du je geletest (*legtest*)
an minen armen lichamen, und an mine ellendig sele. Mit disen
dingen, grosser got, so danke ich dir, herre, aller diner milten
gaben, die du mir, herre, je gerüchtest ze gebende an lip und
an sele. Mit diser meine (*gemeine*) aller creaturen so gere ich
herze hütte dines lobes in allen dingen, vmb alle ding, dû, herre,
vatter, vs von dinem süssen herzen vnbewollen sint gevlossen.
Aber mit allen disen dingen, liep vor allen lieben, so bitten ich
dich, herre, dir selber ze eren vmb ware wandelunge und vmb
ganze bekerunge der armen sündern, die hütte ligent in den

---

¹) Am Rand: Danke mit siben dingen.

höptsünden. Ich bitte dich mere, min wâr liep, vmb helige wahsunge aller tugenden und cristanlicher bestandunge allen den seligen die hie lebent ane höbetsünde.

Ich bitte dich aber, vil lieber, vúr alle gepinegeten selen, die dur vnsere súnde in de vegefúr sint gevarn, das wir mit gûtem bilde solten bewaren. Ich bitte dich herre, vmb helige heilunge und vmb ware beschirmunge, und vmb dines heligen geistes ervüllunge, allen den bi namen, die min ellende, herre, mir armen dur dine liebi helfent hie tragen an libe und an sele. Ich bitt dich, richer got, dur dinen armen sun Jesum, de du die pine mines geistlichen armûtes und die gallen miner bitterkeit ze honig wellist machen in dem gôme miner sele. Ich bitte dich, lebender got vmb die ewigen edelkeit vusers cristanen gelöben, de du vns, herre, deñe bewarest vor allen valschen gezúgen mit diner gotlichen wisheit. Und stete, herre, vusern geist, ze rûwende in diner heligen drivaltekeit.

Ich bitte dich, süsser herre, vúr alle mine cristanpinger, de si dich noch müssen bekeñen und heleeliche miñen. Ich bitten dich, almehtiger got, vmb ware stúrunge mit vnderscheide den valschen lúten in der herschaft, und vmb barmherzige schonunge ¹) der vnschuldigen in der gemeine. Ich bitte dich, ewiger trost, de du hútte ze troste wellest komen allen den betrüebten selen, dú hútte mit angest von irme lichamen scheidin, de du, erbarmherziger got, ir behalter weelist sin und vrteilen si in das ewig leben. Ich bitte dich herre, vmb reine lúterunge und geistliche bestandunge, und lobelich behaltunge der gotlichen warheit in allen dingen, allen den bi namen, die geistlichen schin und geistlichen gewalt alleine dur dine liebi tragent. Ich bitte dich milter got vmb ware danknemekeit ze allen ziten vmb alle din gaben, den ze helfe, die dur dini liebú kumberliche burdin tragent.

Ich bitte dich, heliger got, vmb erbarmherzige angesihte mines nñützen lebeñes und vmb stete einunge, herre, din selbes in miner sele, und vmb die getrúwen wegespise dines heligen lichamen, de der müsse sin an minem ende min jungestú spise

---

¹) **Handschrift:** schönunge.

an sele und an libe. Öch bitte ich dich, hohú wuñenkliche dri-
valtekeit, vmb die jungesten stunde der ellendigen scheidunge
miner armen sele von minem súndigen libe, de du dich deñe,·
herre, wellist zû mir neigen, also de alle mine viende trurig von
mir scheiden, und ich, herre, danach diner süssen wollust und
miner langen gerunge, dich möge ane vnderlas ansehen, also de
miner sele ögen in diner gotheit müssen spilen, und dine süssú
miñelust us diner götlichen brust dur mine sele müssen sweben. ·
l'er dom. nostrum J. Ch. filium tuum.   Amen.

Dis ist der sehste teil dis bůches.

‚—— —

I. Wie ein prior oder priorine oder ander prelaten sich söllent halten gegen iren vndertanen. Das erst capitel.

Gros vorhte lit an der gewalt. Swenne man spricht: ir sint nu vnser prelaten oder vnser prior, oder vnser prelatine, weis got, lieb mönsche, so bist du vf das höhste bekort, so solt du mit grosser demütekeit dine venie machen und gan dene zehant an din gebet, und lassen dich got trösten. So solt du dene din herze verwandelen in heliger gottesliebin, also de du ein jeglichen brůder oder swester, die dir bevolhen sint, sunderlich minnest in allen sinen nöten. Du solt wesen mit dinen vndertanen und Brůdern minnenklich vrölich oder gütlich ernest, und erbarmherzig solt du sin über alle ir arbeit und mit süssen worten solt du si vs heissen gân, predien künlich und bihtehören vrömelich, wan si got dazů hat gesant in dise welt, de si lösere und helfere söllent wesen der armen sündern ze glicher wise als cristus aller welte löser we, und gieng harnider vs von dem hohen palaste der heligen drivaltekeit in dise pfůlige welte. Alsus solt du sprechen zů einem jeglichen brůdere mit grundeloser diemůtekeit dines reinen herzen:

> Eya lieber mensche, ich vnwirdig alles gůtes,
> Ich bin din knecht mit allem dienste
> Da ich es vermag, und nit din herre.

Mere leider, ich habe dû gewalt vber dich,
Und mit herzeklicher gottesliebin sende ich dich vs.
Mich erbarmet sere din arbeit,
Doch habe ich das vnderscheit.
Ich fröwe mich der höhsten wirdekeit,
Die der himelsche vatter dir hat bereit.
Nu ich sende dich in denselben namen
Als Jesus gieng von sinem vatter,
Do er sûchte das eine verlorne schaf
Also lange, de er von miñe starb.
Die ware gotzliebin mûsse dich geleiten
In heligen wegen und in nützen arbeiten.
Ich wil miner sele gerunge und mines herzen gebete
Und die trehenen miner sündigen ögen mit dir senden,
De dich got heilig und miñevol
Herwider mir ze liebe sende.   Amen.
     Alsust solt du alle din brûder trösten [1] als si vagant
Du solt si öch vröwen sweñe si widerkoment.
Du solt vorgan in das gasthus
Und schaffen von gotz miltekeit
Den gotz jungern alles das notdûrftekliche gemach,
De du jemer vollebringen maht.
Eya, mensche, du solt selber ir füsse weschen;
Du blibest dennoch meister oder meisteriñe
Und bist in demûteklich vndertan.
Du solt nit lange bi den gesten wesen,
Du solt des Conventes ordenlich pflegen;
Die gäste sont nit lange wachen,
Das ist ein heligû sache.
Du solt alle tage in das siechhus gan
Und salben si mit den tröstlichen gotsworten
Und laben si mit irdenischen dingen milteklich,
Wan got ist über alle koste rich.
Du solt je reine bi den siechen machen
Und solt in gotte sûsseklich mit iu lachen.
Ir heimlichen notdurft die solt du selber von in tragen,
Und si getrûwelich minenklich vragen,
Wielich ir heimliche sûche si,
Und stan in deñe werliche bi,
So vlüsset die gots sûssekeit in dich.
     Du solt öch in die kuchine gan und beschen,
Das die notdurft der brûdern des conventes als gût si,
De dinû kargheit und des kochestragheit
Vnserm herren nit verstelen

---

[1] Handschrift: trûsten.

Den süssen sang in dem kore,
Wan ein verhungerter pfaffe, der singe niemer schone;
Darzů ein hungerig man mag nit tieffe studieren,
Alsus můs got dur das ergeste de beste dike verlieren.

Im capittele soltu mit süssem gemůte gerecht wesen und
dariñe nach der schulde glich rihten. Du solt dich sere hüten,
de du diner gewalt iht volgest wider der brůderen willen oder
des conventes willen, wan da kunt grossů zwiunge von. Du
solt dich jemer segenen vor der homůt gedanken, die doch
leider mit gůtem gelichnisse in de herze vallent und sprechent:
Ja, du bist doch ob în allen prior oder priorin, du möhtist wol
tůn was dich gut ducht. Nein lieber mönsche, damitte briechest
du den heligen gotzvriden. Du solt mit vndertenigem gelesse und
mit miñeklichen vröden sprechen dis: Liep brůder oder swester,
wie behaget ĭch dis, und deñe nach irme besten willen so rihte dich.

Sweñe din brůdere oder din swestern dins conventes ere
bietent, so soltu dich inwendig vörhten mit scharpfer hůte dines
herzen und solt dich vswendig schemen mit gezogenlichem ge-
lasse. Alle klage soltu barmherzeklich enpbaben und allen rat
soltu getrůwelich geben. Wellent dine brůder hoch buwen, das
soltu heileklich wenden und sprich alsus: Eya vil lieber brůdere,
wir wellen der heligen drivaltekeit buwen einen wuñeklichen
palast in vnser sele mit dem zimber der heligen schrift und mit
den steinen der edelen tugenden. Der erste stein des erlichen
palastes, da der ewige got ane ende sine miñelustlichen brut
iñe truten sol nach siner ereftigen wollust und nach ir sinekende
gerunge, de ist die grundelose diemůtekeit, di also wol gebiket
ist mit der süssen genüge irdenscher zergenglicheit, da die girige
homůt und die snidende ital ere niemer ir gewalt geben so sere,
de wir iht buwen als irdensche herren oder vröwen, mere wir
wollen buwen als himelsche fürsten in ertrich. So sitzen wir
an dem jungesten tage bi dem armen Jesu, den herren apostelen
gelich. Lieben brůder, wir wollen buwen vnser himelwonunge
mit gotlicher vröde und unser irdenische schůlunge welen wir
buwen mit sorgen, wan wir haben kein gewisse vrist ze lebende
vutz ze morgen.

Du solt haben eines aren öge und merken und sehen dine vndertane in gotte, minenklich und nit arglich. Vindestu jeman der heimlich bekoret si, eia dem stant mit aller liebin bi, so mag des got nit gelassen, er müsse dir heimlich sin.

Die selige Brüder, die einig ambaht haben, den wil ich dise ware rede sagen, die ich in der heligen drivaltekeit sach, do ich in minem ellendigen gebete was. Swene der mensch betet in cristanem gelöben, mit einem also demütigem herzen, de er enkein creature beninden im enmag erliden, und mit also ellendiger sele, de im allú ding müssent entwichen in sine gebete, ane got alleine, so ist er ein götlich got mit dem himelschen vatter. Doch gedenket der mensche dene do allerbest, wie rehte snöde er an im selber ist, er vörhtet öch sin selbes in der süssen vmbehalsunge also sere, de im niht erkant ist dene alles gotz ere. Swene aber der mensche erbeit in rehter nutz, durch ware not, mit derselben liebin da er mitte gebettet hat, so ist er ein menschliche got mit cristus. Mere alles das man clütteret (?) und arbeitet sunder nutz und sunder not, das ist alles vor gotte tot, swene alleine der mensche dur gotz liebi und niht durch irdensche meite den tumben leret, und den sünder bekeret und den betrübten tröstet, und den verzwifelten wider ze gotte bringet, so ist er ein geistlich got mit dem heligen geiste.

Eja, der vilselige mensche, der alle ding dú gotte loblich sint und dem menschen sint mugelich ze tünde, de er die tüt in glicher liebi got ze lobe mit steter meinunge alles sines herzen, so ist er ein gantz persone mit der heligen drivaltekeit. Aber der stöbe der sünden, der vf vns vallet alseine als ane vnsern dank, der wirt von der mine für also drahte ze nihte als vnser selenöge wank die gotheit gerüret mit der ellendiger süfzendiger süssen gerunge, der kein creature mag widerstan. Swene si beginet ze stigende so entriset ir der sünde stob, so wirt si dene mit got ein got, also de er wil de wil si, und si mögent anders nit vereinet sin mit ganzer einunge.

Eya mensche, du solt je des tages oder der naht vnserm lieben herren gotte ein lidige stunde geben, da du ane hinderunge lieplich ine mögist betten, wan die himelsche gabe da got mitte

pfliget grüssen und leren sine vserwelten lieben, die ist von
nature also edel und also cleinlich und vlüsset also süsse, sweñe
der ewig got zů der miñelustigen sele in de notlich brutbette
wil gân. Wand er ist also sere verwunt von irer miñe, de er
aller dingen hat verzigen mere deñe drissig jâr die ime beke-
melich waren, vf de er si môhte durkússen und mit sinen blossen
armen vmbevahen. Woltestu hie an gedenken, wie môhtestu also
gebúrlich wesen! Du mûstest îm gegen drissig jaren zem tage
eine stunde geben.

Sweñe ich, aller menschen armeste, an min gebet gan, so
ziere ich mich nach miner vnedelkeit, so kleide ich mich mit
dem pfûle der ich selber bin. Danach schôhe (*beschuhe*) ich mich
mit der edelen zit, die ich verlorn han alle mine tage, und so
gúrte ich mich mit der pine die ich verschuldet habe. Danach
nime ich vmbe mich einen mantel der bosheit, der ich vol bin.
So setze ich vf min hôbet ein crone der heimlichen schemede,
die ich wider got begangen han. Hienach nime ich in miñ hant
einen spiegel der waren bekantnisse, so besihe ich mich dariñe,
wer ich selber bin, so sihe ich leider anders nit deñe alles o we!

Dise cleidere sint mir vil lieber anzetragende, deñe alles
irdenische gůt nach wunsche ze habende, und sint mir dabi also
leit in jemerlicher vngedult, de ich lieber were mit der helle
bekleidet und mit allen tûfelen gecrönet ane mine schulde. O
we leider, wie vil dike koment die rôbere der vnstetekeit und
benement vns disú cleider weñe wir vns [1]) selber behagen und
wir in unser schulde uns vnschuldig sagen, so sin wir mit den
italen eren beröbet und mit der homût nidergeslagen, so sint
wir naketer den nakente. O we, wie sere mögen wir uns deñe
schemen vor gotte und vor sinen vrúnden und vor allen creaturen!
Wellen wir alle vnsere scheme vberwinden mit grossen eren, so
müssen wir vns aber mit vns selben alsus cleiden. Alsus ge-
zieret sûche ich Jesum minen süssen herren, und ich vinde in
mit keinen dingen also schiere; alleine si sint swere und vnge-
vôge. Man sol rehte vrômelich hintretten mit ereftiger gerunge,

und mit schuldiger schemunge und mit vliessender liebi und mit
demütiger vorhte, so verswindet der vnflat der sünden vor den
götlichen ögen vnsers herren, und so beginet er minenklich ze
lühtende gegen der sele und si beginet ze vliessende von herz-
klicher liebi. Da verlüret dû sele alle ir schulde und allen iren
jamer, und so beginet er si ze lerende allen sinen willen. So
beginet si ze smekende sine süssekeit und so beginet er si ze
grüssende mit siner gotheit, de die kraft der heligen drivaltekeit
ire sele und iren lip aller durgat, und da enphât si die waren
wisheit, und so beginet er si ze trutende, de si krank wirt. So
beginet si ze sugende, de er minesiech wirt und so beginet er
die masse ze temperende, weñe er ir masse besser bekeñet deñe
si selber. So beginet si ze gerende grosser trûwe îm ze lei-
stende, und so beginet er ir die volle bekantuisse ze gebende,
und so beginet si deñe vröliche ze smekende an irme vleisch
dur sine liebi, und so beginet er alle gabe ze bestetgende mit
heliger willunge in ir sele. — Wil si sich deñe hüten vor der
vnedelen liebin irs vleisches und vor der girigen süssekeit aller
irdenschen dingen, so mag si vollekoñenlich miñen und got
manig lob an allen dingen gewiñen.

Nu lieber mensche, noch sint zwöi ding, da soltu dich mit
heligem vlisse vor hüten, wan si brahten nie helige fruht; de
ist, de ein man oder vröwe in der andaht gûter werke und gûter
sitten vil wil began, vf de er ze prelaten werde erkorn. Dem
siñe ist min sele gram. Sweñe si deñe begriffent dû gewalt,
so werden ire vntugende also manigvalt, de nieman wirt von
ime getröstet, der în mit grosser gerunge kos. So wirt er deñe
verwiset von den eren, und so werdent sine valsche tugende ze
lastere bekeret.

Der ander ist, eb ein mensche wirt lobelich bekoren ane
alle schulde, de er sich deñe also verwandelt, de er niemer gert
von der korunge ze koñende. De ist ein zeichen maniger vn-
tugenden. Alleine ist er lobelich daran, so sol er sich doch je
vörhten und diemütigen. Ein warhaftigû vrowe und ein gût
man, der sol dis büchelin lesen, der nach minem tode wolte
gerne, und mag nit mit mir reden.

11. Von der regele eis kanoniken, wie er sich halten sol. Die ist von got komen.

Wir söllen grüssen die lûte in dem heligen geiste mit siner götlichen volleiste und wir söllen danken irer erbarmherzigen gabe. Wir söllen aber me danken mit der gemeinschaft aller creaturen dem himelischen vater siner heligen gabe die er vsser siner heligen drivaltekeit gússet in der súndere herze von tage ze tage, und ane vnderlas. — Das der adeler also hohe vlûget, de darf er nit der vwelen danken.

Ich bat für einen herren durch sine gerunge. Dis ist die helig antwurte von gotte und er sprichet alsus zû mir: Sin gerunge die ist sinkendig ze diemûtigem lebene und min gabe die ist gros, die ich im gibe, und sin wille ist helig; doch sol er relte beliben da er ist. Dise regele hat im got gesant, der hohe babest von himelriche und sprichet alsus: Er sol betten jener, alscmer als ane vnderlas nach pfaeflicher ordenunge. Dazû wil ich im geben mine götlichen süssekeit, der sol er gebruchen in dem einôte sines herzen. Swenne er bekoret ist, so sol er mich crefteklich anrûffen, so wil ich im suelleklichen helfen. Er sol sine schult genzlichen gelten und sol sinen kosten kleine machen. Er sol nieman haben in siner koste durch herschaft noch dur miete, mere er sol halten reine botten zû siner rehten not. Er sol sich mit sinen magen nit bekûmbern, mere eb im einer wôlte volgen, dem solte er helfen. Er sol also liehtû kleider tragen als er nu traget; mere bi siner hût sol er sich kleiden mit hertem gewande wider die manige süssekeit, die er in siner hût enpfangen hat. Er sol ôch slaffen vf dem strôwe zwûschent zwein wollinen tûchen, und zwôi kússin sol er haben vnder sinem hôbete, und des tages sol er ein schône culteren dekken über sin bette und sin bette sol stan an derselben stat da es ê stûnt offenbar. Ein matte sol vor sinem bette ligen und ein bettebloch. Also sol er mit demütigem herzen gût bilde wider geben wider ein böse leben. Er sol ôch zwen besmen haben bi sinem bette, da mitte er sich kestige so er erwachet.

Alle tage zů einem male sol das sin gebete sin an siner langen venie alsus: Herre, ewiger vatter, got von himelriche, ich vnwirdig mensche, ich danke dir herre, de du mir dine gnade hast geneiget. Nu bitte ich dich, vil lieber vatter, mit allen dinen wunderen de din sůsse bimel val, der hernider gůsset ane vnderlas us dem grundelosen, lebendigen brunen diner ganzen heligen drivaltekeit můsse mine sele reinigen ane vnderlas von allen vleken: *per dom nostrum.*

Hienach vragete ich: Herre, wie sol er sich halten ane sůnde in der irdenschen ere? Do sprach vnser herre: er sol sich halten mit steten vorhten, reht als ein můs, die in der vallen sitzet und wartet ires todes. Das niderste teil der vallen, de ist disů irdenschů ere, das oberste teil min almehtige kraft. Die glose sprichet vnser herre: Swer des geret, de ich im rehte smeke, den sol jemer ze allen ziten, an allen dingen eisen vor dem funken sines vleisches, da de herze spilet mit heimlicher wollust. Darumbe de er isset, so sol er genůgig sin und milte; so er selafet, so sol er gezogen und alleine sin mit mir. Alse er mit der welte ist, so sol er ein můs in sinem herzen sin. Als er bihtet, so sol er warhaft und gevölgig sin und allů ding mit sines bihteres rate vollebringen.

III. Got gibet herschaft. Wie die böke lamber werdent. [1])

Das dirre herre selber herre ze techan ist erkorn, das ist gottes willen, wan das hat er selbe gesprochen alsus: Darum han ich în von einem stůle vf den andern gesetzet, de eine spise sol wesen der böken. Glosa: De got die tůmeherren heisset böke, de tůt er darumbe, de ir vleisch stinket von der vnkůscheit in der ewigen warheit, vor siner heligen drivaltekeit. Des bokes hůt ist edel, also ist es vmb ir herschaft und vmb ir pfrůnde. Mer, swene dise hůt mit dem tode abegat, so hat si verlorn alle ir edelkeit.

Und vnser herre got wart gevraget, wamitte dise böke lamber möhten werden. Do sprach vnser herre alsus: Wellent

---

[1]) Am Rand: de predicto canonico megdeburg.

si de vûter essen de în her dietrich in die krippfen leit, de ist
die helige bûsse und der getrûwe rat in der bihte, so sônt (si)
einerhande lamber werden die man heisset wider, lamber mit
hornen. Die horn de ist geistliche gewalt, der si heileklichen
gebrnchen zû gottes lobe. Man sol wesen stark, und getrûwen
volleklichen gotte, wan er sprichet: Ich wil selber des herren
schulde helfen gelten mit gelûke.

*IV. Von der bescheidenheit und vorhte, die die siñe bewarent
von irdenischen dingen.*

O we, ich vil arme! ich klagen gotte von hiñelriche, de ich
nu arger bin, deñe ich was vor drissig jaren, wan die creaturen,
die mir da hulfen tragen min ellende, die dôrften nit also edel
sin, sol der arme lip genesen. Darvmb mûs ich ane vnderlas
zwene hûter setzen, zwüschent mine sele und allû irdenesche
ding, das mir die an minem vleische nit mere smekken also vil
als min arme notdurft bewiset. Si bewarent öch mine siñe, de
mich disû irdenschû ding nit verleiten in ein girekeit vil ze
habende, lange ze bruchende. Der eine hûter de ist die beschei-
denheit, die aller dinge ordenet ze bruchende vollekomenliche
nach dem willen gottes, also de der mensche jemer ein vrômedes
herze hat zû allen irdenschen dingen und also vrômde, eb der
mensche irdenschû ding verlûret, de im deñe sin herze also lihte
wirt, und sin sele also vrî und sin siñe also unbekûmbert, das
im rehte also wol ist in gotte, als eb im sin allerliebster vrûnt
hette sin allerswerist burdin abgenoñen; wand, swelichen men-
schen irdensche ding nit ein swere burdin sint, der mag vor
gotte nit heissen ein warer geistlich mensche: Darumbe sprach
vnser herre alsus. In nôten gebruhet man aller dinge rehte,
wand de gût armûte de ist nothaftig, darumbe ist es helig, und
da mag die vbermasse keine vinsternisse bringen in die sele.

Min ander hûte de ist dû helige vorhte, die mit der gotz-
wisheit de bewaret, de min sele den irdenschen dingen die ir
gegeben werdent nit mag zûlachen; mere si enphabent si, als
eb es eine bekorunge si, dur den angest der girekeit und der
italen eren, die mangen gelobeten menschen in geistlichem

12*

lebende also sere vervinsteret, de er de lieht der bescheidenheit und de vúr der miñe, und smekken gotz süssekeit, vride und erbarmherzekeit also sicher die gere hat verlorn, de er de selber nit enweis.

Alsus sprach vnser herre: Ja si sprechent schöne gelichnisse; si wellent darvmbe irdensche ding miñen und vil an sich ziehen, de si mir deste bas mögen gedienen; mere si dienent ín selber mére deñe mir. Der mensche, der im selber einig gemach tût oder vroñe, der ist sin selbes. Mere ein jeglich mensche sölte wesen an im selben ein cristus, also de der mensche gotte lebete und nit im selber. Der vil selige, der ganz in gotte lebet, dem ist es alles ein we er hat, wan de heligo armûte, da got den menschen înwirfet mit siner gewalt, ze gelicher wis, als er sinen allerliebesten sun hernider von dem himel warf, uf der strassen, in die gastkripfen, also wirfet noch vnser herre sin vserwelte fründe von allem irdenischem trost, vf de in hungeren möge nach dem himelschen troste. Ein war helig mensche vörhtet mer irdensche gelúke, deñe er sorge vmb irdensche notdurft. War- · umbe? Ir wonunge ist in dem himelriche und ir gefengnisse ist in diser welte. Darumbe sprach vnser herre: Swer dú edelkeit miner vriheit bekeñet und miñet, der mag des nit erliden, de er mich alleine miñe dur mich, mere er mûs mich miñen in den creaturen. So belibe ich der nehste in siner sele.

V. Nach der miñe und gérunge, die schöni der creaturen git bekantnisse mit jamer.

Die erste bekantnisse, die mir got gab nach der vnberûrunge der miñe und nach dem vlusse der gerunge, die kam mit ein jamer. Sweñe ich iht des gesach das schöne was oder mir lieb was, so begonde ich ze súfzené, danach ze weinende und danach begonde ich ze denkende, ze klagende und ze sprechende alsus ze allen dingen: Eya nein, nu hüte dich, wan dis ist din lieber nit, der din herze gerüsset hat und dine siñe erlûhtet hat und dine sele also wuñenklich gebunden hat, das disc manigvaltige süssekeit irdenischer dingen dich nit von mir dringet. Mere die

edelkeit der creaturen, ir schöni und ir nutz, da wil ich got iñe
meinen und nit mich selben.

**VI. *In der jungesten zit soltu haben miñe, gêrunge, vorhte, rúwe
drierleie.***

Ich vragete minen herren, wie ich mich sölte halten an der
jungesten zit mines endes. Do sprach vnser herre: Du solt dich
also halten an der jungosten zit, als du dich hielte in der ersten
zit. Du solt dich halten, miñe und gerunge, rúwe und vorhte,
wan dise vier ding waren ein begiñe dines lebendes, darvmbe
mússen si öch din ende wesen. Do sprach ich: lieber herre; wa
blibent noch zwöi ding, die fundament und ein crone sint der
himelschen ere, de ist cristangelöbe und warů zůversiht? Do
sprach vnser herre alsus: Din gelöbe ist worden ein wissenschaft
und din begirde hat sich verwandelt in ein ware sicherheit.
Dise glosen sach ich in sinen worten und weis si öch in minem
herzen. Min drierhande rúwe lit an drin dingen.

Mich rúwet mine sünde nu allermeist, de kunt von der liebin.
Aber die pine der rúwe, die han ich verlorn in der miñe al-
miñende. Mich rúwet aller menschen sünde, also de mir rehte
ist als eime siechen, den eines also edelen dinges lustet, de es
im nit werden mag, oder leider selten. — Des můs min herze
jamerig sin und min sel jaget mit ir gerunge nach dem grossen
wilden tiere. Darumbe sprach vnser herre: Man mag dů grossen
tiere nit gevahen, man jage si deñe in ein wasser. Also wirt
niemer sünder bekeret, er werde deñe gejaget mit ilender gerunge
heiliger lúten in die tiefen trehene irs herzen.

Mich rúwet alú gůten werk dů ich versumet habe durch
mine vleischesliebin ane ware not. Davon sprach unser herre:
Man mag keine wonunge buwen, man habe eine ¹) stete; also
mag man keinen lon enpfân in himelriche ane gůttat gůter werken.
De lassent vnser herre durch herzekliche liebin, de er sprechen
möge zů einer jeglichen sele: Nim, min allerliebstú, dise manig-
valtigen wirdekeit, die hast du selber verdienet, de got dis wort

¹) Handschrift: iene.

sprechen müge mit warheit der sele ze eren und ze liebin, reht
als ob er die sache ir selekeit nit were und si möge enpfâu
vollekomen ere an lip und an sele.

Harumb ist vnserm herren ze vnsern arbeiten zû vnserm
armûte ze vnsern wêtagen also herzklichen liebe, de wir hie in
der waren miñe tragen, de er sine rehtekeit also edellich ent-
wichet, als jemer siner gotheit gezimet. Das han ich gegriffen
in dem huffen der gottegaben.

*VII. Vnser eigen wille mag widerstân den widerhaggen. Die
gûte sele ist snell zû gotte.*

In miner geselleschaft ist (ein) geistlich mensch, von dem
lide ich manig not dur sine bösen siten, also de mir der mensche
an keinen dingen volgen wil. Das klagete ich gotte mit aller
miner gerunge und wunderte mich sere wavon de möhte sin.
Do sprach vnser herre: Sieh was es' weret: Do sach ich, de ein
sunderlich tüfel dem menschen zûhangete und zoh si¹) wider
von allen gûten dingen. Do sprach ich: Wer hat dir den gewalt
gegeben, de du gotte also grosse smacheit bûtest an disem
menschen? Do sprach der tüfel: Mir hat nieman den gewalt
gegeben deñe alleine ir eigen mûtwille.

In disen worten sâch ich, de der tüfel allen geistlichen lüten
mit also smehlichem spotte volgete, die im vrlop gebent an in
selben, also de si lugelich leben, de er gotte vnschuldeget sich
selben und alle creaturen. Do sprach ich: Wer sol disem armen
menschen des helfen, de es von dir erlôset werde? Do sprach
der tüfel betwungen von gotte: Ir mag nieman helfen, wan ir
eigen mûtwille, wan got hat ir den gewalt gegeben, de si iren
sin mag vmbekeren. Sweñe si das tût, so mûs ich von ir ilen. —
Nu vrage ich dich in der ewigen warheit: wie heissest du?
Do sprach der tüfel: Ich heisse der widerhak, und dise schar,
die du hinderwert sihest, das sint alles mine gesellen von disem
selben ambahte de ich habe, und der ist also maniger als wir

---

¹) Sie, der Mensch war also ein Weib.

manigen menschen vinden, der zů gůten dingen siner getrůwen meisterschaft nit volgen wellent.

Hievon wart min sele also snell zů gotte, de si sich rehte vfhůp ane arbeit ir selbes, und bewant sich rehte in die heilige drivaltekeit, als ein kint sich bewindet in den mantel siner můter' und leit sich rehte an ir brust. Do sprach miu sele mit der maht und mit der stime aller creaturen alsust: Eya, vil lieber, nu bedenk mine not in disem menschen, also de du herre sin sine verwandelest mit diner götlichen süssekeit. — Nein, sprach vnser herre, miner süssekeit ist si nit wirdig, mere ich wil si siech machen an irme libe, de si von der pine also lam wirt, de si nöte sůntliche wege gat. Und ich wil si also stume machen, de si bössů wort sol verswigen. Si sol öch also blint werden, de si sich schemet italkeit ze schende. Mere swas man ir dene tůt, das tůt man mir. Werlich de geschach darnach in vierzeben tagen. Alleluja.

VIII. Zwischent Got und Lucifer ist zweierhande vegefúr. Wie der tůfel piniget die selen.

Unser menschlicher brůder Jesus Cristus der ist mit allen tugenden vfgevaren ze himel in die höhi siner gotheit, und ime mag dar nieman volgen, er habe dene öch alle tugende ze glicher wis, alse sich die helige drivaltekeit hat erlich gesetzet ob allen dingen in die wunenklichen höhin mit allen sinen tugentlichen vrůnden, danach jemer erlichen schöne und vröderich, alse si de lobeliche glichnisse siner götlichen tugenden mit inen bringent. Ja ein jeglich tugent, die hie in ertrich wirt gefrůmet, mit gůtem willen sunder valsch, gezieret mit der mine und vollebraht ane sůnde, das sint in himelrich die seiten die da klingent jemer ane ende vs von der getrůwen sele, und von dem gůtwilligen lichamen in die heligen drivaltekeit, de der vater sinem sun danket, de er si mit tugenden dargezogen hat, und de der sun den vatter eret, das er si geschaffen hat, und das der helige geist den vatter und den sun also zartlichen twinget, de die helige drivaltekeit also sere krefteklich gegen ir vlůsset und also sůsse singet, das si allů ding mit got meinen und minen.

Also ist der sündig tüfel Lucifer versunken vnder allen
dingen mit allen den alleine, die vntugenden miñent und meinent.
Zwischent gottes höhi und des tüfels abgrunde ist noch zweigerhande
vegefür. In den zwein vegefüren ist manigerleie pine
und not. De erste vegefür de ist der nütze kumer, den wir in
dirre welt liden in manigvaltigen pinen. Das ander vegefür de
ist nach disem libe also gros, das es sich anhebet vor der helle
munt und endet vor der himelporte. Aber die tüfel mögent dů
selen nůt fürbas pinigen deñe uf ertriche, in dem luft und an
allen den stetten da der mensch gesündet hat, und in aller der
höhin, da er den luft entrihtet hat mit sinen sünden. Damit
erzüget si der tüfel, de ir schame und ir pine deste grösser si
von allen den sünden die hie vngewandelt blibent.

Mere sweñe si also selig werdent, de si je von des tüfels
handen werdent gelöset, so briñent si in selben pinliche dur
eleine not. Darnach koment si mit helfe und lidunge vber alle
not, das ist, dem himelriche also nache, de si alle vröde habent,
ane drierleie vröde hant si noch nit: Das si got nit schent, das
si ir ere nit enpfangen hant, das si nit gekrönet sint. Alsus ist
de vegefür vf ertrich und in dem lufte zwüschent der helle und
dem himelriche. Es ist aber in geistlicher wise also, de die sele
von irdenischen dingen kein pine mag geliden, sweñe si kunt
von disem libe.

IX. Wer die heligen êret, den êrent si und tröstent an dem tode.

Das man die heligen eret mit schöner gehügenisse und mit
aller der meine, so man haben mag in dem tage, als si got
geeret hat mit einem heligen ende, das ist în also wol ze danke,
de si da gegenwirtig koment mit aller der herschaft, die si von
vromekeit enpfangen habent. Das sach ich werlich an Sante
Maria Magdalena tag, do man got erte mit lobelichem sange,
vmb die grosse ere die si ze lone hat enpfangen. Si schrikete
in dem kore nach dem heligen sange und si sach einem jeglichen
senger in die ögen und si trat (hin) und sprach: Alle die
jene, die min ende eren, zů der ende wil ich komen, und ich
wil si wider eren; alles nach dem als si mögen enpfan, so wil

ich in ze statten gan. Vier grosse ertzengel, die vorten si zwischen inen und der lützeligen engel was vil über menschen zal. Do vragete ich, wie die vier vürsten hiessin. Do sprach si: der erste heisset kraft, der ander heisset geruuge, der dritte gůt wille, der vierde heisset stetekeit. Wand mit disen vier tugenden han ich vberwunden alles min herzeleit, darumbe hat got mir gegeben ze lone beide dienst, herren und crone. Von andern heligen ist es öch also. Do sprach vnser herre: Weñe man den minsten vunken blaset er gibet hitze und schiu in dem himelvûre, da bi briñende heiligen sint.

X. *Gebêt, messen, gottesword, gůter lûte leben, vasten unde carrinen lôsen die selen von dem vegefúr.*

Ich bat vûr ein sele; der licham wart ermordet in ein sündigen lebeñe; do sprach vnser herre alsus: Siben jar vasten und siben carreñe, de were als ein regentropfen in eime grossen vûre. Inrent drissig jaren wirt er mir nit ab erbetten, wan er hat mit törlichem homůte sinen lip verlorn drissig jar vor siner zit, die můs er mir gelten in der not. Die sele sprach: Eya· herre ja er¹) mag doch diner gůti gebeiten. Got spricht: Ja wa zwene ringent mit enander, da můs der krankest vndergan. Der krenker de wil ich sin, alleine ih almehtig bin. Drissig hundert messen ist sin lösunge, wan er nie ganze messe gehorte, er entête es durch schêmen. (sele) Herre, wamitte wart er behalten? — (got.) Sweñe er horte nun wort, so sůfzete er, des lonete ich in, do er ze jungest lebte also, de er do sůfzete vmb sine sünde. — Herre, eb siner můter brůder, der ein geistlich man ist geschen von siner jugent unz an sinů grawen har, mit manigen arbeiten und kumber, der das opferte für in, und gienge da vs, und saste sich in die stat, da er erste iñe bekañt wart durch dine liebin, woltest du die sele nit ledig lassen? — Ja, sprach vnser herre. Würde ich also sere getwungen, so můste ich geben, alles de man wölte. — Herre, eb der geistlich man sinů gůten werk der armen sele gebe, wie sölte ir deñe geschehen?

---

¹) Handschrift: en.

Alzehant lies mich got den seligen sehen,
De mir ê nit mohte geschehen
Dur sine unküsche pine, die min sele nit mag erliden.
Do was er schôner deñe die suñe,
Und er swebete in clarer wuñe
Hoch vber alle irdenische jamerkeit.
Do sprach er vrôlich und war vil gemeit.
Sag minen vründen: und were das ertrich guldin
Und die clare suñe darin,
Schine ane vnderlas,
Beidu tag und nahtes,   -
Darzů des süssen meien luft,
Schône blůmen mit voller fruht,
So enwôlte ich nit eine stunde dariñe wesen,
Also wunenclich ist dis leben.

Noch was er nit in den ewigen himel komen.

XI.   Wie ein schůler tot ist und ein predier.

Alsust spricht vnser herre: Ich sag dir mit miner breñenden gotheit und mit miner lebenden menschheit, de sin nature tod ist eines heiligen todes, also de er niemer höptsünde me getůt vf ertriche. Do wart er gesehen einem predier gelich, vnd stůnt vf einer roten marmel sule und prediete dem volke alsus: *Venite benedicti patris mei.* Koment zů mir alle seligen nnd gant von mir alle vnseligen. Do wart gesehen und bekant, de alle predier vns von disen zwein worten predient nnd lerent.

XII.   Wie du dich halten solt an vierzehen dingen.

Alse du betest, so soltu dich kleine machen
Mit grosser diemůtikeit.
So du bihtest so solt dn warhaft sin.
So du dine bů-se leistest so solt du fliessig sin.
So du issest so soltu gnůgig sin.
So du slafest, so soltu gezogen sin.
So du alleine bist, so soltu getrůwe sin.
So dn bi den lůten bist, so soltu wise sin.
So man dich gůte sitten leret, so soltu gevolgig sin.
So man din boshcit schiltet, so soltu geduldig sin.
So du iht gůtes tůst, so soltu dich selber bôse dunken. [1]
So du úbel tůst, so soltu zehant gnade sůchen.

---
[1] Handschrift: dñken.

So du itellich bist, so soltu dich vorbten.
So du betrûbet bist, so soltu grossen trost ze gotte haben.
So du arbeitest mit den henden, so soltu sere ilen,
So mahtu bôse gedenke vertriben.

XIII. *Wie geistlich lûte von blintheit sich hûtent vor der*
miñekeit. *Von sehsleie craft gottes gaben.*

Eya lieber Jesu, got von himelriche; ich mûs dich herre,
eines dinges vragen, das kan ich nit langer vertragen dur die
grosse blintheit die ich daran erkeñe, de ist, das geistliche lûte
sich hûtent vor der gôtlichen iñekeit also: Sweñe got des ge-
rûchet de sin gôtlich herze von miñen gegen der vil seligen sele
vfbliket, also vil, de ein klein vunke har vlûget an die kalten
sele, und enpfenget si also vile, das des menschen herze be-
giñet ze breñende und sin sele ze smelzende und sin ôgen ze
vliessende, so wolte vnser herre gerne einen irdenischen menschen
also himelsche machen, das man got werliche môhte an ime
volgen, miñen und erkeñen; so sprechen die menschliche siñe:
Nein, ich mag wol nütze sin an vswendigen dingen. Alsus
sprechent nemeliche closterlûte, so si allerwisost sint. — Hiezû
antwurt vnser herre alsus:

Min gotheit kam in ertrich, min menschheit tet die arbeit;
Min gotheit trat an de crûze, min menscheit leit den tot;
Min gotheit stûnt vf von dem tode und vorte die menscheit in den himel.
Alle die mich von in tribent,
Die sônt von mir vertriben werden.
Was mag der mensche getûn in im selber?
Niht mere deñe sünde!
Sit dem male de nu menscheit nie niht vollebrahte,
Wan alleine we min gotheit vorbedahte.
    Si sprechent: herre es si wisheit,
De man den lichamen spari, wo din gôtlich atem,
Der vs von diner heligen drivaltekeit
Also sûsse harnider swinget
Und dur die sele so kreftekliche dringet,
De der lichame verlûret alle sine maht,
So ist der mensche vnberhaft.

Dis spricht vnser herre: Man sol des kûnges spise nit ver-
geben hin setzen, ê man die irdenischú notdurft wol habe gessen.
Min sunderliche gabe bringet sunderliche wirdekeit dem menschen

an sele und an libe. Si git lere den tumben und trost den wisen.
Si git öch ewig lob und endelos ere dem grundelosen bruñen,
da si vsgevlossen ist, sweñe si mit voller fruht wider vfswinget,
da si nidervlos von mir. Ja dú gnade die got dem menschen
pfliget ze gebende mit gewalt und vorschen, die ist in ir selben
also edel und si kunt mit also grosser vrúntschaft gotz, de der
mensche nit eine cleine sünde begêt, die in dur zergengliche
sache von ime wisent. O we, unedel sele, wie mahtu das er-
liden, das du got von dir wisest e du in wol genützet hast nach
sinem willen, wan sin höhstú wollust in dir verborgen ist. Wiltu
wissen wie du die helige gotzgabe nützen solt und die verzeren
nach gotz willen?

Ja, si sol es wol selber dich leren.
Ist si dir willekomen. Mit vswendigen tugenden
Und mit inwendiger gerunge solt du si enpfahen;
Mit demútiger vorhte soltu si behalten
In allen nöten vadertan.
Gib ir stunde und statte in dir,
Si bittet anders niht.
Si sol dich smelzen also tief in got,
De du sinen willen erkeñest,
Wie lange du volgen solt
Siner nötlichen trútunge an dir selben
Und ze weler zit und wie du arbeiten solt
Für die sündere und für die in dem vegefúr sint.
Und beschen jegliches menschen not
Er si lebende oder tot.
    Alse du dis hast vollebraht
Inwendig nach gottes wollust
Und nach diner sele maht,
Wan si wirt múde in ir selber,
Diewile si ist in irme tötlichen lichamen behaft.
Nach dirre gebruchunge sprichet dú sele alsus:
Herre vlúch nu von mir inwendig
Und stant bi mir vswendig,
Also de allú min werk sinken nach diner gabe
Und ich gerne nöte kumber klage.

XIV. Clager in der pine enbêrent sehs dingen. Wie man súche,
smacheit tragen sol.

Swer sine hinderunge in der pine klagt,
Der ist in der bekantnisse blint,

Oder er ist an der gedult verzagt,
Oder er ist an der miñe verkaltet
Und an den tugenden veraltet,
Oder er ist an den siñen tump
Und öch an güten worten stumpf.

Darumbe sprach unser herre alsus: Der mensche wil nit
siech sin und wil nit versmähet sin, und waruf wil ich deñe
sine ere binden? — Herre, als der mensche siech ist und smahet,
wamitte sol er deñe ere buwen? — So er siech ist, so sol er
mich eren, dienen, miñen, alleine mit vrölicher gedult; so er
versmehet ist, so sol er mich miñen und gebeitig sin; wan de
die predier, die bihter also betwungen sint von irme anbahte,
also de si es nit mögen üben, und si doch heligen willen
habent, das ist nit ein hinderunge ir selikeit, es ist ein zierde
ir aureolen.

XV. Von Enoch und Elyas pine und von den jungesten
predienden und von endecristes bosheit.

O kräftige gotzmiñe, du hast also süsse not an mich geleit,
de min sele nach wunder qwelt. Sweñe ich des gedenke, de
min licham erlöschen sol also mit dem tode, das ich nit me
liden noch loben sol minen lieben Jesum, so ist mir also we,
de ich deñe gere, eb es müglich were ze leben in den jungsten
tag. Da twinget mich zü die getrüwe miñe die gottes ist ane
mich und nit min. Darumbe sprach vnser herre: Soltu sterben,
so la dich rüwen alle dinü zit, swie helig du siest. Eya herre,
ich bitte dich, de min gerunge nit sterbe, so ich mit minem
licham nit me mag erwerben. Do sprach vnser herre: Din
gerunge sol leben, wan si mag nit sterben, dur de si ewig ist.
Erbeitet si also dur mich unz in die jungesten zit, so kunt wider
zesamne sel und lip. Da setze ich si deñe wider in, so lobet
si mich ane ende, und si hat mir gedienet sit dem ersten begiñe,
wan du woltest mit Adame untzlar dur mini liebi gewesen sin;
alsust woltest du aller menschen kumber und aller menschen
dienest vollebringen dur mich. Ich sprich me: Din wesen sol
stan vntz an den jungesten menschen.

> Eya villieber min,
> Wie sol der jungoste mensche sin,
> Zû dem sich min leben vôge?
> Wan geistlicher lüte leben
> De wirt an dem ende der welte vil türe.

Alsus antwurt vnser herre: Enoch sol der jůngste mensche
wesen, der geistliches lebenes sol pflegen. Darnach wisete mir
got de ende dirre welte aber, sweñe die jungesteu brůdere sôut
gemarteret werden also. Ir har de si niemer sôut abegesnideu,
das ist von eime sunderlicheu vorrate des willen gotz; damit
heisset si endecrist henken au die bôme. Da hangent si und
sterbent vil schone, wan ir herze de breüet enbiñen von dem
süssen himelvûre also sere als der licham qwelt an der not.
Darumbe, zwischent dem troste des heligen geistes und der pine
des armen fleisches, so scheidet ir sele vorr irme libe ane alle
eisunge der pine.

Helyas und Enoch, die wandelent von India untz an de
mer, und ir jeglichem volget ein michel schar, die alle cristan-
lúte sint und von entcristo zû inen vliehent. Die werdent alle
tot geschlagen ze glicher wis, als man die tobenden hunde in
der strasse jaget. Den ist vergeben und si nit lenger mögen
leben. So volgent inen die andern aber die heimlich cristan
sint, wan si erkeñent das von gotte wol, de si dem vngelöben
nit anders môgent entvliehen. Helyas wirt allererst gemarteret
und er wirt an ein hohe crûze gebunden und genegelt dur sin
hende.

> Das tûnt si dur den grimen has,
> De er je von den heligen sprach
> Und was Cristo da angeschach.
> Si gebent ime keinen tot,
> Wan dur de er also lange qwele
> De er vorsache der cristanen lere
> Und also zû dem entcriste kere.   ,
> So stat der helige gotztrut
> Und wirt siner pinen nie mer lut.
> Er tröstet die heligen cristanheit
> Drie tage und drie naht
> Untz im die sele vagat.
> Ich sach den himelschen vatter zû sinem ende,
> Und er enpfieng Helyas sele

Mit sinen menschlichen henden,[1])
Und er sprach: Kum min lieber, es ist zit an dir!
Und in sime himelblike vorte in got hin.

Der vnselig mensche der endecrist, der gestattet des nit,
dc man den gotztrut it begraben müge, dur dc er wil, dc di
cristanen alle verzagen, daran ist er betrogen; wan alle die den
lichamen angeschent, die werdent beweget zů cristanen gelöben
und in gelust dc si in anbetent, wan si werdent also vol sůsse-
keit von des heligen lichamen gegenwirtikeit, dc si vergessent
der pinunge des todes und alles irdenschen gůtes.

Enoch der lebet deñoch,
Wan den endecrist, den gelustet des,
Dc er alle die wisheit gehöre,
Die Enoch von gotte weis,
Uf dc er es offenbarlich müge verkeren
Mit siner valschen lere;
Und eb er Enoch möhte zů im geziehn,
So were allú die welt mit grossen eren sin.

Underdes so wirt der bösen also vil von dem endecrist
gezogen, dc er Enoch mit grimigen worten bestat, und dene
erste saget Enoch dem endecrist die ganzen warheit alsus:

Du bist aller welte ein geisel
Gesant von gotte dur der bösen bosheit
Und der gůten helikeit.
Du kanst wol die schrift der alten ê
Und alswol der nůwen ê,
Nu sieh wie du nach dinen werken solt gedihen.
Iliezu hast du mit vlisse gekorn,
Nach der schrift můst du sin verlorn.
Das kanstu selber wol gelesen.
Du hast öch nit geschaffen die erden noch den himel,
Du gibest den engeln nit dc ewig leben,
Du enhast den menschen nit gemachet
Noch sele und lip.
Du hast nie keinen creaturen
Sinen natúrlichen lip geben,
Wie möhtest du dene got wesen?
Dinú werk alles mit luginen und valschen list;
Dú ewig warheit dc ist Jesus crist,
Der ein ewig got mit sinem vater ist.

---

[1]) „In manibus filii.“

Der endecrist der spricht mit grime:
Wie getarst du minen viend vor mir nemen,
Dem du miner eren vber mich erkenest?
Ich wil mich din getrösten
Und ich wil alle du welt von dir lösen.
Niment in drate mit miner gewalt
Und giessent im bech siedende in sinen munt
Und bindent im sere sinen hals,
So swiget zehand min vient.
Möhte ich sin wort hören,
Ich liesse in gerne lenger qweln.
Henket in also tot hoch über alle morder,
Dur de alle die in ansehent,
De si dem cristangelöben entwichen.
Er hat mir gesprochen an min ere,
Nieman darf siner lere.
Ich bin lange vor gesehen,
Es sol mir nach miner lere gehen. [1]

Enoch spricht sin helig gebet in sinem herzen alsus:

Ewiger vatter und sun und heliger geist,
Du ewiger got ungescheiden,
Ich danke dir herre an mir diner langen erwelunge
Und ich lobe dich herre nu in dirre qwelunge.
Ich bitte dich, herre für dinu und minu schaf,
Die nu ane hirten blibent;
Behalt si herre sunderliche
Und tröste si heimliche.
Nu enpfahe herre mine sele.
Ich habe zu minem lichame keine irdensche liebin.

Die antwurt, die im defie got wil geben und sin danken
und sin gebet, de hic stat geschriben, de sach ich und ich las
es in der heligen drivaltekeit geschriben alsus:

Lieber sun, nu ile sere zu mir,
Ich bin werlich in dir.
Dine vrunde, für die du mich hast gebetten,
Du sont iru kinder selber töffen,
Ich wil si schiere von dem endecriste lösen.
Si sont in irme herzen cristan bliben,
Und ich wil si behüten vor allem zwivel.
Kum liebes trut, ich beite din,
Und min herze spilet gegen dir.

---

[1] Handschrift: gân.

XVI. Wie die sele vnsers herren wonet in der drivaltekeit und von irme ambahte. Wie si sprichet für den sünder, und von dem ambahte vnsr fröwen.

Als ich erwache in der naht,
So versûche ich mit wisheit mine maht
Eb ich arme ŷt betten mag
Vûr dise vngetrûwen cristanheit,
Die minem libe tût so manig leit.
Underwilen zûhet er mich einen andern weg,
Ane bruggen und ano steg,
Da ich ime volgen mûs, blos und barfûs,
Von allen menschlichen dingen.
    Wer mag dû menscheit so sanfte betwingen?
Wer mag dû sele so sanfte vfrukken?
Wer mag die siñe so hohe erlûhten,
Als got der si geschaffen hat
Der tût mit vns wunderliche tat?
Also gedachte ich in einer nacht
An die helige drivaltekeit,
Mit süssem vlusse miner sele, ane arebeit.
Do sach ich in der höhin der ganzen heligen drivaltekeit
Ungegeret die sele vnsers herren Jesus.
Sin sele wonet stete ob aller wirdekeit
In der heligen drivaltekeit
Da ist si ino bevangen und wunderlich beworcht,
Und si lûhtet erlich uber alle creaturen schöne
Dur die heligen drie personen.
Do begerte ich mit grosser gezogenheit,
Als man da ze houe pfliget,
De ich môhte sprechen zû siner eren
Mit der sele vnsers herren,
Wand mich des beduhte, de si sunderlich wunder worhti.

Do swebete ich ir also nahe, de ich si grûste alsus: Gebenedicte siestu vil liebe! We wunders wirkest du in disem ewigen spiegel, da sich alle seligen so wunderlich iñe beschowent! Du hast süsse arbeit in wunenklicher vnrûwe. Do sprach dû sele vnsers herren zû der suôden also:

Siest willekomen min gelichnisse,
Wan ich bin öch ein sele als du bist,
Und ich han aller selen burdin getragen
Mit minem vnschuldigen lichamen.
Dis ist min ambaht.

Ich rûre ane vnderlas dise grundelosen gotheit,
Damitte manen ich den himelschen vatter
Siner endelosen liebin, die er zů des menschen sele treit.
Ich grůsse ŏch mine gotliche menscheit
Und danken ime miner selekeit
Und manen in siner geselleschaft,
Wan er selber ein irdensch mensche was,
De er gedenke von wannan er si komen,
Wie gros vnd wie edel der menschen sibbe an im si
Und lasse den menschen nit verlorn werden,
Wan nieman hat sich selben gezilet noch geborn.
Darumbe hastu alle dine not ane sůnde vberkomen,
Also mane ich gotz menscheit
Zů sunderlicher erbarmherzekeit,
Und de er des gedenke wie krank der mensche si,
Und de er nit ist geschaffen von sinen vienden vri,
Und de der mensche můs jemer me vehten
Als ein wolgewafenter man,
Dem doch sinů ŏgen verbunden sint,
De ist ir vinstrů, menscheit,
Damit si gebunden sint.
Gedenke edler gottessun,
Wie jemerliche ich in ertrich was
In dirre betrůbet
Und stant noch allen menschen vetterlich bi,
Die min glichnisse in in tragent,
Wan ich din sele bin.
Ich můs ŏch den heligen geist zů siner gabe twingen,
Wan er můs alle selekeit
Dem menschen von dem himelriche in de ertrich bringen.
Schůbestu, ewiger vatter, den grendel diner gerehtekeit vůr
Also veste vor des himelriches tůr,
De die armen sůnder hie in nit mŏgent komen,
Ich klagen es Jesu dinem lieben sune,
Der da hat den schlůssel dines riches
In siner menschlichen hant
Mit diner almehtigen gewalt.
Derselbe schlůssel wart gesmidet in demselben land
Von der judenhand.
Swenne Jesus den schlůssel vmbe wendet,
So mag der verworfen sůnder komen zů dinen hulden.

Dis ist des himelschen vatters wort:

      Min sele mag des nit erliden;
      De ich den sůnder von mir wise,
      Darvmbe volgen ich manigem also lange nach

Vntz de ich in begriffe,
Und behalte im also enge stat,
De mir nieman mit siñen gevolgen mag.

Nu spricht aber vnsers herren sele alsus:

Das ist min wirdekeit vnd alsus bin ich gezieret,
Dú gotheit ist min crone,
Sine menscheit han ich ze lone.
Der helig geist hat mich vmbevangen
Und also wuñenklich durgangen,
De mir kein creature mag gelichen noch aft langen.
Alsus trage ich ane vnderlas
In diser heligen drivaltekeit
Alle irdensche sündere von stunden ze stunde,
De si got noch nit lasse vallen in das ewig abgrunde,
Aber die jungfröwe, in der lichame ich zû herberge was,
Do ich us von der heligen gotheit kam
In ires sunes menscheit,
Dú jungfröwe ist ein beschirmerin aller kûscheit
Und ein klagerin der bekorten,
Die sich mit rûwe vorhtent
Hie vor der heligen drivaltekeit,
De gerihte noch an iren henden steit. [1])

XVII. Got sihet den sünder an vûr gût. Was gût reht wille si. Von der gûten burdinen.

Das ist grundelos, de got den sünder ansihet für einen bekerten menschen und de ist reht wille, gotte ze dienende, de man sere ile zû mir und nit ze rugge sehe, und ich trage alle burdine, die dur mine liebi wirt gehaben.

XVIII. Du solt din herze ansehen ze allen ziten.

Sich in din herze zû allen ziten
Mit des heligen geistes warheit,
So wirt dir alle lugene luterlich leit;
Wan lugina vertribent götlich miñe
Und si stetiget in dem gemûte ûberdekete valsche siñe,
Has und griñe.

---

[1]) Handschrift: stât. Stat ist öfter auf eit gereimt.

XIX. *Von dem gûten willen, den man nit ze der getât mag bringen.* [1])

Ich habe manigen jamer getragen darumbe,
De ich gûten willen zû gûten werken me möhte bringen.
De benimet mir vnstete und vnmacht,
Und de mir es nieman getar raten,
Und ich getar es leider über mine nature nit wagen.
Dis kunt davon, sit dem male de mich got lies vallen
Von der wuñe der höhin nach min selbes willekore,
Do ich so sere verwundert was,
De ich der dingen kein ende konde vinden,
Do mich dû gewaltige miñe
Mit irs fûres flañen hin gezogen halte.
Nu hat si mich gedruket in einen grundelosen sumpf,
Da vinde ich keinen gruut,
De ist alles das ich lide.
De heisse ich nit pine,
Wan ich were gerne fûrbas
In der rehten minsten stat,
De ist verworfen als ein tobender hunt.
Und niemans menschen vrûnt,
In ellende, vnbekant,
Mit armen lûten in vrômdû lant.
Nn wili aue gehorsami nit wesen,
Wan die helige diemûtige gehorsami
Ist aller tugenden ein ingesigel.
Der gûte wille, den der gûte mensche hat
Und in nit mag bringen ze gûter getat,
Der glichet sich den edelen schönen blûmen
Mit süssem gesmake ane fruht.
Also hat got mich getröstet
Das aller gûter wille des hufen gûtes lebeñes
Sol werden der ewigen woñe blûmen,
Da got ze einer endelosen hohgezit wil krenze von machen,
Die sine vseiwelten da söllent tragen,
Die im hie so getrûwelich gant ûber lande
Mit so manigvaltigem gûten willen,
Den si nit mögent zû gûten werken bringen.
Eya, milter got, nu reiche mir noch
Din vetterliche hant
Und fûre mich in der miñe lant,
Wan ich han leider lange schöne zit verlorn,

---

[1]) Greith 261.

Des wolte ich mich, herre, noch mit dir erholn,
Wand gemach des lichamen und der siñe trost
Die mûs man mit demûtiger vorhte enpfân,
Sol man in der ganzen warheit gestân.

*XX. Dis bůch ist komen von drierhandè gabe. Die miñe
vliusz. Sie ist rich und gitig. Si wirt siech. Wer dc himel-
rich habe. Got git pine und ôch trost.*

Dise gabe, die in disem bûche stat geschriben,
Die hat mir in drierhande wise geben,
Allererst mit grosser zartekeit,
Danach mit grosser heimelicheit,
Nu mit sweren pinen.
Da wil ich gerne iñebliben
Deñe in den andern zwein, darumbe: alleine
Si die zartekeit und die heimlicheit gotz ewig und an in selben edel,
So sint si doch in dirre welte leider also vrômede.
Alle die si werlich bekeñent,
Si môgent ir nit nemen,
Und ôch so vorhte ich mich in der wollust allermeist,
Wande so manche scharpfû not Christus in dirre welt leit.

Aber der miñe nature ist, dc si allererst vsvlûsset von sûsse-
keit, darnach wird si riche in der bekantnisse, zem drittenmale
wirt si gitig in der verworfenheit. Ja du bist rehte vnbestet;
mer leider die rehte gotzmiñe, die wirt bi wilon also siech von
der bösen sûssekeit der italen eren, und von der trûtunge des
homûtes, und von der leidigen tobesucht des zornes, und von
der breiten gerunge irdenischer dingen, das si erlemet wird an
allen iren liden, dc ist an allem begiñe ir ûbunge, die si von
natur an ir hat. Mer nieman hat ein ganz himelrich in sim
herzen deñe der alleine, der sich begeben hat von allem troste
und von allen gnaden in dirre welte. Wan die wollust hat vns
von gotte gesundert, darum mûssen wir mit pine widerkomen.
Doch mag got des nit gelassen und wir môgen des nit enberen.
Er gebe vns sine wolluste zû allem dem wc wir tûn, lassen
und liden.

XXI. Wie böse pfafheit sol genidert werden. Wie predier alleine predien sönt und bischöve sin und von den jungesten predieren.[1]

O we, crone der heligen cristanheit, wie sere bist du geselwet! Din edelsteine sint dir entvallen, wan du krenkest und schendest den heligen cristanen gelöben. Din golt, de ist verfulet in dem pfůle der vnkůschheit, wan du bist verarmet und hast der waren miñe nit. Din kůscheit ist verbrant in dem girigen fůre des frasses, din demut ist versunken in dem sumpfe dines vleisches, din warheit ist ze nihte worten in der lugine dirre welte, din blůmen aller tugenden sint dir abe gevallen. O we, crone der heligen pfafheit, wie bistu verswunden, joch hastu nicht mere deñe das vnbeval din selbes, de ist pfäffeliche gewalt, damitte vihtestu vf got und sine vserwelten vrůnde. Harvmbe wil dich got nidern ê du icht wisest,[2] wan vnser herre spricht alsus: Ich wil dem babest von rome sin herze růren mit grossem jamere und in dem jamere wil ich ime zů sprechen vnd klagen îm de minů schafhirten von Jerusalem mordere und wolfe sint worden, wande si vor minen ögen die wissen lamber mordent, und die alten schaf dů sint alle höptsiech, wan sů mögent nit essen dů gesunde weide, die da wahset an den hohen bergen, de ist götlichů liebi und heligů lere. Swer den helleweg nit weis, der sihet an die verbösete pfafheit, wie rehte ir weg zů der helle gat, mit wiben und mit kinden und mit andern offenbaren sůnden.

So ist des not, de die jungesten brůder komen, wañe sweñe der mantel ist alt, so ist er öch kalt. So můs ich miner brut, der heligen cristanheit einen nůwen mantel geben, de söllent die jungesten brůder wesen als davor ist geschriben. Sun babest, dis soltu vollebringen, so mahtu din leben lengen. De nu din vorvare also unlange lebent, de kunt davon, de si mines heimlichen willen nit vollebringent. Alsus sach ich den

---

[1] Greith 261.
[2] weise wirst.

babest an sinem gebete und do horte ich, de im got kündete dise rede.

XXII. Von siben dingen dêr man fünfe vindet in himelrich und zwei in ertrich.

Siben ding můs ich gott ze eren sprechen. Herre got, ist es mügelich, so gib mir es, de ich ir in ertrich niemer vergesse. Fünfe vindet man in himelrich, zwôi müssent hie bliben. De erste ist der schade miner schulde, wan ich gesündet habe und die versumekeit gůter werken, die ich wol getan môhte haben. Das ander, de ich, herre, ane vnterlas warte din, weñe du komen wellest, welcher wis du bůtest mit einem heligen ende zů mir. Das dritte, die vůrige gerunge, die ich habe na dir. Das vierde, miñe breñen und verlôschen in mir dur dich. Das fünfte, din erste gegenblik dines heren antlútes gegen mir. De konde mir in ertrich leider nach miner gerunge nie geschehen, des singet min sele dike, o we! De sehste getar ich kume nemen, ich würde stum, als ich es bekeñe, ich gehorte es in ertriche nie geñemen, de ist die spilende miñevlůt, die von got heimlich in dů sele vlůsset und si wider mit siner kraft nach îr maht. Was zwischent în beiden deñe wuñen si, de weis nieman von den andern we si wirken vnderen ander, wan ein jegliches vindet sinen teil; was er hie hat vsgeleit, de wirt im dôrt alles widergeben.

> Dis ist die hiñelsche gotz miñe,
> Die hie vil kleinliche begiñet
> Und dôrt niemer ende gewiñet.

Das sibende mag man kume mit worten růren; mit cristanem gelôben mag man es vůlen, wie gros, wie hoch, wie wit, wie wuñeklich, wie erlich, wie vrôdenrich, wie vnzergenglicher vrôden vol. Wol îm, der da eweklich wonen sol! Die vrôlich angesiht vol aller wollust und die helige gebruchunge nach wunsche, die vbersůsse gerunge, wuñekliche, hungerig, miñevol, die vlůsset jemer mere in die selen vberswendig von gotte. Noch deñe behaltet die sele iren sůssen hunger und lebet doch ane kumber.

XXIII. Wie in drien stetten sprichet got mit der sden.

In der ersten stat sprichet der tûfel der sele dike zû, in
den andern zwein stetten mag er es nit tûn. Die erste stat
sint des menschen siñe. Disû stat ist gemeine gotte, den tûfeln
und allen creaturen, inzevarende, ze sprechende nach derselben
willekor. Die ander stat, da got mit der sele redet, de ist in
der sele. In die stat mag nieman komen deñe got alleine.
Sweñe aber got in der sele sprichet, de geschihet ane allerhande
wissentheit der siñen mit grosser, creftiger, sneller einunge gotz
in der sele. So môgent die siñe de wuñekliche reden nit ver-
nemen. Si werden also diemûtig, de si keine creature vnder in
môgen erliden. Sol sich der mensche vnder den tûfeln die-
mûtigen? Ja mit solicher andaht, de in des dunken sol, de er
gotte so grosse smaheit gebotten habe mit sime lebende, also de
er dike des tûfels glichnisse an siner sele gemalet habe mit
tegelichen sünden und etweñe mit den hôbetsûnden grosse wun-
den gesclagen hat an sine sele.

Die sele die mit dem heligen geiste bevangen ist, die mag
sich nit enthalten, si mûs je sinken von allem irdenschem troste
und wollust in dem troste; aber die sele, die mit irm eigenen
mûtwillen bevangen ist, die neiget sich mit manger wollust zû
irdenischen dingen.

Die dritte stat, da got mit der sele sprichet, de ist de
himelriche, sweñe got dû sele vfruket mit sines willen wollust
und henget si dazû, da ir sins wunders gelusten mûs.

*XXIV. Wie in wétagen offenbart Cristus sine wunden. Vier
ding kloppfent vor der himelporten.*

In minen grossen wetagen offenbarte sich got miner sele
und wisete mir sines herzen wunden und sprach: Sieh, wie we
si mir getan habent! Do sprach min sele: Eya herre, warvmbe
lidest du also grosse not? Sit dem male de dines reinen blûtes
also vil vergossen wart in dinem reinen gebette, do solte billich
alle die welt mit gelôset wesen. Nein, sprach er, minem vatter
genûgete also nit, wan alles de armûte und alle dû arbeit, und

alle die marter und smacheit ist alles ein klopfen vor der himel-
porte, vntz an die stunde, do min herzeblût gos vf dise erden.
Do wart de himelrich erst vf entsclossen. Do sprach dû sele:
Herre, do dis geschah, do were du tot; mich wundert von einem
toten, wie mag er blûten. Do sprach vnser herre:

> Min licham we do menschlich tot,
> Do min herzeblût
> Mit der stralen der gotheit dur mine siten vlos.
> Das blût kam¹) von gnaden ze glicher wis alse diu milch,
> Die ich von miner megetlichen mûter sôg.
> Min gotheit wonete in allen mines lichamen gelider,
> Diewile ich tot was, als vor und sider.
> Min sele rûwete diewile in miner gotheit
> Nach ir langen trurekeit,
> Und ein geistlich bilde miner menscheit,
> Das swebet ie sunder begiñe in miner ewigen gotheit.

XXV. Von der verbranten miñe.

Eia lieber herre, erbarme dich vber den, der hie verbrant
ist in diner miñe, verre und verswunden in diner diemûtekeit,
und ze nihte worden in allen dingen. Gott spricht:

> Min gotheit hat dich verbrañt,
> Min mönscheit hat dich bekant,
> Min heliger geist hat dich geheligot an der armûte.
> Die da vil minent die swigent gerne,
> Die niht miñent die sint je verer der miñe.

XXVI. Gedenken an den tot und lange leben ist gût.

Ich bin sere wunderlich und mich wundert in minen mensch-
lichen siñen, de min sele als wunderlich ist. Sweñe ich gedenken
an den tot, so vrôwet sich min sele mit so grosser craft gegen
der vsvart, de min licham swebet in vnmenschlicher sanftekeit
und mine siñe bekenent vnsprechelich wunder in der vsvart der
sele. Alsust stirbe ich allergernost in der zit, die got vorge-
schen hat. Nu sprecbe ich aber harwider: ich wil leben aller-
gernost vntz an den jungesten tag, und nu sterket sich min
gêrunge hin in die zit der martireren, vf de ich noch min sûn-
diges blût in warem cristanem gelöben môhte giessen, dur Jesum

---

¹) Handschrift: kan.

den ich liep han. De ich das gesprechen getar, de ich got liep
habe, dazû zwinget mich ein sunderlichû gabe, wand sweñe mit
laster und pine wirt gebotten, zehant begiñet min sele ze bren-
nende in dem fûre der waren gotzlichi mit so wuneklicher suesse-
keit, das min lichame swebet in gôtlicher wollust. Aber mine
siñe behaltent ein jamer und bittent got fûr alle die mich le-
sternt oder schendent, de si got vor sûnden beware.

XXVII. Wie du solt danken und bitten.

Herre vatter, ich danke dir ser, de du mich geschaffen hast.
Herro Jesu criste, ich danke dir, das du mich erlôset hast.
Herro heliger geist, ich danke dir de du mich gereinget hast.
Herre, ganze vngescheiden helige drivaltekeit,
Ich bitte dich, de du nu gedenkest aller trûwe
Und sende mir nu einen barmherzigen tot,
Der mich lôse von aller not.
In manus tuas comendo spiritum meum.

XXVIII. Sweñe du sterben solt, so nim urlop zû zehen dingen. [1])

Sweñe ich sterben sol, so nime ich vrlop alsus ze allen den
da ich von scheiden sol: Ich nim vrlop zû der heligen cristanheit
und ich danke des gotte, das ich ein cristanmensche hies, und
bin ze warem cristanen gelôben komen, und blibe ich langer
hie, so wôlte ich mit erbeit ein helfe sin der heligen cristanheit,
die in manigen sûnden stat.

Ich nim vrlop zû allen den armen selen, die nu in dem
vegefûr sint. Blibe ich langer hie, ich wôlte gerne vwer schulde
helfen gelten, und ich danke got de ir gnade werdent han.

Ich nim vrlop zû allen den, die in der helle sint und ich
danke got, de er sine rehtekeit an inen vbet. Belibe ich hie,
ich wôlte inen niemer gûtes gewûnschen.

Ich nim vrlop zû allen den sûndern, die in den hôptsûnden
ligent. Ich danke es got, de ich ir geselle nit bin, und blibe
ich hie, ich wôlte gerne ir burdin tragen vor gotte.

Ich nim vrlop zû allen den rûwern, die an irre bûsse stant.

---

[1]) Greith 263..

Ich danke des gotte, dc ich ir geselle bin. Blibe ich langer hie, ich mûste si liep haben.

Ich nim vrlop zû allen minen vienden. Ich danke des gotte, dc ich vnûberwunden von în bin. Blibe ich langer hie, ich wôlte mich vnder ir fûsse legen.

Ich nim vrlop zû allen irdenischen diugen. Ich klage got, dc ich îr nie gebrnhte nach siner heligen ordenunge.

Ich nim vrlop zû allen minen lieben vrunden. Ich danke gotte und în, dc si min helfe in nôten gewesen sint. Blibe ich langer hie, ich mûste miner vntugenden mich jemer schemeu, die si an mir erkeñent.

Ich nim vrlop zû aller miner bosheit. Ich klage dc gotte, das ich sin helige gabe an miner sele also verderbet habe, dc nie kein gebreste so cleine enwart, er sie in himelriche an miner sele bekant. Swi es gewandelt si, so ist der schade doch dabi. Herre Jesu, ich klage es dir, joch ist die smacheit alles din.

Ich nim vrlop zû minem leiden lichamen. Ich danke des gotte, dc er mich an maniger stat vor maniger sûnde hat bewart. Blibe ich langer hie, sin bosheit ist so manigvalt, ich wûrde im niemer rehte holt.

XXIX. Von zehen stukken gotliches fúres vs der edelkeit gotz.

Ein vnwirdig mensche gedahte einvaltekliche vmb die edelkeit gotz. Do gab im got ze bekeñende in den siñen und ze beschôwende mit der selen ôgen ein fûr, dc brande ane vnderlas in der hôhi vber allû ding. Das vûr hatte gebrant ane begin und sol noch briñen jemer ane ende. Dis vûr ist der ewig got, der in im behalten hat dc ewig leben und vs von im gegeben hat allû ding. Des vûres funken die sint gevlogen, dc sint die heligen engele. Des vûres blikken die sint komen, dc sint alle gotz heligen, wan ir leben dc hat manigen schônen blik der cristanheit gegeben. Dis vûres kolen die glûient noch; das sint alle die seligen, die hie briñent in der himelischen miñe und lûhtend mit gûtem bilde, als die erkaltet sint in den sûnden, di môgent sich bi den kolen wermen. Des vûres geneiste sint gestoben und sint ze nihte worden, das sint alle die seligen lichamen die in ertrich noch beitent des himelschen lones. Dis vûres meisterschaft sol noch komen, de ist Jesus Cristus, dem sin himelsch vatter die erst lôsunge und de jungest gerihte bevolhen hat. Der sol an dem jungesten tage vs von den geneisten die allerschônesten kôpfe machen dem himelschen vatter, da er in siner ewigen hochgezit selber vs trinken wil alle die helikeit, die er mit sinem lieben sune in unser sele und in vnser menschlichen sin gegossen hat.

> Ja ich sol trinken vs von dir,
> Und du solt trinken vs von mir,
> Alles de got gûtes in vns behalten hat
> Wol dem der nu veste[1]) stat,
> Und nit hie verscûrz, de got in in gegossen hat.

Dis vûres rôch sint allû irdenschû ding, der man dike gebruhet mit vnrehte wollust. Wie schône si lühtent in vnsern ôgen, wie lustlich si spilent in vnserm herzen, si tragent doch manige bitterkeit in inen verborgen, wan si verswindent als ein rôch und machent blint die hohesten, ja si machent ôch surôgende die heligosten.

Das gemach dis vûres, de ist die wuñenkliche wollust, die vnser sele iñewendig enpfât von gotte mit so heliger wermi des gôtlichen vûres, de wir hie bürnen wider in dem gotlichen fûre und mit tugenden bestañ, de wir nit erlôschin. Die bitterlicheit des fûres das ist das wort, de got sol sprechen an dem jungesten tage: Gant von mir ir vervlühten in de ewige fûr. · Der schin dis vûres de ist die lühtende anschôwunge des gotlichen antlûtz der heligen drivaltekeit, die vnsern lip und vnser sele durlühten sol, also de wir da die wunderliche selekeit sehen und bekennen, wir wir nu hie nit môgen neñen.

Dise ding sint vs von disem vûre komen, und vliessent ôch wider în, jedes nach gotz ordenunge mit ewigem lobe.

> Swer hievon me sprechen wil der lege sich in das vûre,
> Und sehe und smeke wie dû gotheit vlûsset
> Wie die menscheit gûsset,
> Wie der helig geist ringet
> Und manig herze twinget,
> De es got manigvalteklich miñet.

XXX. *Die luter miñe hat vier ding.*

Di luter gotzmiñe hat disú ding an ir, also de man ein-trahtig si mit gotte swas vns geschehe ane súnde, das wir es mit iñikeit got dankin. Das ander, de wir ordenlich gebruchen der gabe, die wir von gotte haben an lip und an sele. Das dritte, de wir luterliche leben in gûten sitten, ane alle súnde. De vierde, de wir alle tugende an uns haben. O we, de ich die hette und werlich an allen sachen vollebrehte! Das nême ich fúr alle die contemplacie da ich je geborte von sagen. Was helfent hohú wort ane barmherzigú werk? We hilfet liebin zû gotte und griñi zû gûten lûten? So sprichest du: Geb mir es got, ich tete es gerne. Hôre nu: Die tugende sint halb gabe von gotte und halb sint si tugenden an vns. Sweñe vns got gibet bekentnisse, so sôllent wir der tugenden gebruchen.

XXXI. *Wie got die sele gemachet hat von wollust und pine. Wie got glich ist eime clote.*

Ich sprach an einer stat in diseme bûche, [1]) de die gotheit min vatter ist von nature, de verneme du nit und spreche: Alles das got mit uns hat getan, de ist alles von gnaden und nit vou nature. Du hast war und ich han ôch war. Nu hôr ein glichnisse: Wie schône ôgen ein mensche hat, er mag ge-sehen úber ein mile weges; wie scharpfe siñe der mensche hat, er kan vnsiñelicher dinge nit begriffen deñe mit dem gelôben und greiffit als ein blinde in der vinsternisse. Die miñende sele, die alles das miñet de got miñet und alles de hasset de got hasset, die hat ein ôge, de hat got erlúhtet. Damit sihet si in die ewige gotheit, wie die gotheit gewircht hat mit ir nature in der sele. Er hat si gebildet nach îm selber, er hat si gepflanzet in îm selber, er hat sich allermeist mit ir vereinet vnder allen creaturen. Er hat si in sich beslossen und hat siner gôtlichen nature so vil gegossen, de si anders nit gesprechen mag, deñe de er mit aller einunge me deñe ir vatter ist.

---

[1]) I. Cap. 44.

Der licham enpfât sin wirdekeit von dem sune des himel-
schen vatters an brûderlicher gesellcschaft, und an dem lone der
arbeit. Der gotzsun Jesus Cristus hat öch sin werk gewirket in
herzeklicher liebi durch not, in armûte, in pine, in arbeite, in
smacheit, untz an sinen heligen tot. Der helige geist hat öch
sinû werk gewirket, als du sagest, mit siner gnade in aller
vnser gabe, die wir je eupfiengen.

Disû werk sint drierhande, doch hat si ein vngescheiden
got in vns gewirket. Zwöi ding wirkent in ertriche in das
vegefûr mit der gotzkraft ane vnderlas; das eine wirket alleine
in der helle, das ist wollust in himelriche ane pine und pine
in der helle ane wollust.

Wa was got eb er ihtes iht geschûf? Er was in im selber
und im warent alle ding gegenwirtig und offenbar, als si hûtte
sint. Wie war vnser herre got do gestalt? Rehte ze glicher
wis als er ein clote[1]) und alle ding in gotte beslossen ane
selos und ane tûr. Das niderteil des klotes de ist ein grunde-
lose vestenunge beniden alle abgrûnde. Das oberste teil des
clotes das ist ein höbi, da nût vber ist. Das vmbetal des clotes
de ist ein cirkel vnbegriffenlich. Noch deñe was got nit schepfer
worden; do er aber alle ding geschûf, do wart der clote vfge-
slossen. Nein, er ist noch gantz und er sol jemer gantz be-
liben. Do got schöpfer wart, da wurden alle creaturen an in
selben offenbar. Der mensche got ze miñende, ze gebruchende
und ze bekeñende, gehorsam ze blibende;_ — vogel und tier ir
nature ze bekeñende, die toten creaturen ze stande in irme we-
sende. Nu höre, was wir erkeñen de ist alles niht, wir miñen
deñe got ordenlich in allen dingen, als er selber allû ding in
ordenlicher miñe geschaffen hat, und uns selben gebotten und
geleret hat.

---

[1]) Am Rand: „Die klote was der val der tûr.“ Clote = close, soviel
als Verschluss, Klause.

XXXII. Wie wir glich werden gotte, S. Marien und den engelen.

Alse vil wir miñen barmherzekeit, und stetekeiṭ ŭben, alse vil glichen wir dem himelschen vatter, der disŭ ding ane vnderlas ŭbet in uns.

Also vil als wir hie armŭtes, versmacheit, verweisete, pine liden, also vil glichen wir dem waren gotz sun.

Als vile als wir hier vsvliessen mit aller miltekeit vnsers herzen, ze gebende vnser gŭt den armen, ze dienste vnsern lip den kranken, also vile gelichen wir dem heligen geiste, der ein milte vsvlŭt ist des vaters und des sunes.

Also vile als wir warhaftig sint, messig und bescheiden in heliger einvaltekeit, also vile glichen wir der heligen drivaltekeit, die ein war got ist und alle sinŭ werk in ordenlicher masse gewirket hat und noch tŭt.

Also vil als wir kŭsch sin mit aller luterkeit, dienŭtig mit aller vndertenekeit, diensthaftige mit aller heligkeit, vnsculdig von aller bosheit, also vil glichen wir vnser lieben frowen Sante Marien, die mit disen tugenden geedelt ist, also de si maget mŭter ist worden und mŭter maget ist bliben und ist alleine keyserinc über alle creaturen.

Also vil als wir gŭtlich, miñesam, vridesam sin, also vil glichen wir den engeln die nie mer arglich tŭnt.

Also vile als wir heleklich leben in ellende und in vngemach vngetröstet, also vil glichen wir Sante Johanse baptisten, der vber manigen heligen gehöhet ist.

Also vil als wir gerunge haben nach gotz lobe, bekantnisse in der gabe, ordenliche gebruchunge des willen gotz, also vil glichen wir den propheten, und den heligen vettern, die sich mit grossen tugenden getwungen hant in gotte.

Also vil als wir wisheit lernen, und ander lŭte damitte bekeren und mit gotte bestan in aller not, also vil glichen wir den heligen aposteln, die sich verlassen hatten bis in den tot.

Als vil als wir gedult haben in aller not und als gros als vnser cristangelöbo ist nntz in den tot, alse vil glichen wir den heligen martirern die mit irme blûte vns haben besprenget den waren himelweg.

Als vil als wir mit vlisse tragen die not der heligen cristanheit, beide der lebenden und der toten, alse vil glichen wir den heligen confessoren, die mit manigen arbeiten wachent und mit sorge bihte hôrent.

Alse vil als wir strites haben und vberwinden und mûgetlich ere behalten, alse vil glichen wir den heligen juncfrôwen, die den waren sig nit verloren hant.

Alse grosse rûwe wir haben und alse manigvaltige bûsse helige wir leisten, alse vil glichen wir den heligen wittewen, die nach den sünden als grosse ere crarnet hant.

Alse vil als wir aller tugenden an vns haben, als vil glichen wir gotte und allen sinen heligen die mit aller vrûmekeit got gevolget hant.

XXXIII. Von dem scharpfen capittel, da der bilger in zûkam, der schein ein gros herre.

Ein mensche pflag des lange, das er mit eim scharfen capittel in sin herze gieng und besach sinen schaden und gotz smacheit an im selber. Do warf er vs von sinem herzen allen sûndigen smak sines vleisches und saste wider in alle pine gerne ze lidende dur got. Er warf ôch vs alle wollust siner magen und vrûnden und saste wider in die smacheit, die im sine anvechter tûn wolten. Er warf ôch vs alle liebin richtûmes und eren, da sich die sündig welt zû vrôwet, und saste wider in alles de armûte, de môglich ist ze lidene nach rate.

In das kapitel kam vnser herro Jesus Cristus glich eim armen bilgerin. Do wart des menschen geist so erlûhtet, de er bekande, de es vnser herre was und sprach: Eya lieber bilgerin, wañen kunstu? Do antwurt er: Ich kum von Jerusalem, da wart ich sere gewundet, da leit ich grosse smacheit, armût und pine, de han ich dir gebracht. — Des danken ich dir vil lieber herre, und das han ich wol bevunden vil manigen tag. Do nam vnser herre ein einvaltige crone und saste si dem menschen vf sin hôbet und sprach: Dis ist dû krone des armûtes, der smacheit unde pine; disú krone sol noch gezieret werden mit min selbes bilde. Do vûr der bilgerin hin. Der mensche wart betrûbet und sprach: O wî! o we mins lieben bilgeris? Ja, wan ich wolte gerne me mit im geredet haben.

Do sach si¹) vf in die hôhin, do wart si sin gewar. Do was er glich einem gewaltigen herren und was vnbevangen mit himelscher wuñe und sprach: Ich segne dich und grûsse dich! min vride si jemer mit dir, amen.

XXXIV. Der die welt versmahet den sol man éren mit aht dingen.

Ein stiñe wart gehôrt und dise wort wurden gesprochen alsust:

> Ja sehent, si (komt) knnt, dú die welt hat versmehet
> Und die lugene hat ervlouget
> Und die warheit hat gemiñet
> Und die gebenedigt hat.
> Man sol si enpfân mit aller ere,
> Man sol si stetigen in der warheit,
> Man sol si benedigten ane ende,
> Man sol si kleiden mit aller schônin,
> Man sol si crônen mit aller wirdekeit,
> Man sol si setzen vf den stûl des ewigen gemaches,
> Man sol si grûssen mit allen zungen,
> Man soll ir dienen mit aller gift,
> Man sol si vrôwen mit aller gabe.

XXXV. Wie die selig sele spricht zů irms lichamen an dem júngesten tage.

> Stand uf min vil lieber,
> Und erhole dich aller diner pine,
> Aller diner wetagen, aller diner smacheit,
> Aller diner trnrekeit, alles dines ellendes,
> Aller diner serekeit, aller diner arbeit.
> Der morgensterne ist vfgegân²)
> De ist Sante Marien geburt und ir leben.
> Die soñe hat iren schin getan,
> De ist do got mensche wart,
> Sin werk und sin himelvart.

---

¹) Die sele.
²) Handschrift: vfgegangen.

Der mûn sol jemer stete stan;
De ist, das wir deûe jemer stete sûllen wesen
In dem ewigen lebeûe.
         Etteweûe lag alles min heil an dir,
Nn lit aller din trost an mir.
Were ich zû dir nit widerkomen,
Us disen aschen wúrdest du niemer genomen.
Der ewige tag ist vns entstanden,
Nu sôn wir vnsern lon enpfân.

*XXXVI. De Johaños Baptista der armen dirnen messe sang, de
wc geistlich bekantnisse in der sele.*[1])

Man mag gôtliche gabe mit menschlichen siñen nit begrifen,
darumbe besûndent sich die lûte, die nit habent den offenen geist
der vnsehelichen warheit. Das man mit vleischlichen ôgen mag
gesehen, mit vleischlichen oren mag gehôren, mit vleischlichem
munde mag gesprechen, de ist also vngelich der offenen warheit
der miñenden sele, als ein wachslieht der claren suñen.

De Johañes baptista der armen dirnen messe sang, de wc
nit vleischlich, es wc also geistlich de die sele alleine beschôwete
und gebruchte. Aber der licham hatte nit davon, deûe er von
der sele edelkeit in sinen menschlichen siñen mohte begriffen,
darum müssen die wort menschlichen luten.

Min pharisei sprach vf die rede, Johañes baptista were ein
leie: Das allerheiligoste de in der messe ist, de ist gotz lichame.
Denselben gots sun berûrte Johañes baptista mit diemûtigen,
bibenden vorhten, in also grosser wirdekcit sines heligen lebeñes,
de er des himelschen vatters stiñe horte und siñú wort vernam
und den heligen geist sach und bekante in ín beiden. Johañes
baptista prediete ôch offenbar allen lûten den heligen cristauen
gelôben und bewiscte mit sinen vingern den lûten vf den waren
gots sun, der da gegenwertig wc. *Ecce agnus dei.* De Johañes
baptista gotzwort sprach, alsus verre mag es niemer babest noch
bischof noch priester vollebringen, deñe alleine mit vnsrem vn-
siûelichem cristanen gelôben. Wc dis ein leie? berihtent mich
ir blinden, ûwer luginen und ûwer has wirt úch niemer ver-
geben ane pine.

') L. II. c. 4.

XXXVII. Du solt got loben, clagen und bitten zwölf ding.

Gebenedîct sîstu lieber herre Jesu criste, got des lebenden gotz, sun an der aeht mines gelöben; so weis ich werlich, de du hie gegenwirtig bist, war got und mensche. In demselben namen bitte ich dich, herre, hûte an, als minen got und minen herren, als minen schöpfer und minen löser, als minen aller mañen liebesten und aller herren werdesten hûte und jememe.

Herre, himelscher vatter, nu klage ich diner heligen drivaltekeit, de ich vor dinen ȫgen gesûndet han ane vorchte und ane schame. O we, hilf mir hûtte, milter got (mit) diner ganzen hulde, wan min herze vinster ist von gewonheit der sünden. Reinige, herre, hûtte min herze von aller irdenischer liebin und gûs herre nider dine himelvlût in mine dürre sele, de ich beweine din grosse smacheit und miner sünden jamerkeit.

Herre, ich danke dir aller der gnaden, die du, lieber herre, mit vns getan hast und nu mit vns tûst, und eweklich mit vns tûn wilt. Ich bitte dich, herre himelscher vatter, in dem namen Jesu cristi, de du mich mit diner gnade lûterst von allen minen sünden und beschirmest mich vor aller sünde und helige mich mit allen tugenden in das ewige leben.

Ich bitte dich, herre Jesu Criste, dur dinen heligen tot und dur die kumberliche not, die din heliger licham an dem heligen crûze leit, de du herre, mit den ȫgen diner gotlichen erbarmherzekeit und diner menschlichen trûwe und dines heligen geistes gunst, alle mine not und minen jungesten tot wellest rûchen anzeseben; und gib mir herre, deñe din selbes lichamen, de ich dich herre, deñe müsse enpfân mit warem cristanen glöben, mit herzeklicher liebin, also, de din heliger licham müsse wesen und bliben die jungeste spise mines lichamen und de ewige brot miner armen sele.

Ich bitte dich mer, vil lieber herre, de du deñe miner armen sele mit dir selber wellest trösten und mich deñe von allen vienden wellist lösen. Ich bitte dich, vil lieber herre Jesu Criste, de du den min arme sele wellest enpfân in dine vetterliche hende, und bringe mich deñe mit aller vröde us von disem

14*

ellende in dines gebenedigten vatter lant, da ich dich, herre,
mit allen seligen heligen müsse benedigten und loben, die nu
da sint und noh komen söllent.

Des gewêr mich, lieber herre Jesu christe, und alle die mit
mir, die mich dur dine liebin gnedig und getrûwe sint, und hilf'
öch alle den mit mir, die mir wider dine hulde vngetrûwe und
vngenedig sint, und gemeine allen den mit mir, die gelöbig
cristanmenschen sint.

Ich bitte dich, herre, dur din selbes ere, de du vns cristanen
lüten wellest geben ane vnderlas in dem stûle ze Rome ein
höpt vol aller cristanen tugenden, da die helige cristanheit von
gebreitet müsse werden in der meine und gelôset von allen
sünden und geheliget mit allen tugenden, also de du, lieber
herre, hûtte mit diner almehtigen hant wellest rûchen zû lösende
Jerusalem und alle die stette und die lant, die mit vnrehter
gewalt betrûbet sint, durch dine, herre, namen drie.

Mit allen heligen bitte ich dich, vil lieber Jesu Criste, vmb
cristanlichen vriden und vmb notdürftige frûhte und vmb gne-
dichlich [1] wider disem lande und allen cristanen landen.

Ich bitte dich, herre, de du dine vrûnde behaltest in dime
dienste, und dine viende bekerest und krenkest an ire bosheit.

Ich bitte dich, keyser aller eren und crone aller fürsten,
herre Jesu Criste, für die fürsten in disem lande und in allen
cristanen landen, de du si, herre, hûtte rûchest vereinen mit
deinem heligen geiste, also das si niemer kein sündige reise
stiften wider dinen hulden und wider ir selekeit.

Ich bitte dich, lieber Jesu Criste, vür alle die cristanmen-
schen, die hûtte in nôten sint, in wassernot, in sûche, in ge-
vengnisse, in betrûbnisse, in alzegrossem armûte. Ich bitte dich
dur dine milten gûti, de du si hûtte also wellest trôsten, de si
dinen ewigen trost und dine gebenedigten hulde niemer môgen
verlieren.

Ich bitte dich, heliger vatter von himelrich, für alle die
cristanen selen, die hûtte von irme liebamen scheiden, de du,

---

[1] Hier scheint etwas in der Handschrift zu fehlen.

erbarmherziger got, ir behalter wellest sin, und vrteilen si in das ewige lieb.

Eya, lieber herre, erbarme dich vber die selen mins vatters und miner můter und vber alle die sela, die in dem vegefür sint. Löse si herre, dur dine here namen dri in dirre stunde: *Requiescant in pace. Amen.*

Ich bitte dich, lieber herre vůr mine gaden, de du uns allen die tugende wellist geben, die vnser leben reinigen und heligen, dir ze lobe und ze helfe der heligen cristanheit. Nu enphâh herre, hútte dis gebet und min clage, und gewêr mich nach dinen gnaden. Amen.

XXXVIII. Nieman mag Gotz himel stören. Die helle verwiset got.

Eya lieber herre, almehtiger got, wie lange sol ich hie stan in der erden mines vleisches glich eime stekken oder einem male, da die lúte zů löffent, werfent und schiessent, und lange miner eren hant gerannet, mit geswinder argheit? Hôrent nu dise ant-wurt: Nieman ist so listig in sime schutze, nieman ist so arg an sinem grinne, de er mine hinele môge zerstôren, zerbrechen oder schedelich gerûren, da ich wonhaft iñe bin. Mere die mich hůte in die herberge zůhen und mich morne vswisent, die glichent der helle. · Des fundament ich bin, des tynaphel wil ich ôch bliben. Eya herre, wer sol mir des gehelfen, de ich alle mine wege also wandele, eb ich *glippfe,* de ich nit valle. Die vorhte sol mich vfhalten, der gotz wille sol mich leiten.

XXXIX. Von dem gegenblike gottes schin an vnser Vröwen und ir gewalt.

O o o, drie personen hant ein namen in einem got vngeteilt. Si vliessent gegen Marien antlize wunenklich in eime strame vngescheiden mit voller vlůt, in milter gabe mit clarem schine der himelschen eren. Mit vnsprechlicher grüsse rûret er ir herze, de si schinet und lúhtet also, de der hohe gegenblik der heligen drivaltekeit vor vnser fröwen antlize entstet.

Er vlússet noch fúrbas
Und erfüllet alle diemůtigen miñenvas

Und git inen schin und ere
Vor den andern verre.

In dem gegenblikke mag unser frowe wol gebeiten; mere wil si bitten, de mag si diemûteklichen tuon, wan got mit siner miûe in irer diemûtekeit mensche wart, bedarf vnser fröwe diemûtekeit in dem himelriche niht mere, deñe de si den almehtigen got eret über sich in vndertenikeit, mit allen seligen, die irem bilde volgent.

Unser vröwen gegenblik ist geklâret mit aller der gabe unverderbet, die si enpfieng von gotte. Si ist ôch gezieret mit allen tugenden vollekomen; si ist gekrônet mit aller wirdekeit. Hiemitte vlûsset si wider in got vol aller annemikeit.

Wie vnser fröwe gebruchet der heligen drivaltekeit und wie sich got mit ir vereinet ob allen lutern menschen, de ist vnsprechlich; mere, also vil als si hie vereinet waren, also vil gebruchet vnser vröwe und also vil gûsset vnser herre ob allen heligen in si. Vnser vröwe hat gewalt vber alle tûfel ze hindernde von den menschen. Darvmbe bestanden wir gerne vnser Ave maria in irme gegenblike, de si vnser hie gedenke.

XL. *Bekorunge, die welt und ein gůt ende prûfent vns.*

Nieman weis wie vaste er stât, er werde ô gestossen mit der bekorunge des libes.

Nieman weis wie stark er si, er werde deñe ô angesûchet von der welte bosheit.

Nieman weis wie gût er selber si, eb im werde ein gût ende.

XLI. *Von dem gegenblike gotz in den Menschen und in die engele. Fünf ding hindernt die schrifft.*

Ir wellent de ich fûrbas schribe und ich enmag. Die wuñe, die ere, die clarheit, die trûtunge, die warheit, die ist ob mir also gros, de ich stum wurde [1]) vûrbas me ze sprechende das ich bekeñe. Mere ein spiegel wart geschen in dem himelriche vor der brust einer jeglichen sele und lip, darin schinet der

---

[1]) Handschrift: wrde.

spiegel der heligen drivaltekeit und git warheit und bekantnisse
allen den tugenden, die der lip je begieng, und aller der gabe,
die dû sele in ertrich je enpfieng. Davon schinet der here
gegenblik von einer jeglichen persone wider in die hohen majestat
da si vsgevlossen hat.

Der engel gegenblik ist fúrig miñenclar, wan si haben grosse
liebin zû vnser selekeit. Si dienent vns ane arbeit und ir lon
wahset, diewile dise welt gestat. Dú ware gottesmiñe hat die-
selben craft an den engelen die si an den menschen hat. Das
wir mit arbeiten dienen, de ist davon de wir sûndig sin.

XLII. Dis schreib swester mehtilt an einer cedelen irem brûder
B. predier orden und sprach.

Die allergröste vröde die in himelrich ist, de ist der wille
gotz. De vnwille wille si, davon kumet götlichû vröde in des
betrûbten menschen herze. Das ist eis geistlichen menschen
bihte, de man die gabe versmahet, die von gotte kumet. Pin-
liche gaben söllen wir mit vröde enphân. Tröstlich gaben söllen
wir mit vorhten enpfahen, so mögen wir vns alle ding nútze
machen, dú über vns gant. Lieber bûle, siest eintrehtig mit
gotte und vröwe dich sines willen.

XLIII. Dise schrift ist vs got gevlossen.

Dise schrift die in disem bûche stat, die ist gevlossen vs
· von der lebenden gotheit in Swester Mehtilden herze und ist
also getrûwelich hie gesetzet, alse si vs von irme herzen gegeben
ist von gotte und geschriben von iren henden. Deo gratias.

Dis ist de sibende teil.

———

*1. Von der crone und von der wirdekeit vnsers herren Jesu
cristi, die er nach dem jungesten tage empfahen sol.*

Unser herre, der himelsch vatter, hat noch behalten in siner
gotlichen wisheit manige vnsprechliche gabe, da er nach dem
jungesten tage sine vserwelten kinder mitte zieren wil, nemlich
sinem eingebornem sune Jesum vnsern löser. Dem hat der
himelsche (vater) ein cronen bereit mit also grossen, erlichen,
manigvaltigen werke gemachet und gezieret, das alle die meister
die je wurden und nu sint und jemer söut werden nit möhtent
volle schriben die clarheit und die manigvaltigen wuñe der crone.
Die crone wart gesehen mit geistlichen ögen der miñenden sele
in der ewigen ewikeit, und wart ir bekant ir geschöpfnisse.
We ist de, ewekeit? Das ist die vngeschaffene wisheit der ende-
losen gotheit, die weder begiñe noch ende hat. Die crone hat
drie bogen: Der erste boge der crone waren die patriarchen,
der ander die propheten, der dritte die helige cristanheit. Die
crone wirt gebildet und geblümet mit der gegenwirtikeit aller
seligen die an dem jungesten tage gotz rich besitzen söllent.
Si söllent doch ire wirdekeit ordenlich besitzen nach iren werken.
Der erste boge der crone wirt gewiret und erlühtet mit edelme
gesteine aller der heligen iñikeite und güter werken, die die

patriarchen je vollebrahten. Der bogen wirt öch gebildet mit
menschlichem bilde sel und lip. De erst bild uf dem bogen der
crone ist Sant Stephan und alle die martyrer gebildet mit ime,
die je in cristanen gelöben ir blût gegossen hant; dabi sant
Peter und alle gotz apostelen mit im öch gebildet. Dabi alle
die seligen, die der apostelen lere gevolget habent. Di elichen
lûte sôn öch an dem bogen gebildet sin mit iren kinden, die
mit gûten werken gotte gevolget hant.

Der ander bogen der crone der wirt gebildet mit allen
Bebisten und allen geistlichen vettern mit îm, denen got sinù
schaf bevolhen hat. Der bogen wirt gewiret mit aller geistlicher
gewalt und wirt geblûmet mit cristanlicher lere.

Der dritte bogen der crone wirt gebildet allerschonost mit
der edelen menscheit vnsers herren Jesu cristi, und bi îme sin
erlichù mûter Maria mit allen iren jungfröwen die dem lambe
volgen sôllent. Sant Johans Baptiste der wirt da dem lambe
gebildet vil nahe, und alle die geblûmet bi ime, die vnder sinen
henden cristen worden sint. Der boge der crone wirt mit der
schöpfnisse aller creaturen gewiret nach der liebi und nach der
meinunge des schöpfers die er dozù hatte, do er alle ding ge-
schûf nach sinem willen. Dù crone wirt vberal geblûmet mit
mangem ritterlichen schilte des heligen starken cristanen gelöben.
De keyserrich sol öch an der cronen stan gebildet, gewiret
und geblûmet untz an den jungesten geburen jemer danach
wirdig de si gotte gedienot hant. Die crone sol öch geziûet
werden bi endecristes zite mit manigem erlichen bilde, als helyas
und Enoch und manig helig martyrer vor în, geblûmet mit der
helikeit irs lebeñes und gewihet mit irm getrûwen blûte.

Die crone sol öch geverwet sin mit des lambes blûte und
erlûhtet und vergûldet mit der creftigen miñe, die Jesu brach
sin sûsses herze enbiñen. Dise crone hat vnser himelscher vatter
geschaffen, Jesus cristus hat si verdienet, der helig geist hat si
geworcht und gesmidet in der vûrinen miñe und also vûge ¹)
gemachet mit der edelen kunst der heligen drivaltekeit, de si

---

¹) Handschrift: wge.

vnserm lôser Jesu christo also wol füget und also erliehen stât,
de der himelsche vatter und von sinem eingebornen sune me
vrôden eupfât. De mů sin. Alleine die ewige gotheit sunder
begiñe alle wuñe und vröde hat in ime und nu hat und jemer
haben sol, so tůt im doch de sunderlichen eweklich wol, de er
den ewigen sun mit allen sinen volgen so vrôlich anschöwen sol.
Sweñe Jesus cristus sin jûngèst gerihte hat getan und sin abent-
essen hat gedient und begangen, so sol er dise crone von sinem
himelschen vatter in grosser ere eupfân und mit ime die mit
libe und mit sele zů der ewigen hohgezit dar mit arbeit komen
sint. So sol ein jeglich sel und lip ir wirdekeit an der crone
sehen.

Die crone ist gezûget in ertrich in tûrer koste, nit mit silber
noch mit golde, noch mit edelm gesteine, mer mit menschlicher
arbeit, mit menschlichen trehenen, sweis unde blůt, mit allen
tugenden und ze jungest dem pinlichen tot. Die engele werdent
an der cronen nit gesehen, darumb das si nit menschen sin; aber
si müssent mit wuñeklichem sange got loben an der crone.

Der erste kor singet alsus: Wir loben dich herre, vmbe din
eliehen ê, da alle dise von sint komen, die gebildet siñt an diner
crone. Der ander kor: Wir loben dich herre mit dem gelöben
Abrahe und mit der heissen gerunge und prophetien aller pro-
pheten. Der dritte kor: Wir loben dich herre, mit der wisheit
und vromekeit aller diner apostelen. Der vierde kor: Wir loben
dich herre mit dem blůte und mit der gedult aller diner mar-
tyrer. Der fûnfte kor: Wir loben dich herre, vmb de helige
gebet und cristanliche lere aller baptisten und aller bihtern. Der
sehste kor: Wir loben dich herre, mit der rûwe und stetekeit
diner wittewen. Der sibende kor: Wir loben dich herre, mit der
kûscheit aller juncfröwen. Der ahtode kor: Wir loben dich herre
mit der fruht diner mûter und maget. Der nûnde kor: Wir
loben dich herre vmb dinen heligen tot und vmbe din erlich
leben nach dinem tode und vmb dinen grossen vsvlus aller gabe
und aller gûte, da du uns herre mitte gehôhet und loblich ge-
ordenet hast. Wir loben dich herre mit diner vûrineu miñe, da
du uns iñe vereinet hast.

Oben vffen der crone swebet de allerschönste baner, de je in disem keyserriche wart geschen. De sol das helige crüze wesen, do cristus sinen tot het an gelitten. Das crüze hat vier ende, de niderste ende ist gezieret mit wuüe, claror deüe die suüe. Zů dem vordern ende vnder dem crůze swebent vfgerihtet die sûle, geverwet mit des lambes blůte, geblůmet und gezieret mit den nagelen, da vnser herre mitte wart gewundot. Oben vf dem böme des crůzes swebet die allerschönestů keyserlichů dürninů crone des riches.

> Die dorne sint geblůmet
> Lilienwis, rosenvar,
> Wuñcklich, himelclar.

Dis ist de baner der cronen, da Jesus cristus den sig mitte gewan und lebendig wider zů sinem vatter kam. Alzehant nach dem jungesten tage in der ewigen hochgezit, als got allů ding nůwe hat gemachet, so wirt disů crone geoffenbart und swebet vf dem höbet der menscheit vnsers herren, der heligen drivaltekeit ze eren und ze lobe und allen seligen ze vröde jemer mere.

Die menschheit vnsers herren ist ein begriffenlich bilde miner ewigen gotheit. Also, de wir die gotheit begriffen mögen mit der menscheit, gebruchen gliche der heligen drivaltekeit, halsen und kûssen und vnbegrifliche gotheit vmbevahen, den himelriche noch ertrich, helle noch vegefür niemer begriffen mag noch widerstan.

> Die ewige gotheit schint
> Und lühtet, und machet miñclustig
> Alle die seligen die ime gegenwirtig sint,
> De si sich vröwent ane arbeit
> Und lobent jemer ane herzeleit.
> Die menschheit vnsers herren grüsset,
> Vröwet und miñet ane vnderlas
> Sin vleisch und sin blůt.
> Alleine da vleisch noch blůt nu nit si,
> So ist doch die brůderliche sibbe also gros,
> De er sine menschlich nature
> Sunderlichen miñen můs.
> Der helige geist git öeh us
> Sinen miñenden himelvlus,
> Damitte er den seligen schenket
> Und si so vollen trenket,

De si mit vrôden singent,
Zartelich lachent und springent
In gezogener wise, und vliessent und swimment,
Si vliegent und klimment
Von kore ze kore und vür des riches hôhin.
Da sehent si in den spiegel der ewekeit
Und bekennent den willen und die werk der heligen drivaltekeit;
Und wie si selbe geformet sint an libe
Und an sele, als si jemer mere sôllent blibe.
Die sele ist in dem lichamen gebildet menschen glich,
Und hat den gôtlichen schin in ir
Und schinet dur den lichamen
Als das lûhtende golt dur die clare cristallen.
So werdent si also vro und also vri,
Snelle, gewaltig und minnerich,
Clar und gotte glich
Als das mag mûglich sin.
So varent si war si wellent über tusent mile,
Als man nu einen gedanken denken mag.
Prüuent was das varendes sie;
Dennoch mögent si das ende des riches niemer begriffen
Noch berhren das wite rum und die guldine strassen;
Die sint vbergros, und sint doch wol ze masse;
Und doch nit guldin, want si ewcklich besser sint
Denne golt und edelgesteine;
Dis ist alles erde
Und sol ze nihte werden.

Hie kunt das ende der crone:

Der helig geist der smidet noch das ende diser crone
Untz an den jungesten tag;
So wil im der vater und der sun sin arbeit lonen.
Er wil im geben ze lone alle die selen und lip,
Die in gotz rich gesammet sint.
Da sol der helig geist eweklich inne rûwen,
Und er sol si ane vnderlas grüssen und vrôwen
Alles de dur gotz liebin je gûtes wart
Oder je wirt getan;
Alles das durch got wirt gelassen und gelitten,
De mûs alles an den cronen geblûmet stan.
Eya wel ein crone!
Eya wer gehilfet mir des, de ich noch an der cronen
Ein klein blûmelin möge sin,
Als die westbaren, die dû minsten blûmen an der crone sint!

Ist dise rede iht ze lange, das ist des schult, de ich in der
crone maniglcie wune vant; doch han ich mange lange rede mit

kurzen worten gesetzet. Dis sprich ich vf mich selben: Wie
lange wiltn, snöde welt, bellen? Du mûst doch swigen, wan de
allerliebeste mûs ich verswigen.

II. Wie an aller selen tag ein mensche bat vûr die selan gemeine.

An aller selen tag bat ich mit der heligen cristanheit für
die gemeine selen, die ir bûsse in dem vegefûr gant. Do wart
ich gewar eins vegevûres, de war glich eim ouen, der was
ussen swarz, innenan was er fûresflammen vol. Do sach ich
hinin, wie si stûnden in den flamen, und bruñen als ein gebunden
strö. Do stûnt eine bi mir, die we glich einem grossen engele,
den vragete ich wie de were, de sich die selen so sere vstrungen,
sweñe das gebette kam zû inen von gûten lûten. Sûmliche
trungen vs, und sûmlich mohten nit vs. Do antwurt mir der
den ich vragete: Do si in ertrich waren, do wolten si nit ze
helfe denen, die si in nöten baten. Do erbarmete sich min sele
über ir maht und über ir wirdekeit und rief in den himel: Herre
got, möhte ich zû inen hie in varn und liden mit inen, uf de si
deste ê zû dir kemen! Do wisete sich vnser herre, de er der
engel was, der bi mir stûnt und sprach: Wiltu hie in, so wil
ich mit dir hie in. Do vmbevieng vnser herre des menschen
geist und vûrte si hinin. Do dû sele hinin kam mit vnserm
herrn, do was ir nit we. Do vragete si, wie manigi ir were?
Do sprach vnser herre: Du maht ir nit erzellen, und es sint die,
vûr die du hast gebetten, do si uf ertrich waren.

Do vant ich den, über den ich vor drissig jaren pflag ze
bitten, do we ich betrûbet, wan ich hatte (bate?) mich in ze
geben, und ich entorste vor miner snödekeit also grossen herren
also grosser dingen nit bitten. Do sprach ich ein wort alsus:
Eya lieber herre, wöltestu si lôsen? Do hûben si sich allzemale
vf in grosser meine, wuñenklich, wisser deñe ein sne und swebten
hin gegen dem paradis in einer sûssen, claren wuñe; da rûweten
si mit vrôden ine. Do si sich hûben vs dem vûre, do sungen
si den salmen allen vs: *Laudate pueri dominum.* Da nach sun-
gen si: Wir loben dich herre, vmbe die grôssi diner gûti, vmb
die milti diner gabe und die trûwe diner helfe.

Noch stûnt vnser herre bi der stette des vûres und hatte
des menschen geist vmbevangen; do sprach des menschen sele:

> Eya herre, du weist wol was ich gere.
> Das we de si gerne wolte, uf unsers herren fůsse,
> De si ime danken môhte.
> Do lies si vnser herre nider,
> Und si dankete ime wider,
> De si die grossen ere mohte ansehen,
> Die von gotte den armen selen was geschehen.
> Do vant si vf sinen vôssen
> Die rosevarwen wunden
> Vnser waren lôsunge.
> Do bat si: Herre gib mir dinen segen.
> Do sprach vnser herre:
> Ich segne dich mit minen wunden. —
> De mûsse mir geschehen
> Und allen gotz und minen frûnden.
> Dis ist leider von minen arbeiten nit geschehen,
> Wan ich han der heligen cristanheite vile
> Vil werder deñe das mine.

III. Wie nûze de sî, de ein mensche mit diemûtigen worten sin herze besehe âne vnderlas.

Ich enweis nieman also gůt, in sî des not, de er sin herze
ane vnderlas besche und bekeñe, we da iñe wone und ôch vil
diker beschelte sine werk alle. Dis sol man tûn mit diemûtigen
worten. Dis lerte mich gottes stiñe, wan ich nie kein werk so
wol getet, ich hette es wol bas getan. Dis ist min schelten, nu
schelten wir vnser blôdekeit alsus: Eya du allersnôdestû creatur,
wie lange wiltu din vnnütze gewonheit herbergen in dinen fûnf
siñen? Vnser kintheit die was toreht, vnser jugent wird ange-
vohten, wie wir dariñe gesiget haben, de ist gotte offenbar.
O we, leider min alter stat mir nu sere ze scheltende, wan es
ist uñütze an schinenden werken und ist leider kalt und von
gnaden. Es ist ôch vnmehtig, de es der jugent nit hat, da es
die vûrigen gotzmiñe mitte tragen mag. Es ist ôch vnlidig, de
ime kleinû pine vil we tût, da dû jugent nit vf enahtet. Doch
ist de gůt alter gerne langbeitig und es getrûwet got alleine.

Vor siben jaren do clagete ein betrûbeter alt mensche disen
schaden vnserm herrn. Do antwurte im got alsus: Din kintheit

we ein gesellinc mines heligen geistes, din jugent was ein brut
miner menscheit, din alter ist nu ein husvröwe miner gotheit. —
O we, lieber herre, we hilfet de der hunt billet; diewile de der
wirt sclafet, so brichet der diep in sin hus: Das gebet des reinen
herzen erweket doch vnderwilen denselben toten sünder. O we
sünder, wie sere mag man dich beweinen, wan du bist ein mor-
der din selbes, und du bist ein schade aller güte und öch ir
vrome! Der güte mensche enpfahet grossen vromen; sweñe er
sihet de ein ander snödet oder vallet in die sünde, so sihet er
wîl wite vmbe sich, de er in die not iht kome; so bessert sich
der güte mensche böser dingen, da volgent gerne güti werk
nach; aber der böse wirt erger. Weñe er böse bilde sihet, so
wirt er also böse, de er gütü werk und güte lüte versmähet;
so behaget im sin eigen verkertü wisheit allerbest.

Min lieber schůlmeister, der mich einvaltigen, tumben, dis
bůch geleret hat, der lerte mich öch dise rede alsus: Swas der
mensche tůt, ist er nit warhaftig, du solt îm nit heimlich sin.
Ich bekeñe einen vient, der ist ein dilker götlicher warheit in
des menschen herzen. Eb man ime die statte git, so scribet er
mit willekor des menschen die valschen wisheit dem mönschen
in sin herze und spricht: Ich bin von nature zornig und krank. —
Damitte mahtu dich nit enschuldigen mit gotte noch mit eren.
Du solt von gnaden sånftmütig und stark werden. „Ich habe
kein gnade." — So soltu in vngnaden den gnedigen got anrüfen
mit diemütigen trehnen und mit stetem gebette in heliger gerunge,
so můs der wurm des zornes sterben. Du solt dir selber gewalt
tůn, so darf kein pinlich gewalt vber dich gan von gotte noch
von jeman; so wirt der wurm des kornes zeniht. Wellen wir
vnsern zorn und alle vnser vnvollekomenheit mit gotte vber-
winden und vertriben, so müssen wir rehte vnser süntliche be-
korunge heimeliche verswigen, und bewisen vswendig helig vrö-
lich gelesse.

O we arme! Swie lange wir in zorne stürmen, haben wir
iht gůtes an vns. Wir müssen doch je wider zů vnserme herzen
komen, so müssen wir vns von schulden schemen, so hat der
zorn vnser maht verzert, und hat vnser vleisch verderret, und

so haben wir vnsre nütze zit verlorn, da wir got iñe gedienet solten han. O we, das ist ein ewig schade! Aber o we! die sündige trehne rûwent mich, die man weinot in homûtigem zorne. Da wirt die sele also vinster von, de der mensche diewile keiner gûter dinge rehte kan gebruchen.

Die rûwige trehne sint also helig; môhte ein grosser sünder einen rûwigen trehnen vmb alle sine sünde weinen, er keme niemer zû der ewigen helle, blibe er also. Swie kleine teglich sünde der gûte mensche an im hat, die er vberein nit lassen wil diewile er lebt; stirbet er also ane bihte und ane bûsse, wie helig er ist, er mûs ¹) ein zû bitterem vegefûre. Wan, als erbarmherzig got ist, als geREht ist er ôch dabi allen sünden und gram.

Das rate ich mir, do mûs di miñe wonen, bi dunkel gût sollen wir niemer sin. Da wonet dû diemûtekeit gerne bi.

IV. *Von dem besmen vnsers herren.*

Do ich ze kloster kam, darnach nit lange, so wart ich also sere gepinget von sûche, de es mine vröwen erbarmete. Do sprach ich ze vnserm herren: Lieber herre we wiltu mit diser pine? Do sprach vnser liebe herre alsus: Alle dine wege sint gemessen, alle dinû vosspor sint gezellet, din leben ist geheliget, din ende de wirt vrôlich und min rich ist dir vil nahe. — Herre, warumbe ist min leben geheliget, und ich so wenig gûtes mag getûn? Do sprach vnser herre: Damitte ist din leben geheliget, de min beseme nie von dinem ruggen kunt. — *Te deum laudamus*, de got also gût ist.

V. *Warumbe de kloster ze einer zit angevohten wart.*

Die sôllent den heimlich gût tûn, die si wisent des si nothaftig sint, wan de gût de man iu enthaltet, de wil ich an dem clostere nit haben. — Dis ist dû glosa. De ein jeglicher von sinem ambahte barmherzeklich denen gût tût, die er weis nothaftig sin.

VI. Von dem capitel und wie der mensche besehen sol sine brúche und die beweinen. Von zwein gúldin pfeningen und von gútem willen und gêrunge.

Swer dise bekantnisse hat, der klage und weine mit mir. Wan die vserwelten gotzkinder dike gotz lichamen nement und heleklich enpfahent, so mûs ich mit brenender samwitzekeit in min capitelhus gan. So kunt min vnwirdekeit und rúret mich, so kunt min vnvlis und beschuldet mich, so kunt die lihtekeit mines gemûtes und verwiset mir mine vnstetekeit, so kunt die snôdekeit mines unnúzen lebenes und betrúbet mich, so kunt die gôtliche vorhte und geiselet mich, so krúche ich hin als ein cleines wúrmelin in der erden und hûte mich vnder dem grase miner manigvaltigen versumnisse alle mine tage, so sitze ich und schrie vf in den himel: Eya barmherziger got! Gônne mir, de ich hûte teilsamig môge sin der gnaden, die dine vserwelten nu enpfangen habent. Hie antwurt unser herre alsus: Nim zwene guldine pfenîng die beide glich swere sint und kôf damitte; geltent si glich vil, so sint si glich gût. O we lieber herre, wie mag min snôdekeit diner gûti glichen, wan ich bin nit, als ich dir eren wol gônde! Ich habe nit als es dir wol gezimet, und ich haften an nihte mit trost miner sele in der welte. Alsust bin ich verworfen und leiderer worden. Ich enbin nit als ich lange gegert habe. Unser herre spricht alsus: Mit gûtem willen und mit heliger gerunge maht du vergelten we du wilt.

VII. Wie der mensche ze aller zit mit got vereinet sî.

De der mensche ane vnderlas vereinet si mit gotte, de ist himelschû wofie úber alle irdensche wollust. Wie sol uns dis geschehen? Unser gerunge sol ane vnderlas wandeln in allem vnsern werk, und sôllent mit cristanem gelôben und mit gotlicher bekantnisse ane vnderlas allú vnser werk besehen und niemer uñútze sin, so leben wir vnserm herren got mit allen vnsern werken, vmb allú sinen werk, dú er je gewirchte in ertrich durch vnser liebin. Sus sin wir vereinet mit ime in sinen irdenischen werken mit himelscher liebin. Hienach werden (wir)

geistlich erlûhtet, so loben wir vnsern herrengot mit allen den
gaben, die je gegaben (wurden), unsern lip und gût, vrûnde
und mage und alle irdenische wollust, die wir begeren möhten.
Hiemitte so danken wir gotte aller siner milten gaben, die er
vns je gegab in ertrich an libe oder an sele. So sin wir aber
mit got vereinet an nemelicher liebin und demûtiger dankbarkeit
Damitte söllen wir alle gotzgaben in vnser herze druken, so
wirt unser herre [1] miñenvol, so werdent vnser siñe geoffenet und
so wirt vnser sele also clar, de wir sehen in die gôtlichen be-
kantnisse, als ein mensche sin antlize besihet in einem claren
spiegel. So mögen wir gotz willen bekeñen in allen vnsern
werken, de wir den willen gotz eren und liep haben in pinlicher
gabe als in trôstlicher gabe, und vröwen vns des de vns ge-
schihet ane sünde. Die söllen wir beweinen und hassen wan si
ist zit verwassen. Hie mitte werden wir in ertriche vereinet
mit den heligen in dem himelrich, wan si vröwent sich allermeist
vmb den willen gotz in dem himelriche.

Ich enweis nit, wie der vient des gewar wart, do mir got
dise bekantnisse gab in der naht, und ich da iñe mit grosser wuñe
vereinet was, do er zû mir kam und sprach getrûwelich, wan
er wolte mich beswichen. Sin stiñe horte ich mit min vleisch-
lichen oren und ich sach schöpfenisse mit geistlichen ögen, swartz,
horwehtig and eime grûwelichen mañe gelich. Ich vorhte mich
doch vor ime nit. De ist davon: Swen gotz gabe in der sele
swebet und in den siñen ringet, so mag sich der lichame in siner
gegenwrtekeit nit [2] vorhten. Aber sweñe der licham doch in nützen
werken ringet, kunt er deñe, so wirt dem lichamen also we in
siner gegenwörtekeit, de ich (nie) in so grosse pine in ertrich kam.

Do sprach er zû mir: Mir trömet ze naht, wie ich rich were
und vil hatte. Do wolte er, de ich solle wenen, das dise helige
gottescinunge mit der sele alles ein tröm were. Do sprach die
husvrowe inwendig, des lichamen (die) sele: Du bist nit war-
haftig. Do sprach er: Ja, sol ich doch geweren also lange als
got lebt. Do sprach die sele: Nu bistu doch gelert, sag mir,

---

[1] sic vieleicht, herre.   [2] Handschrift: mit.

we sol ich tůn? Der tůfel mahte es alzevil: Du soltest dich
vrôwen und soltest dis grosse ding tragen in grossem gemůte.
Die Sele: Ich bin noch leider also cleine niet, de ich môge griffen
durch der nadelen ôri aller miner vienden in die himelporten
mines ewigen landes. *Der tůfel:* Du bist alzesere bezůñet. *Die
sele:* In dinen worten bekeñe ich din valscheit, zwifel, ital ere
und hofart. Gienge ein stehelin mure vntz in die wolken al-
vmbe mich, deñoch wůrde min herze niemer von minen vienden
sicher und vrî. Do stůnt er und bibente vor mir. O we, wie
vol valscheit důchte mich das sine. Do rôfte er sin hôbet und
sprang zornelichen hine.

VIII. *Wie ein mensche got sůche.*

Als got wil wesen dem menschen vrômede, so sůchet er
vnsern herren got und sprichet: Herre, min pine ist tieffer
deñe das abgrunde, min herzeleit ist bitterer deñe die welt, min
vorhte ist grôsser deñe die berge, min gerunge ist hôher deñe
die sterne. In disen dingen kañ ich dich niergen vinden. —
In disem jamer wart die sele irs lieben gewar bi ir, gelich einem
schônen jungeling also schône, de es vnsprechlich ist. Und noch
hette si sich verborgen, so vallet si vf sine vôsse und grůsset
sine wunden, die sint also sůsse, de si aller irer pine und alles
irs alters nit bevinden mag. So dahte si: We, wie gerne sehestu
sin antlůt, so můstest du dich der wunden verzihen, und wie
gerne hortestu sinů wort und sine gir! So stat si vf in vnwenk-
licher zuht gekleidet und gezieret. So sprichet er: Sist wille-
komen min allerliebeste! In der stiñe des wortes erkante si de,
de ime ein jeglichů sele, die in sinen hulden gotte dienet, die
allerliebeste ist. Do sprach er: Ich můs din schonen an der
bruchunge beide, din und min. „Die bruchunge ist vnsprech-
lich.“ — Do sprach er: Nim dise cronen der juncfrôwen. Do
kam die crone von im und gieng vf ir hôbet, die lůhte als ob
si were von luterm golde. Die crone was zwivalt und was ôch
der miñen crone. Do sprach vnser herre: Dise crone sol offen-
bar sin vor allem himelschen here. Do bat si: Herre, wiltu
morne min sele enpfan, als ich dinen heligen lichamen enpfangen

han? Do sprach er: Du solt noch richer werden mit lidende. —
Herre, was solte ich hie in diseme closter tûn? — Du solt si
erlûbten und leren, und solt mit iuen bliben in grosser ere. —
Do gedahte si: Eya, nu bistu hie alleine bi vnserm herren.
In dem gedanke sach si zwen engel bi ir stan, die waren also
ahtbar alse irdenische vûrsten vor andern armen lûten. Do
sprach si: Wie wil ich mich nu verbergen? Do sprachen si:
Wir wellen dich bringen von pine ze pine, von tugenden zû
tugenden, von bekantnisse zû bekantnisse, von miñen ze miñe. —
Das dis ein sûndig munt sprechen sol und mûs, de ist mir swere
und ich engetar es doch nit lassen von gotte, und vor gehorsami
menschlicher schemede und gôtlicher vorhte mûs ich behalten
alle mine tage.

IX. Wie die miñende sele lobet vnsern herren mit allen creaturen.

Die miñende sele wirt niemer lobes sat, darumbe saet si
in sich selber alles de got je geschûf in ir gerunge und rûffet
deñe in den bimel: Herre, werin alle dise personen also volle-
komen, und also helig, eb es mûglich were, als din gebenedigte
mûter Maria, deñoch genûgete mir armen nit, de ich dich nût
môhte volle loben mit dinem einebornen sune. Herre, mag man
dich volle loben? Nein, des vrôwe ich mich. Do antwurt vnser
herre alsus: Die juncfrôwen die mir lange gedienet habent, die
sônt mich loben.

X. Dis geschach ze einer zit, do gros vnfûre was.

Ich bat vnsern herren got fûr vrlûges not und fûr manige
sûnde der welte, do antwurt vnser herre alsus und sprach: Die
sûnden stinkent mich an, vs von dem abgrunde des ertriches
untz in den himel. Were es mûglich, si triben mich vs. Die
sûnde hatten mich einist vsgetriben, do kam ich diemûteklich
und diente der welte untz an minen tot; nu mag des nit me
geschehen. Nu mûs ich biwilen mine rehtekeit buwen *(sic)* durch
die sûnde. — Lieber herre, was sôllen wir armen nu tûn? Do
sprach vnser herre: Ir sôllent vch diemûtegen vnder die bibenden

hant des almehtigen gottes nnd vórhtent în in allen ѵwereu wer-
ken. Ich wil noch volk lôsen von aller not, de sint mine vrůnde.
Das gemeine gebette sattet min herze. Wie min gemûte stât,
de bewise ich. Das gebet hôre ich gerne von geistlichen lúten,
die es von herzen miñent. (*Adjutorium nostrum in nomine Do-
mini. Laudate dominum omnes gentes. Gloria patri. Regnum
mundi. Eructavit cor meum. Quem vidi. Gloria patri etc.*[1])

Herre, himelscher vatter, enpfahe dinen dienst und din lop
von dinen betrûbten kinden und lôse din volk von diser gegen-
wirtigen not, und lôse vns von allen vnsern banden, deñe alleine
der miñe banden, die müssen nie von vns genoṁen werden.

XI. Wie vnser herre wart glich gesehen einem arbeitenden mañe.

Unser herre wisete mir ein glichnisse, das er an mir erfüllet
hat und noch tût. Ich sach einen armen vfstan vf der erden,
der we gekleidet mit armen lininen tůchen als ein arbeitende
man. Ein borien hat er in den hande, da lag ein burdi vffe
glich der erde. Do sprach ich: Guter man, we tragest du? Ich
trage, sprach er, dine pine. Kere dinen willen zů der pine nnd
heb vf und trag. Do sprach der mensche: Herre, ja bin ich
als arm de ich nůt habe. Do sprach vnser herre: Also lerte ich
min jungern, do ich sprach: *Beati pauperes spiritu.* Das ist,
sweñe ein mensch nit vermag nnd gerne tete, de ist geistlich
armůte. *Der mensche.* Herre, bistu es? Kere din antlůt zů mir,
de ich dich bekeñen möge. Do sprach vnser herre: Bekeñe
mich enbiñen. *Die sele.* Herre, sehe ich dich vnder tusenden,
ich bekante dich wol. Min herze hat mich gebuwen in biñen
ze eime vare, und ich getorste ime nit zihen de er es weri.
Do sprach ich: Lieber herre, disů burdi ist mir ze swere. Do
sprach vnser herre: Ich wil si mir also nahe legen, de du si
wol maht getragen. Volge mir, und sich, wie ich stûnt vor
minem himelschen vatter an dem crûze und blip also. Do sprach
si: Herre, des gib mir dinen segen. — Ich segne dich ane vu-

---

[1] Psalmen und Antiphonen im Officium von hl. Jungfrauen.

derlas. Diner pinen sol werden gůt rat. — Herre, des hilf allen
den, die gern pine liden dur dich.

XII. Wie ein mensche ital êre und bekorunge widerstân sol.

Sweñe der mensche iht gůtes gedenket von ime selben, so
kunt zehant die ital ere gesprungen vs dem winkel des himel-
schen herzen mit einer süntlichen wollust und wil sich bereiten
in die fünf siñe. So sol der mensche sin gemůte zů twingen,
und sol sich ze hant vůr sin herze mit diemůtiger vorhte slagen
und segen sich mit dem segne des heligen crůzes, so wirt si
zehant ze nihte, als eb si nie wurde. De han ich arme dike
bevunden. Dis selbe sol man tůn zehant, sweñe die bösen
vliegenden gedenken koment. Die verswindent öch von der
craft des heligen crůzes, sweñe es dem menschen leit ist.

XIII. Wie unser herre wart gesehen glich einem pilgerin.

Ich arme vnwirdige, ich versache min selbes und sprich das
ich gesehen han und gehöret in gotte. In einer naht sach ich
vnsern herren stan in einem glichnisse eines pilgerines, und er
tet als er gewandelt hette die cristanheit durch. Do viel ich vf
sine fůsse und sprach: Min lieber pilgerin, wañan kumestu?
Do sprach er: Ich kum von Jerusalem, (do meinte er die cristan-
heit) und ich bin vertriben von der herberge min. Die heiden
bekanten min nit; die Juden wellent min nit, die cristane veh-
tent mich an. — Do betete ich für die cristanheit. Da ent-
schuldete sich vnser herre allerschönest von der grossen smacheit,
die er lidet von der cristanheit, uud leite us, wie vil gůtes er
der cristanheit getan hat von anegenge, und wie vil er gearbeitet
het vůr die cristanheit und noch alle tage sůchet die stat an în,
de er sine gnade in si giessen möhte. Do clagete vnser herre
aber und sprach: Mit ir willekůre tribent mich die lůte von der
herberge irs herzen, und sweñe ich keine stat an în vinde, so
lasse ich si bestan an irre willekůre und weñe si sterbent, als
ich si deñe vinde, als vrteile ich vber si. — Do bat ich für die
samenunge: Lieber herre, la si nit verderben, ich wil in iren
frithof setzen ein lieht, da sônt si sich bekeñen bi.

XIV. Von gotz erwelunge und segene.

In einer andern naht, do ich in minem gebete was und in gerunge und versach mich nihtes, do wart ich gewar vnsers herren. Er stûnt in dem frithove und hatte vor im die ganzen samenunge, also geordenet als si komen waren ze clostere. Do sprach vnser herre zû inen: Ich han v́ch erwelt, erwelent ir mich, so wil ich v́ch geben. Do sprach ich: Herre. was wiltu in geben. Do sprach er: Ich wil schinende spiegel vs in machen in ertriche, also, alle die si geren, de si ir leben bi in bekennen sóllent. Und in dem himelriche wil ich sî machen lûhtende spiegele, also alle di si gesehen de si bekennen, wie ich si erwelt habe.

Do reichte vnser herre sine hant und gab in sinen segen und sprach: Ich segenen v́ch mit mir selben: ir wellent mich in allen v́wern gedenken. — Die vnsern herren wellent in allen iren gedenken, de sint die seligen, die vnsern herren ze rehte lobent. Do sprach ich, si wellent mich vragen, in welicher ahte ich dich gesehen habe. Do sprach er: Es sint semliche vnder inen die mich bekenent.

XV. Wie der mensche, der die warheit miñet, bitten sol.

Der mensch der die warheit miñet, der bittet gerne alsus: Eya lieber herro, góñe mir und hilf mir de ich dich ane vnderlas sûche mit allen minen fünf siñen, in allen dingen heleklich, wan ich dich erkorn habe ob allen herren, und ich dich erkorn habe ob allen vúrsten miner sele brútegôme. Gib mir och herre, de ich dich vinden müsse mit aller miner gerunge, breñeuder und verlöschener. Ich geren öch, de ich diu gebruchen müsse mit vliessender miñe aller diner gabe. Gib mir herre, vollen dinen widervlus, der ervolle[1] minen muut, de mir pine, smehnisse, bitterkeit, jemer senfte tû. Das müsse mir von diner gnaden jemer geschehen; milter got, nu gewer es mir. Hilf mir öch herre, de ich dich behalte in verzihunge alles mines willen nach diner gere, so verlúre ich miñe vnverlöschen jemer me. Amen.

---

[1] Handschrift: er vollen.

XVI. Wie ein mensch geret und bát.

Ein mensche begerte über alle gabe und über alle pine,
das got sine sele entbunde mit eime heligen ende. Do sprach
vnser herre: beit min. Do sprach der mensche: lieber herre,
ich mag mine gerunge nit gestûren, ich were bi dir also gerne.
Do sprach vnser herre: Ich habe din begert ê der welt begiñe;
ich gere din und du begerest min. Wa zwôi heisse begerunge
zesamen koment, da ist die miñe vollekomen.

XVII. Wie bekantnisse sprichet zů dem gewissede.

Das bekentnisse sprach zů dem gewissen: Wie vil man dich
smehet und dir pine tût, das du doch luter in gotte stast.

Das gewissen. Vrô bekantnisse, ir hant ein gůt wörtelin
geseit. Sweñe alle sine wirrenisse [1]) hangen, der můs ein die-
mûtig herze haben.

Bekeñtnisse. Vrôwe gewissen, ir hant einen so edeln spie-
gel, da ir ûch so dike teger *(sic)* iñe besehent. De mag wol der
lebendige gotz sun sin mit allen sinen werken. Es môhte öch
anders nit gesin, de ir alsus wise sint.

De gewissen. Vrô bekantnisse, sweñe ich ni.... [2]) ich, so
ist mir beide wol und we; wol, wan got de vliessende gůt ist
gegen mir, we, wan ich so kleine an gůten werken bin.

De bekantnisse: Vrô gewissen, ir hant an allen dingen lieber
gottes willen und gottes ere deñe vwern vromen an libe und
an sele, ir sint des tüfels hélle und gotz himelrich, was mag
vch deñe gelichen.

Die gewissende. Vrô bekantnisse, alles de ich von gotte
habe, de hat er mir ze borgende getan, das ich damitte werbe
sin lob und sin ere und öch minen vromen; wan ich es im wi-
dergeben sol, so bedarf ich siner gnaden wol.

Die bekantnisse: Vrô gewissende, ir sint sere gebunden mit
der werlte sünden, und geistlichen lüten vnvollekomenheit tût

---

[1]) Handschrift: wenisse.
[2]) Lücke in der Handschrift.

vch manig herzeleit. Si habent die vrien willekûr, dc si môgent
varen ze himelriche oder zû der helle, oder in das lange vege-
fûr; das ist vch ein swerû burdin.

Das gewissen: Vrô bekantnisse, ich klagen nit, dc ich vn-
willen habe und dc ich wetag lide. Mich rûwet der welte sûnde
ze glicher wis als die miñc pinc reiniget den lichamen von
sûnden und heliget die sele in gotte; alsus wellen wir mit frôden
stân ze sinem gebotte.

Die bekantnisse: Vrô gewissende, die gûtwilligen richen in
der welte, die opfernt got ir gût und ir almûsen, die geistlichen
lûte oppferent got in sinem dienste ir vleisch und ir blût, ob
allen dingen oppferent si gotte in gehorsami iren eigenen willen.
Dc me wiget dc mûs me gelten.

Die gewissende: Vrô bekantnisse, hiemitte ist es nit genûg,
wellen wir gotz gebruchen in der hôhin, so mûssen wir haben
die crone der diemûtekeit und luterkeit, der kûscheit angeborn
oder angenomener, und die hôhi der miñe ob allen dingen. Dis
selbe wuñecliche cleit treit an ir die helige drivaltekeit; der
vatter die hôhi der miñe, der sun der diemûtigen luteren kûscheit,
die hat er allen sinen vserwelten mittegeteilet; der helig geist
das miñe breñen zû vns, allen vnsern gûten werken.

Die bekentnisse: Vrô gewissende, die stetikeit an gûten din-
gen, dc ist ein arbeitende miñe, der mag man nit enbern, wil
man mit gotte besitzen die hôchsten eren in beidi, hie und in
sinem ewigen riche. Wol im, der sich hie an in vlisset.

*XVIII. Von der bevelhunge der siben ziten der martir vnsers
herren.*

Ze mettin.

O grosser tow der edelen gotheit!
O cleiner blûme der sûssen maget!
O nûtze fruht der schônen blumen!
O heliges oppfer des himelschen vatters!
O getrûwes lôsepfaut aller welte, herre Jesu Criste!
Enpfahe din helige mettin ze lobe und eren
Diner ellenden geburt, diner ellenden not,
Diner seren martir, dime heligen tode,
Diner erlichen vrstendi, diner schôner himelvart,

Diner almehtigen ere ze lobe und ze eren.
Gedenk min, lieber herre,
De ich an allem minem tünde, an allem minen lassende
An allem minen lebende
Dinen heligen willen müsse vollebringen
Vf ein gût ende, diner heligen drivaltekeit zû eren.
Und alle die mit mir, die in dinem namen
Dine und min vrûnde sint.

Ze prime zit.

O ellendü smacheit, o kumberlicher smerze,
Die totigete din herer licham und din süsses herze!
Hilf mir, lieber herre, de ich alle min smacheit
Und alles min herzeleit
In diner liebin müsse und möge verklagen,
Als es dir in dinen ewigen eren möge behagen,
Und ich da jemer selig ihe blibe.

Ze tercie zit.

O swere burdi, o ellende draht,
Die du uns herre hast getragen vnder dinem crûze!
Trag uns herre, vber alle unser not
In das ewige leben.

Ze sexte zit.

O blûtigû not,
O wunden tief, o smerze gros!
La mich herre nit verderben
In aller miner pinen not.   Amen.

Ze none zit.

O allerseligistû not!
O allerheligester tot!
O allerwünscklichester spiegel des himelschen vatter,
Jesu criste, hoch an dem crûze geschlagen
Dur füsse und dur hende:
Ich bevilhe dir herre, min sele an minem jungesten ende,
Das ich müsse ane vnderlas jemer me vereinct sin,
Also din himelscher vatter was und ist mit dir.
Des gewer mich und alle die dich mit trûwen meinent.   Amen

Ze Vesper zit.

O gebundenes miñevliessen!
O getrûwes herzegiessen!
O herer licham, der da dur mich getödet wart,
Vil lieber Jesu Criste!
Ich bitte dich,

Dc mine fûnf siñs ane vnderlas
Mûssen und môgen sich frôwen
An dem blûtigen sper
Und an den wunden dines sûsson herzon,
Und dc mich min ellendû sele
Da ewcklich mûsse iñe vrôwen
Und die mit mir, fúr die ich
Cristanlich bitten mûs und wil. Amen.

Ze complete zit.

O heligû tieffin aller diemûtekeit!
O miltû breitin aller gaben!
O erlichû miñe aller hôhin, aller miñe, Jesu criste,
Da du iñe bittest dinen himelschen vatter!
Erfûlle nu herre, din gebet an uns
Und helige vns in der warheit
Und gib vns die tieffin aller diemûtekeit,
Da wir iñe neigen môgen vnder alle creaturen
Wan die creaturen in widcrstan
Der nit als wir tût.
Gib vns herre, die breitin aller miltekeit,
Gûtwillig in aller vnser ordenunge
Ze vollebringen dur din liebin.
Und gib uns herre die hôhin diner miñe,
Die vns luter halte in dir
Und vnverderbet von allen irdenischen dingen. Amen.

XIX. Von dem grûsse vnser vrôwen.

Ich grûsse dich, vrŏwe, liebû Maria:[1])
  dc du bist ein wuñe der heligen drivaltekeit.
  dc du bist ein begiñe aller unser selekeit,
  dc du bist ein gesellin der heligen engelen hie und in gottes
  riche. —

Ich grûsse dich vrŏwe, liebû Maria:
  dc du bist ein blûme der patriarchen.
  dc du bist ein hoffnunge der propheten.
  dc du bist ein wysse lylie der diemûtigen juncfrôwen und

    Gedenken wie dir gekomen ist der grûs von Gabriels munde,
    Und grûsse mine sele an miner jungesten stunde,
    Und bring mich mit vrôden vnbetrûbet

---

[1]) Ich grûsse dich etc. wird jedesmal litaneionartig wiederholt.

> Vs disem ellende in de vrôdenriche lant
> Dines lieben kindes da ich rûwe vinde.

Ich grüsse dich etc.

> de du bist ein lerende wisheit der apostelen,
> de du bist ein rose der marteren,
> de du bist ein bescherunge der bihtere,
> de du bist ein helferin aller wittewen,
> de du bist ein ere aller heligen dines lieben kindes,
> bit vür mich, de ich mit allen minen werken
> geheiliget werde mit inen,
> als es mir arme mügelich si,
> Maria liebe keyseriñe.

Ich grüsse dich etc.

> de du bist ein zûvluht der sündere,
> de du bist ein menlich helverin der verzwivelten,
> de du bist ein trôsterin aller heligen cristanheit,
> de du bist ein eisunge aller der vbelen geisten,
> Wan si vervlôchet sint von dir worden.
> Betwing si, liebü vrôwe von mir,
> de si sich niemer me gevrôwen an mir,
> und ich jemer stete si an dinem dienste.

XX. Wie man de ave Maria sol bevelhen vnser frôwen.

Gegrüsset siestu himelschü keyseriñe, gotz mûter und herze-
liebe vrôwe min, enpfahe vrôwe, hütte din Ave M., ze lobe und
eren dem wuñcklichen ôgenblike des vatter und des sunes und
des heligen geistes, der so wuñeklich gegen dem megtlichen
mûterlichen antlize offen und vnverborgen stat, vol aller selekeit.

> Eya vrôwe, da an gedenke ich
> Mit aller miner gerunge und aller miner bette.
> Alle mine pine und allü minü not,
> Und alles mins herzeleides, miner cron,
> Miner selen und mines jungesten endes,
> Weñe ich hinan wende
> Us disem jemerlichen ellende, —
> Dis müsse alles dinen mûterlichen trüwen
> Und diner megtlichen ere bevolhen sin,
> Und diner vrôwelichen güti ane vnderlas bevolhen sin,
> Und darzû alle die mit mir,

Die dine und mine vrûnt
In dem namen des almehtigen gottes sint.
Herzeliebe vrowen min,
Maria, edele keyserin.

XXI. Wie ein mensche sin herze sol besehen eb dc er ze gotz tische gê.

Ir wellent lere haben von mir, und ich selber vngeleret bin. Des ir je gerent, dc vindet ir tusentvalt in ȕweren bûchen.

Weñe ich arme dar zû gan und mûs enpfahen den lichamen vnsers herren, so besihe ich dc antlitze miner sele in dem spiegel miner sûnden. Da sihe ich mich iñe wie ich gelebet habe, wie ich nu lebe und wie ich noch leben wil. In disem spiegel miner sûnden, da sihe ich niht iñe deñe o we und o we! So wirf ich min antliz zû der erden und klage und weine eb ich mag, dc der ewig vnbegriffenlicher got also gût ist, dc er sich wil neigen in den vnvletigen pfûl mines herzen. So gedenke ich alsus, dc billicher were nach rehte, dc man minen lichamen zuge zû dem galgen als einen diep, der sinem rehten herren verstossen hat den tûren schatz der luterkeit, den mir got in dem heligen tȍffe hat gegeben.

Des wellen wir jemerlich klagen
Alle die wile wir leben,
Dc wir dikke vervinstert haben
Dc mȕssestn vns herre, vetterlich vergeben,
Welch sûnde der mensch nit gebihtet hat, noch ȍch nût bihten wil,
Da mitte sol er nit gotz lichame enphahen.
Nu wil ich an die ware hoffenunge tretten
Und danken des gotte, dc ich je wart gesehen,
Dc mir armen dc mag geschehen,
Dc ich gotz lichamen mûs enpfân.
Nu wil ich mit vrȍden zû gottes tische gân,
Und ich wil enpfân das selbe blûtige lamp,
Dc an dem heligen crûze wolte stân,
Blûtig vnverbunden,
Mit sinen heligen fûnf wunden.
Wol uns dc dc je beschach!
In siner heligen marter
Wil ich verklagen alles min vngemach.
So gan wir deñe mit vrȍden und mit herzeclicher liebin,
Und mit einer offenen sele und enpfahen vnsern lieben,

Vnsern aller herzeliebosten lieben,
Und legen In in vnser sele
Als in ein sůsse sůssende wagen,
Und singen ime deůe lop und ere,
Vmb de erste vngemach de er liden wolte,
Do er in der kripfen lag.
So nigen wir ime mit vnser sele
Und mit vnsern fůnf siůen
Und danken vnserm lieben und sprechen alsust:
Herre, ich danke dir din selbes.
Nu bitte ich dich, vil lieber,
De du mir din cleinôter wellest geben,
De ich luterlich môge leben
Vs von allen sůnden.
Herre, war wil ich dich deůe legen?
Was ich habe das wil ich dir geben.
Ich wil dich an min bette legen.
Das bettelin ist alles pin,
Sweůe ich gedenk an dine pine,
So vergesse ich der mine.
    Dn solt mir herre min hůffe legen.
De wangekůssen, de ist min herzeleit,
De ich nit enbin ze allen ziten bereit
Ze enphahende dine pinlichen gabe;
Des ist herre, alle min clage.
    Dis bettes dekki ist min gerunge,
Da mitte ich bin gebunden.
Wiltu nu herre mich stillen,
So tů minen willen,
Und gib mir die sundere, die in den hôbetsůnden sin,
So vrôwestu die sele min.
     Herre, we wellen wir nu von miůen reden,
So wir alsust naho zesamen sin gelegen
In dem bette miner pine.
    Ich habe dich herre, enpfůn,
Als du vf erden erstanden bist von dem tode.
Lieber herzeliep, nu trôste min gemůte,
De ich ane vnderlas luterlich bi dir gestân,
Da volget grosse selekeit nach.
Gib mir herre, die schuldigen sele vs dem vegefůr
Alleine mir; de widergelt si alzetůr.
    Nu han ich dich herre, enpfangen,
Als dn bist ze himel gevarn,
Nu soltu mich, vil lieber, nit ze sere sparn.
Ich můs je sterben von miůe,
Du maht mich herre niemer anders gestillen.

Gib mir herre, und nim mir herre alles wc du wellest,
Und las mir je disen willen,
Dc ich sterben müsse von miñe in der miñe. Amen.

XXII. *Von dem lobe des himelschen vatters.*

Wol mir! ich lobe dich alle wege,
Got, diner edelen gûti,
Dc du mich erwelt hast
Zû dime heligen dienste.
Helige min gemûte,
Dc ich mit heliger iñekeit
Alle dine gabe enpfah
Und ich mit vröden bi dir bestâ.

XXIII. *Wie man dem sune danken sol.*

Wol mir! ich danken dir, keyserlicher gotz sun.
Des denke ich dir jemer me,
Dc du mich in der welte von der welte hast genoûen.
Din helige pine ist min,
Die du dur mich hast gelitten.
Alles dc ich jemer gelide,
Dc wil ich dir da wider geben.
Alleine es vngeliche si,
Es machet doch mine selo vrî.
Halt mich je in dinen hulden,
Dc du jemer gelobet müssent sin.
Jesus, min vil lieber,
Lôse mine bende, la mich zû dir beliben.

XXIV. *Von der miñe vlût.*

Wol mir! Ich danke dir, heliger geist.
Dc ist min gelöbe, dc du bist
Ein persone der heligen drivaltekeit.
Din sûssen minenden bruñenvlûsse
Vertilgent alles min herzeleit,
Wan si sanfte hergand
Vaser der heligen drivaltekeit.
Ich bitten dich herre, heliger geist,
Dc du mich bedekkest von aller argheit
Der vblen geisten mit diner götlichen miñe,
Was si an mir sûchen, dc si dc nit vinden.

XXV. *Von dem grûsse der heligen drivaltekeit.*

Ich arme von allen tugenden,
Ich snôde an minem wessende,

Getar ich oder mag,
So grüsse ich die höhin, die clarheit,
Die wünne, die wisheit, die edelkeit,
Die wunderliche einunge der heligen drivaltekeit,
Do alles de vegevlossen ist, vnbewollen,
De do we, de ist, de jemer wesen sol.
Da müs ich je wider in;
Wie sol mir de geschehen?
Ich müs widerkriechen, wan ich schuldig bin;
Ich müs gân vf besserunge mit güten werken;
Ich müs löffen mit getruwem vlisse;
Ich müs vliegen mit tubenvederen,
De sint tugende und güti werk und heliges gemüte.
Ich müs sweben an allen dingen über mich selber:
Als ich allermüdest bin,
So knüe ich wider in.
Wie ich denne enpfangen werde,
De gesach nie menschen öge,
Das gehort nie menschen ore,
Es mohte nie menschen munt gesprechen.
Gloria tibi trinitas!

XXVI. Wie man zů gotte vliehen sol in der bekorunge.

Herre Jesu criste, ich armer mensche
Vlehe dir und gere diner helfe,
Wan mine viende jagent mich.
Herre got, ich klagen dir,
Wan si wellent mich dilken von dir.
Herre, almehtiger gotz sun, tilge si von mir.
Gib mich nit in ir gewalt,
Und halt mich luter in dir,
Wan du hast mich mit diner marter erlöset.
Sist nu min helfe und min trost
Und la mich herre nit verderben,
Wan du wolltest für mich sterben.
Herre Jesu Criste, ich suche dine helfe.
Erwek mine sele von dem sclaf miner tragheit
Und erlühte mine sinne von der vinsternisse mines vleisches,
Gib mir din geleite,
Ze wandelend alle mine wege zů dir ane sünde,
Als es mügelich si von menschen,
Wan minü gebresten sehen dinü ögen.
Maria, gotz müter, himelschü keyserin,
Hiezu müssest min belferin sin,
Wan ich leider schuldig bin,
Das ich gnade vinde

Zů dime lieben kinde,
Můter aller kůscheit,
Ich klagen dir alles min herzeleit. *Salve regina.*

*XXVII.   Wie der geistlich mensche sin herze sol kêren von
der welt.*

Sweñe der geistlich mensche mage und sinen liebsten vrůnt
vor im sihet schone gezieret und gekleidet nach der welte, so
bedarf er wol, dc er gewaffent si mit dem heligen geiste, dc er
nit gedenke: Alsus môhtestu ôch wol getan haben! Von dem
gedanke wirt im sin herze als vinster und sin siñe als vnbereit
zů gotte, und sin můt also treg ze heligem gebette und sin sele
also rehte ellende von gotte, dc er deñe sinen weltlichen magen
iñewendig gelicher wirt deñe eim geistlichen menschen:

Wil er luter mit gotte gestan,
So můs es an ein striten gan,
So ist deñe sin gewissede betrůbet,
Das ein lůhtevas ist des heligen geistes,
Wan die gewissede lůhtet niht
An des heligen geistes lieht.
Sweñe dc lieht schone in dem lůhtevas ist entbrant,
So ist des lůhtevasses zierde schone bekañt.
Also ist es vmb dem geistlichen menschen,
Dem aller der welte zierde
Ein eisunge ist in sinem herzen,
Der behaltet sin lůhtevas schône und vnverlôschen;
Ist aber sin herze offen gegen der welte,
So ist sin lůhtevas zerbrochen,
So kunt der bitter nortwint der girekeit
Der welte von vnsern magen,
Das si vns vil klagen,
Dc si des pfůlles alzo kleine haben,
Da si doch leider iñe versinket,
Und in den sůnden ertrinkent.
     Dis verlôschet vnser lieht
Und haben doch der welte niht.
Darnach kunt der sůnde wint,
Die valsche wollust der welt, dc si schône schint,
Und hat doch manig bitter pine;
Wil vns dis wol behagen,
So haben wir in den ewigen schaden.
Dc môgen wir gerne bewarn,
Wan es ist kein sůnde so cleine,

Si ſi vns an vnser sele ein ewig schade.
Warumbe? Es wart nie sünde als heleklich gewandelt,
Si were besser ungetân.
Darumbe müssen wir stete vorhte han[1])
Ob wir mit gotte mögen biterlich bostan.
De wir gotte haben gegeben,
De mögen wir im niemer ane vnsern schaden wider genemen,
Wand wir sin im erlich gegeben
Der viech in dem wassere der sihet
Mit grosser ger de rote as an,
Damitte man in wil vâhn;
Er sihet aber nit den angel.
Also ist es vmb der welte vergift,
Si bekeñet ires schaden nit.
Wiltu nu rehte widerkeren,
So sieh an dinen brütgömen, aller welte herren,
Wie schône er gekleidet stûnt
Mit pfellorinen cleidern, rot blût,
Swarz varwe, mit geiselen zerschlagen,
Zû der sûle gebunden.
Do enpfieng er dur dine liebin
Manige scharpfen wunden.
　　Dis las in din herze gân,
So maht du der welte trüginen entgân.
Wiltu fûrbas volgen mit dinen heligen gedanken,
So sich vf, wie er an dem crûce stunt,
Vfgerichtet hohe,
Vor aller welte ögen mit blûto berûñen.
Die cleider söllent wesen dines herzen wuñen,
Sine keyserlichû ögen mit trehnen v̂bervlossen,
Sin süsses herze mit der miñe durstossen[2])
Nu höre noch die stiñe;
De leret dich die gotzmiñe,
Wie der smiden hañere klopfeten und slûgen
Dur sine hende und vôsse an dem crûze.
　　Gedenk öch an des speres wunde,
Das dur die siten gieng ze sines herzen grunde,
Und clage im alle dine sünde,
Sust gewincstu gotz künde.
Sich die scharpfen cronen an
Die er vf sinem höbet trûg,
Kûs in vor allen dingen,
Er gibet dir aller wuñen gnûg.

---

[1]) Handschrift: haben.
[2]) Handschrift: durvlossen.

Danke im wie er sterben wolte
Dur dine grosse liebin
Und la dich nieman betriegen,
So maht dn ein kúnigiñe sin sines riches jemerme
Wiltn hiezu kriesen, so v́berwindestu
Mit vróden aller welte herzeleit.

XXVIII. Von der not eis urlûges.

Mir wart bevolhen mit eime heligen ernste, de ich bete vúr die not, die nu ist in Sahsenlanden und in Dúringenlanden. Da ich mich zû bot mit lobe und mit gerunge, do wolte mich vnser liebe herre nit enpfân, und sweig mit ernster stille: De mûste ich vertragen sibenzehen tage mit minenclicher gedult. Do sprach ich zû vnserm lieben herren: Eya lieber herre, weñe sol komen die behegeliche stunde, de du wilt und de ich mûs bitten vúr dise not. Do wisete sich mir vnser herre und sprach:

Der wunenkliche morgen rot
Mit maniger varwe, de sint die armen
Die nu lident manigerleie not.
Da sol in die ewige suñe nach vfgan des ewigen liehtes,
Di si beschinen sol mit ewiger vróde na diser not.
Do werdent si mitte gehelliget
Und gekleret als die spilende suñe,
Als si gegen dem mitten morgen vf́tringet
Und die hôhi tritet.
Semlich sint in deme hêr
Da si nôte sint und mit vorhten,
Die lan ich werden gevangen und libelos,
Vf de si zû mir komen môgin.
Die die sache sint des vrlúges,
Die sint grúwelicher an in selber
Und griñe an iren werken,
De si die bilde mines gotzhuses getórrent angriffen.
Do bekante ich, de do der ewige tot nachvolget.
Die die strasse róbent ze vûsse,
Were kein vrlúg, so weren si diebe und valsche lúte.
Alsus machent je die bôsen die seligen gût.
Alsust mûs got die sinen mit pine miñen,
Er kan si anders nit gewiñen.
Alsus hat mir got gesaget (von) den vroñen,
Und nit weis noch wa es sol ende nemen.
Ich weis de wol vúrwar,
De ich noch gotz vrúnden von herzen sol wol behagen.

Ich weis das wol vůrwar we gotz vrůnde lident,
De ir got niemer vergisset,
Wan er ist ir helfe und ir trost in aller ir not.
Darnach sôllen wir kriegen und mit vrôden gerne liden,
So môgen wir vor gotte bliken und schinen.

XXIX. Von einer lêre.

Wiltu din herze ganz zů gotte keren,
So soltu drů ding haben zů einer lere:
Vôrhte dich vor allen sünden,
Gůtwillig zů allen tugenden,
Stete zů allen gůten dingen,
So mahtu din leben zů einem gůten ende bringen.
Wiltu dich selben dazů twingen,
So mahtu es mit gotz helfe wol vollebringen.
Bitte got steteklich hieumbe,
So tragest du sanfte allen dinen kumber.
Bitte luterlich und diene got mit vlisse,
So wirstu vrôdenriche.

XXX. Ein gebet wene man die jungfröwen crônet.

Enphahe herre, dine brůte[1]) und begegene in mit den lylien der luter kůscheit alle ire tage.

Enphahe herre, dine brůte und begegene in mit den rosen der vlissigen arbeit uf ein gůt ende.

Enphahe herre, dine brůte und begegen inen mit der violen der grundelosen diemůtekeit und leite si in din brutbette unde vmbehalse si mit aller liebin jemer vngescheiden.

XXXI. Von einer klage.[2])

Dis ist der miñenden sele klage,
Die si alleine nit mag getragen;
Si můs es gottes vrůnden sagen,
Vf de inen miñedienst behagen.
Miñen siech und libes krank,
Pine, not und harten twang,
De machet mir den weg zelang,
Zů minem lieben herren.
Wie sol ich dich, lieb, alsus lang enberen.
Ja, bin ich dir leider alze verre.

---

[1]) Handschrift: bruche.
[2]) Greith S. 264 und 217.

Wiltu herre, miue clage nit enpfân,
So mûs ich wider in min truren gân,
Und beiten und liden, beide, stille und offenbar.
Du weist dc wol lieber herre,
Wie gerne ich bei dir were.
Vnser herre. Weñe ich kume, so kume ich gros.
Es war nie vngemach so gros,
Ich môge es wol geheilen.
Du mûst noch me beiten,
Ich wil dich bas bereiten,
Eb ich dich bringe vûr minen vatter,
Vf de du vns dcste bas behagest.
Ich hôre noch gerne dinen miñe klang.
Sweñe vinster werdent unser menschliche siñe,
So erweken wir mit der klage
In vnserm herzen die gôtlichen miñe.

XXXII. Wie des gûten menschen werk lühtent gegen den werken
vnsers herren.

Wie des gûten menschen werk sôllent lühten und schinen
in der himelschen ere, dc merkent an disen worten:

Darnach als wir hie vnschuldig sin gewesen, darnach (wirt)
gotz vnschult schinen und lühten in unsere helig vnschult.

Darnach als wir hie arbeiten in gûten werken, darnach sol
gotz helige arbeit lühteñ und schinen in vnsere helige arbeit.

Darnach als wir hie iñekeit haben in gotte heimliche, dar-
nach sol gotz helige iñekeit lühten und bliken in vnsere helige
iñekeit manigvaltekliche.

Darnach als wir hie vnsere pine dankbarlich enpfahen und
gedulteklich liden, darnach sol gotz helige pine lühten und
schinen in vnsere pine.

Darnach als wir hie alle tugende geûbet han mit vlisse,
darnach sônt gotz helige tugende lühten und schinen in vnser
tugende in manigvaltiger ere. Dc were eweklich jemer mere.

Darnach als wir hie in miñe breñen und lühten in heligem
lebeñe, darnach sol gotz miñe in vnsere sele und in vnsern
lichamen breñen und lühten ane vnderlas, jemerme vnverlôschen.

Dise gegenblike schinent und lühtent von der ewigen gotheit.
Dis gûten werk han wir enpfangen von gotz heliger menschheit.
Und haben si vollebraht mit des heligen geistes volleist.

Sust kumen vnser werk und vnser leben wider in die heligen drivaltekeit.
Da wirt es offenbar, wie es vns nu hie stat.
Darnach de wir hie helekliche in göttlicher miñe leben,
Darnach sóllen wir da in der hóhin wuñeklich sweben,
Und darnach wirt der miñe maht vns da ze lone gegeben,
Das wir gewaltig werden allen vnsern willen ze tuende,
De wir von den heligen bekant werden wie wir sint gewesen,
Hiemit müssen wir ir geselle wesen. Amen.

XXXIII.   Von dem geistlichen trank.[1]

Ich bin siech, mich lustet sere ois gesunden trankes,
De Jesus Cristus selber trank.
Do er, got und mensche in die kripfen kam,
Do we im das trank zehant bereit,
Des trank er also vil,
De er also miñenvúrig trunken was,
Das er in allen tugenden vúr[2] alles sin herzeleit.
Er gab jemer tugende, die gúti sin die wart nie siech.
     Des gesundes trankes lustet mich.
Dis trank ist pine durch gotz liebin.
Die pine ist bitter,
So malen wir darzů eine wurzen, heisset: gerne liden.
Die ander wurzen heisset, geduld in der pine
Die ist öch bitter;
So malen wir darzů eine wurzen, heisset, helige iñekeit,
Die machet die gedult süsse und aller vnser arbeit.
Die dritte wurze, de ist, in pine lange beitén
Vnsers ewigen lebeñes und vnsers heiles;
Das ist öch vil bitter.
So malen (wir) darzů ein wurzen, die heisset: Mit vróden vnverdrussen.
     Eya lieber herre, wóltestu mir dis trank geben,
So móhte ich vnverdrossen mit vróde in pine leben.
Da wólte ich zů einer wile des hiñelriches enbern,
Alsus süsse ist nach ime min gere.
Nu müssistu dis, herre, mir
Nach dinem liebesten willen geben,
Und allen dén, die es durch dine liebin geren.

XXXIV.   Von der geistlichen spise.

Nach bitterme tranke bedarf man wol senfter spise. Die
vfstigende gerunge und die sinkende diemůtekeit und die vlies-

---

[1] Greith S. 265.
[2] Handschrift: vir.

sende miñe, dise drie juncfröwen bringent die sele uf ze hiñele
vûr got, und so wirt si irs lieben gewar. So spricht si: Herre,
ich klagen, de du so sere angevohten bist von dem liebesten de
du in ertrich hast, de ist der cristanmensche. Herre, ich klage
dir, de dine vrûnde so sere gehindert sint von dinen vienden.
Vnser herre. Haben si di rehte gûti an în, alles das vber si
gat ane sûnde, de verzerent si wuñenkliche zû der waren gottes
kûnde. Darumbe die pine rûffet allerlutost: vber allen gotzdienst,
wichent mir, wan de der mensche vngetröstet ist nach dem
willen gotz, wan de der mensche getröstet were nach sinem
eigenen willen. Gotz wille ist luter, vnser wille ist sere ge-
menget mit dem vleische. Alle, die sere miñent iñewendig, die
werdent uswendig gestillet, wand allû vswendig arbeit hindert
den inwendigen geist. De deñe der geist inwendig singet, de
gat über alle irdensche stiñe.

Die gedult singet allerschönost über aller engelen chörè,
wan die engel haben kein gedult, wan si kein pine enpfindent.
Dis haben wir von der menscheit vnsers herren, dazû alle die
ere damit wir von gotte in ertrich geeret sint und damit in dem
himelriche mit gehöhet söllen werden. Von der edelen arbeit
vnsers herren und von siner heligen pine ist vnser cristanlichû
arbeit und vnser gûtwilligû pine geedelt und geheliget, ze glicher
wis als allû wasser sint geheliget von dem Jordane, da vnser
lieber herre iñe getöffet wart.

Eya lieber herre, hilf vns, de vnser helige gerunge niemer
mûsse gerûwen[1]) und vnser sinkende diemûtekeit sich niemer
mûsse vfgerihten mit dem homûte, und die vliessende bûrnunge
der heligen gotzmiñe, die mûsse hie vnser vegfûr sin, da alle
vnser sûnden iñe getilget werde.

XXXV. *Von den siben salmen.*[2])

Lieber herre Jesu Criste, dise heligen siben salmen spreche
ich ze lobe und ze eren aller diner heligen pine, da du iñe
sterben woltest dur mich an dem heligen crûze.

---

[1]) Handschrift: gerûwen.
[2]) Die Busspsalmen.

Vil lieber, ich bitte dich, swene kunt die zit,
De du din gebot ervüllen wilt
An mir mit minem tode,
De du dene komen wellest zu mir
Als ein getrůwer arzat zů sinem kinde.
Und gib mir dene herre, eine helige suche,
Da ich mich ine bereite mit rehten sinen
Und mit warem cristanem gelöben. — *Domine ne in furore.*

Ich bitte dich, vil lieber herre,
De du dene komen wellest
Als min allerliebster vrůnt ze miner not;
Und bringe mir dene, herre, also waren růwen
Da alle min sünde ine getilget werden,
De ich ir nach disem libe
Unbetrůbet blibe. — *Beati quorum remis.*

Ich bitte dich vil lieber herre,
De du dene komen wellest
Als ein getrůwer bihter zů sinem lieben vrůnde,
Und bringe mir dene das ware leht, dines heligen geistes gabe,
Da ich mich ine sehe und bekene,
Und alle mine sünde von herzen ine vor clage,
Mit also heliger hoffunge,
De min (geist) werde mit gebunden
Von allen minen sünden
Und das ich luter werde vunden,
Und gib mir herre dene din selbes lichamen,
De ich dich dene, vil lieber,
Mit also grosser liebi můsse enpfân,
Als je ein menschen herze kan;
De du dene můssest bliben
Die wegespise miner ellenden sele,
Also, de ich, vil lieber, din liep geselle blibe
Mit dir zů dem ewigen liebe. Amen. — *Domine ne in furore.*

Ich bitte dich lieber herre
De du dene wellest komen
Als ein getrůwer brůder zu siner lieben swester —
Und bringe mir das helige waffenkleit,
Da min sele mit werde bereit,
De mir mine viende nit mögen geschaden,
Wene si wellent über mich klagen,
Do si sich dene můssen schamen aller ir arbeit,
Die si an mich haben geleit. — *Miserere mei deus.*

Ich bitte dich herre, de du wellist zů mir komen
Als ein getrůwer vatter zů sinem lieben kinde,
Und beware dene min ende.

So ich mit minem súndigen munde nit sprechen mag,
So sprich deñe miner sele inwendig zû,
Dc du si trôstest und jemerme behûtest,
Dc ich gevrôwet werde und nit betrûbet.
Des bitte ich dich, herre, dur dine milton gûtin. Amen.

Domine exaud. o. et. cla.

Ich bitte dich herre, dc du mir deñe wollist senden
Dine mågetliche mûter;
Der mag ich nit enbern,
Dc si deñe ir volle miñe lange gere,
Und min arme sele vor allen vienden beware.

De profundis cla.

Ich bitte dich, lieber jungeling
Jesus, der reinen megde kint,
Dc du deñe wellest komen
Als min allerliebster brûtgŏm,
Und rihte deño über mich
Als die edelen brûtgŏme pflegent,
So si iren brûten grosse morgengaben gebent,
Und enpfahe mich deñe an dem arem diner miñe,
Und bedeke mich mit dem mantel diner langen gerunge.
Wol mir jemerme, so bin ich deñe entbunden.
Wolten wir dikke gedenken an die stunde,
So sunke aller vnser hochmût ze grunde.
Als er vns deñe sin her antlitze offenbaren wil,
So hat min sele wûnsches spil.
Da ich nu nach jamerig bin,
Dc mag mir in ertriche nach wunsche niemer geschên.

Domine exaudi or. m. auribus percipe.

XXXVI. *Von einem geistlichen closter.*

Ich gerte des zû gotte, eb es sin wille were, dc er es mich liesse verstan, dc ich nit mere schribe. Warumbe? Dc ich mich nu also snôde und vnwirdig weis, als ich we vor drissig jaren und me, do ich es begiñen mûste. Do wiste mir vnser herre iu siner hant ein sekelin und sprach: Ich habe noch wurzen. Do sprach ich: Herre, ich erkeñe der wurzen nit. Do sprach er: du solt si wol erkeñen, so du si sihest. Man sol die siechen mit laben, die gesunden sterken, die toten weken, die gûten mitte heiligen. Hienach sach ich ein geistlich closter, dc we mit tugenden gebuwen.[1]

---

[1] Greith 275   Dies Gleichniss kommt im M A öfter vôr.

Die eptischin ist die ware mine,
Die hat vil heliger sine,
Da si mit vlisse die samenunge mit bewaret
An libe und an sele, alles zů gotz eren,
Si gibet in manige helige lere;
De jemer gottes wille si,
Davon wird ir eigen sele vri.

Der mine capellanine ist die götliche diemütekeit;
Die ist jemer der mine vndertan,
So můs die hofart bi siten gan.

Die priorine, de ist der helige gotzvride.
Irme gůten willen wird geduld gegeben,
Das si die samenunge mit götlicher wisheit leret;
Zů welen dingen si keret,
De ist je ze gottes eren.

Die vnderpriorine, das ist minesamkeit.
Si sol die cleinen broken zesamene lesen
Und tilken si mit gotlicheit.
Swas man missetůt de sol man nit lange tragen im gemůte,
Damit meret got des menschen gůte.

Do capittel sol vier ding in im haben:
De ist die offenbarunge der helikeit,
Die an gotz dienest lit. Ir senftmůtige arbeit
Tůt den vienden manig leit
Und gotte manig ere,
Des mag si sich vrówen sere.
Si hůte sich vor italer ere,
Andere der eren helfe sin·
Dienent si mit vlisse, so lonet in got geliche.

Die sangmeisterine, de ist die hoffunge,
Ervüllet mit heliger, diemütiger andaht,
De des herzen vnmaht
In dem sange vor gotte so schöne clingen,
De got die noten minet, die in dem herzen singen.·
Der mit ir also singet, dem sol mit ir gelingen
In der himelschen mine.

Die schůlmeisterin, de ist die wisheit,
Die mit gůtem willen die tumben vlissecklich leret,
Des wirt de closter geheliget und geeret.

Die kellerin ist ein vsvlus in helflicher gabe.
De si das in götlicher vröde tůt,
Davon gewinet si helig gemůte in götlicher gabe,
Alle die iht von ir gerent,
Die sóllent gezogen und genůgig wesen
Jemer ane clage.
So vlůsset in ir herze die sůsse gottesgabe.

Die ir helfe do zů sin,
Die sóllent jemer gewiñen
Alse si die sůsse gotzgabe.
    Die kamererin, dc ist die miltekeit,
Die jemer gerne woltůt in ordenlichen massen.
Si gibet dc si nit enhat mit gůtlichem willen,
Des můs si von gotte sunderliche gabe gewiñen.
Den si was gibet die danken des gotte
Mit heliger iñekeit, der bevindet des herzen stat
Als dc edel tranke in reine vas.
    Der siechen meisteriñe, dc ist die vlissende barmherzekeit,
Die jemer danach hungeret,
Dc si vnverdrossen den siechen si bereit
Mit helfe und mit reinekeit,
Mit labunge und mit vrolicheit,
Mit troste und mit miñesamkeit.
So gibet ir got sin widergelt,
Dc si es jemer gerne tůt,
Der ir helfe dazů senden sol,
Dc selbe von gotte geschehen.
    Die porteneriñe dc ist die hůte,
Die jemer ir vůlet mit heligom gemůte
Ze werbende wo ir ist bevolhen,
So blibet ir arbeit vnverloren,
So mag si bereite zů gotte komen
Sweñe si bitten wil,
So ist got mit ir in einer holigen stille,
Ze verclagende ir herzeleit.
Wand si es vnderwilen swerlichen tůt,
Dc versůnet alles die helige gehorsami,
Der si deñe ist mit vróden vndertan.
    Die zuhtmeisterin, dc ist die helige gewonheit,
Die sol jemer breñen als ein kerze,
Vnverlöschen in der hiñelschen vriheit,
Sust tragen wir sanfte alles vnser herzeleit
Untz in ein helig ende.
    Der Brobest ist die gótliche gehorsami,
Dem sint alle tugenden vndertan
So mag dc closter in gotte gestan.
Der sich in dis closter wil begeben,
Der sol jemer mit gótlicher vróde leben.
Hie und in dem ewigen leben.
Wol in die da iñe blibent!

XXXVII. Von der ewigen hochgezit der heligen drivaltekeit.

Swer in warer miñe sich bereiten wil
Zů der ewigen hochgezit der heligen drivaltekeit,

Der můs es je begiñen:
Er sol dem himelschen vatter volgen und dienen
Auc vnderlas mit heligen vorhten
Und mit diemûtiger diemůtekeit an allen dingen.
Er sol sinem sune volgen und dienen
Mit pine und mit gedult,
Mit willigem armůte in heligen arbeiten.
Er sol dem heligen geiste volgen und dienen
In heliger hoffunge ob allen worten
Mit sûssem herzen in senftem gemůte,
So smeket man siner gůte.

    Die reinen miñenden juncfröwen,
Die söllent vůrbas volgen dem edeln jungelinge
Jesu Cristo, der reinen megde kint,
Der al vol miñen,
Als er we von ahtzehen jaren, so ist sin persone
Den juncfröwen allerminenklichost und er allerschönost;
So volgent si ime mit wuñenklicher zartheit
In die blůiende wise ir reinen gewissi.
Da brichet inen der jungeling
Die blůmen aller tugenden,
Da machent si die edelen crentze von,
Die man zů der ewigen hohgezit tragen sol.

    Sweñe die edelen gerihte sint geschehen,
Da Jesus Cristus selber dienen wil,
So sihet man da den allerhöhesten lobetanz,
Da sol deñe ein jeglich sele und lip ´
Tragen iren tugenden krantz,
Die si hie haben vollebraht
Mit maniger heliger andaht.
So volgen si dem lambe in vnzellicher woñe,
Von woñe ze miñen, von miñen ze vröden,
Von vröden ze clarheit, von clarheit ze gewaltekeit,
Von gewaltekeit in die höhsten höhin,
Vůr des himelschen vatter ŏgen.
So grůsset er sinen eingebornen sun
Und darzů manige reine brůt,
Die dar mit im sint komen.

    Eya lieber sun, de du bist, de bin ich,
Und de si sint, des vröwe ich mich.
Mine lieben brůte, vröwent vch jemer me,
Vröwent vch in miner ewigen luterkeit,
Verklagent nu sanfte alles we und alles leit.
Min heligen engele sont vch dienen,
Mine heligen sont vch eren,
Die můter mines sunes menscheit

Sol ych mit lobe sin bereit,
Do ir geselle sint. Vrôwent ůch lieben brůte,
Min sun sol ych al vmbevân,
Min gotheit sol ych al durgân,
Min helig geist sol ych jemer me leiten
In wuñeclicher augenweide
Nach allem vwern willen.
Wie môhte ych bas gelingen?
Ich wil ych selber miñen.
　　Die nit lutere megde sin, ')
Si sôllent dise hochgezit besitzen und besehen
Und gebruchen als verre es můglich mag gesin.

Do ich in kurzer stunde mit miner sele ôgen dis gehorte
und gesach, do we ich ein menselich stůppe und ein esch als
ich ê was.

*XXXVIII. Wie ein geistlich mensch sol clagen und bekeñen got
sin súnde alle tage.*

Ich sůndiger mensche,
Ich klage und bekeñe gotte alle mine sůnde,
Da ich schuldig an bin vor gotz ôgen.
Ich bekeñe und klage allů minů gůten werk,
Dů ich versumet han.
Ich bekeñe und klage die sůnde die ich tet,
Do ich nit wiste we sůnde was.
Ich klage die sůnde die ergor sint,
Die ich getan habe mit wissen
Und mit argheit und mit vnmůsekeit und mit itelkeit.
Erbarme dich herre, über mich,
Wan si sint mir warlich leit,
Und gib mir herre, dine ganze sicherheit,
De du si mir alle habest vergeben,
Ich mag anders nit mit vrôden leben.
　　Jesus, villieber bůle min,
Lâ mich in warer růwe
Und in herzelicher liebe zů dir (in),
Und lâ mich niemer erkůlen;
Also de ich diner herzeklicher miñe
In minem herzen und miner sele
Und in minen fúnf siñen,
Und in allen minen geliden
Ane vnderlas enpfinde,
So mag ich nit erkůlen.

───────────
') Die Wittwen.

XXXIX. *Wie die túvel sich sclahent und jagent, bissent und nagent, weñe ein miñendú sele, die von gótlicher miñe breñet, von diser welt scheidet.*

Wol dem gûten menschen, dc er je wart geborn,
Der mit allen tugenden volget gotte,
Die ime mûglich ze vollebringcndo sint!
Sin sele virt in miñen vrî,
In sinem jungesten ende, so koment die heligen engele
Und enpfahent die reinen selen
Mit vnzellicher liebin in himelischer wuñe
Vnd vûrent si von hiñan mit vrûden,
Und mit grossem lobe bringent si si ze gotte.
Die viende von der helle, die dar warent komen,
Den wart alle irû arbeit benomen.
Mit hasse und mit griñe warent si dar komen;
Alse si deñe das gesehen,
Dc irs willen nit ist geschehen,
Wie si sich deñe sclahent und jagent,
Wie si sich deñe bissent und nagent,
Wie si sich deñe hûwelent und grinen,
Wan si vôrhtent die grûweliche pinen,
Die si von iron meisteren sônt enpfân,
Dc si die sele verloren han. —
So schelten si sich vndereinander:
Vnseliger, es we din schult! —
„Swig geselle! Ich vant sie nie an grosser vngedult.
Als ich ir bôse gedenke zûschos,
So was je rûwe ir genos.
Das runen mit den bihtern, dc beniñet vns alle vnser ere;
Vnser gesellen war vil mere,
Den[1]) si tûre was bevolhen.
Wie sônden wir nu ze hove komen?
O we meister, we hast du vns gewissen,
Dc du vns disen menschen hast bevolhen!
Wir konden keine grosse sûnde an ir bekeñen.
Ich bekorte si dike sere,
So gieng es an ein weinen,
(Ich) und ander mine gesellen,
Wir konden si nie gevellen.
Mit weinen vertreip si mich,
Mit sûfzende verbrañte si mir
Min har und mine clawen,

---

[1]) Handschrift: dem.

Ich mohte ir niergen genahen;
Ir gehorsami was also gros,
Ir wart nie eben genos.
Von der ist bekomen,
Si ist vns mit rehte benomen,
De ist vnser gröster schade.
Alle ir gûten werk branten enbiñen
Von götlicher miñe,
Wan si tet alle ir gûten werk mit gûtem willen."
    So spricht ir meister:
„Ir sint mit schaden ze hove komen.
Ich hatte si vch bevolhen,
Die pine wirt vch niemer benomen;
Die ich vch darumbe wil geben.
Ir wellent bi den lûten nit wesen, als ich gerne wero,
Ob mir die ere were gegeben;
Nu mûssent ir mit mir hie in der helle leben, [1])
De sol vwer bûsse wesen.
Ich wil hoher meister vssenden,
Vf de si gûter lûte bekentnisse verblenden.
Konden wir iren grossen vlis
Den si haben ze gotte, zerstören,
So begiengen wir alle vnser ere,
So volgeten in die jungen,
Sus wûrde alles vnser gescleht gemeret.
Möhte mir der selen eine werden,
Die von götlicher miñe so sere breñen!
Damit wolte ich mich selber crönen,
Und welte mir selber lonen miner langen arbeit,
So verclagete ich sanfte alles min herzeleit."
    Tû dich diner diemûtigen gerunge abe,
Du gerost des, de dir nie geschach
Und dir niemer sol geschehen.
Dir werde vbel oder we,
Alle die seligen, die in der cristanheit got im herze miñent,
Die sint so sere durgossen
Und mit der miñe durvlossen,
De si lûhten mit heligen tugenden
Und miñenclichen bûrnen in allen iren werken.
Du weist wol, es hilfet dich nit,
De du si so sere verkerest.
Si beltent kume vntz de es kome,
De si got dariñe loben.

---

[1]) Handschrift: ligen.

Wie vil du inen mit listen nach gast,
Si sint je mit lobe bereit.
  Das brumen und de grimen
Und de bissen und de nagen, de er do tet,
De ist vnsprechlich in sinen banden.
Herre got, wir danken dir! gib vns ein helig ende:
Dis ist der grösten vröden ein, die die selige sele hat, [1]
De si sibet und weis,
De sich die viande vnderenander sclahen
Und ir büsse in der helle haben.
Die ir also manig leit han getan,
So ist si doch inen mit vröden entvarn
Und sol die ewige crone tragen.
Von der pine (so) si ir getan haben.

XL. Alsus sprichet dú miñende sele ze irme lieben herren. [2]

Were alle die welt min
Und were si luter guldin,
Und solte ich hie nach wunsche eweklich sin,
Die allcredelste, die allerschöneste,
Die allerricheste keyserin, —
De were mir jemer vnmere,
Also vil gern
Sehe ich Jesum Cristum minen lieben herren
In siner himelschen ere.
Prövent we si liden, die sin lange beiten. [3]

XLI. Wie ein predierbrůder wart gesehen.

Ich bekante vor vierzig jaren einen geistlichen man; deñoch
warent geistliche lûte einvaltig und miñenvúrig. Er nam zů in
geistlichem lebende und in vromekeit und leiste vnserm herren
offenbar manige helige arbeit. Der ist nu hiñangevaren; do bat
ich vnsern herren vůr sine selen cristanliche, ob einig schult an
ime were, de got îme de vergebe. Do sach ich allererst eine
clarheit, die we ime von gotte bereit; do envant ich ín nit iñe,
do betrůbete sich min sele. Darnach zů einem andern male,
do ich aber vůr ín bat, do vant ich ín in einer vúrigen wolken,
do bat er deñe, man ime (welle) we geben. Do sprach ich mit

---

[1] Handschrift: die seligen selen hant.
[2] Greith S. 266.
[3] enberen.

aller maht zû vnserm lieben herren: Eya lieber herre, gôñe mir
des, dc ich mûsse vbels mit gûtem lonen. Do rihte er vf in
dem wolken und sprach: O herre, wie stark ist din kraft! Wie
rehte ist din warheit. Do sprach ich: Wa nu, wie gehabestu
dich nu? Do sprach er: ich gehabe mich als mir schinet. —
„Wavon habestu dise pine?" — Die selen, dîe valsch helig
schinen, die besageten die vnschuldigen zû mir; des lies ich
entgelten, und hatte sûndigen wân vf si, davon habe ich diese
pine. — „Eya hette ich noch ein sûfzen, des mohte ime von mir
nit beschehen, er hatte sich ôch ein teil vergezen an mir."

Zem drittenmale bat ich aber vûr în, do vûr er wuñenklich
hin. Do begegente îm vnser lieber herre und sprach ime zû:
Das din weg alsus lange und alsus swere ist gewesen nach
dinem tode, dc ist dir von bôsen lûten gegeben. Du hast mir
heleklich gevolget und getrûweklich gedienet, du solt der junc-
fröwen cronen tragen, cronen der rehtekeit und cronen der war-
heit. — Do vûr er lûhtende hin vber aht kôre und rûrte den
nûnden; do sach ich sin nit mere. Hetten ime die valschen
lûgenere nit zûgetragen, so were er ane pine zû der ewigen
vrôde gevarn. De er inen getrûwen wollte, dc was sin schade.

XLII. Von dem honigtrank.

Herre got, besclûs nu dinen tûren schatz
Mit eime heligen ende,
Und sclûs den vf, dc er dir ze lobe werde
In himel und in erde.
Do sprach ein stiñe: Du solt mir honges trank behalten,
Der liget in maniger valden;
Ich wil în vf scliessen;
Des sol noch maniger geniessen.

XLIII. Von der einvaltigen miñe, wie die wise wart gesehen.

Die wellent bekeñen und wenig miñen,
Die blibent je in eim begiñen
Eis gûten lebeñes.
Des mûssen wir je stete vorhte tragen,
Wie wir gotte da iñe behagen.
Die einvaltekliche miñe
Und cleine bekeñen,
Die werdent grosser dingen iñe.

Die helige einvaltekeit
Ist ein arzatine aller wisheit.
Si machet den wisen', de er sich binet vůr einen tumben.
De die einvaltekeit des herzen
Wonet in der wisheit der sine,
Davon kunt manig helikeit an des menschen sele.

XLIV.   Von fúnf súnden und von fúnf tugenden.

In armůte girikeit
Und lugenhaftig in der warheit,
Trege zů der barmherzekeit,
Honsam spot in der gegenwirtekeit,
.... in der ordenunge:
Dise fůnf ding unvollekomen
Machent höptsiech geistlich leben.
Warheit ane valsch,
- Offenbare mine vndereinander,
Vorchte in drien vorchten,
Verborgen lieb ze gotte in mime herzen offenbar,
Vlis zů allen gůten dingen
Disů fůnf ding haltent gesunt geistliche liebin.

XLV.   Von siben dingen in der minenden gêrunge.

Siben ding můs ich gotte zů eren sprechen:
Herre got, ist es mugelich, so gib es mir,
De ich ir in ertriche niemer mǒge vergessen.
Fúnfe vindet man in himelrich,
Zwǒi mússent hie bliben.
De erste ist der schade miner schulde,
Wan ich gesůndet han und versumekeit gůter werken,
Die ich wol getan mǒhte han.
De ander ist, herre, de ich ane vnderlas warte din, wene du mir
Komen wellest, welicher wis
Du gebůtest mit eime heligen ende zů mir.
Das dritte din vnrůwig gerunge,
Die ich habe nach dir.
De vierde, minenbúrnen vnverlǒschen jemer dur dich.
De fúnfte der erste gegenblik
Dines heren antlůzes gegen mir.
Das konde mir in ertriche
Leider nach miner gerunge nie geschehen,
Des singet min sele dike: o we!
De sehste getar ich kume nemen *(nemen)*
Ich werde stum als ich es bekene.
Ich horte es in ertriche nie genemen.

De ist die spilende miñe vlût,
Die von gotte heimlich in die sele vlûsset
Und si wider mit ir craft nach ir maht.
Was zwischent in beiden deñe wuñe si,
Das weis nieman von dem andern,
We de si wirken vndereinander,
Wan ein jeglicher vindet sinen teil.
Was er hie hat vsgelûhen,
De wirt ime dort alles wider gegeben.
Dis ist die himelsche gotzmiñe,
Die er hie vil cleinlich begiñet
Und dort niemer ende gewiñet.
Das sibende mag man kume mit worten rûren,
Mit cristangelöben mag man es enpfinden,
Wie gros, wie hoch, wie wit, wuñeklich,
Wie erlich, wie vrôdenrich, wie rich.
Wol im, der eweclich bi im wonen sol!
Die vrôliche angesihte vol aller wollust
Und die helige gebruchunge nach wnsche,
Die sint vil manigvalt ane zal
Und ane geschen jemer me erlich gezogen,
Wand si swebent vs von dem lebendigen gotte.
Die vbersûsse gerunge, wuñenklich hungerig, miñenvol,
Die vliessent jemer me in die selen
Vberswenkig von gotte,
Noch deñe behaltet die sele iren sûssen hunger
Und lebet ane kumber.

XLVI. *Wie sich die sele meldet in geistlichem armûte.*

Hie meldet sich die sele in geistlichem armûte und in ewiger
liebi ze gotte und unrûwiger gerunge ze gotte hin ze varende.
Si sprichet alsust: Der lange beitunge der gât abe, die zûkunfti-
keit die machet de got und die sele vereinet sôllent werden
vngescheiden jemer me. Sweñe ich daran gedenke, so vrôwet
sich min herze sere.

Eya lieber herre, wie stille du nu swigest.
Des danken ich dir jemer me, de du mich so lange vermidest,
Sust mûstest du jemer eweclich gelobet sin,
De din wille geschihet und nit der min.
Nu wil ich mich *hûten*[1] in dinen worten,
Die ich in cristangelöben gehôrt han,
Da du sprichest: Die mich liep hant, die han ich liep,

---

[1] Handschrift: hûtte.

Zů den wollen wir komen, min vatter und ich
Und wellent ein woonng mit im machen.
Wol mir lieber herre, diner milten gůti!
Des mahtu nit versagen.
Do sprach vnser herre:
Weñe kunt die zit miner behaltunge,
Das ich dir die himelschen gaben wolle geben,
So bin ich vil snel,
Da min ewekeit lit iñe behalten.
Ich wil si noch entvalten,
Und ich wil si holen us von der blůtigen erden,
Wan mir mag nit liebers me werden.
Die ewig liebi ze gotte wonot in der sele,
Die vergenglich liebi ze irdenischen dingen, die wonot in dem vleische.
Hie sint fůnf siñe gewaltig vber, zů welem si sich keren.

XLVII.   Von einer sůnde die böse ist über alle sůnde.

Ein sůnde hab ich gehöret neñen. Ich danken des gotte,
de ich ir nit erkeñe, si dunket mich und ist ob allen sůnden
böse, wan si ist der hohste vngelöbe. Ich bin ir von aller
miner sele und von allem minem libe, und von allen minen fůnf
siñen, und von allem minem herzen gram. Ich danken des
Jesu cristo, dem lebendigen gotzsune, de si nie in min herze
kam. Dise sůnde ist nit von cristanen lůten vfkomen; der die-
můtige (sic) vient hat die einvaltigen lůte mit betrogen. Si
wellent also helig sin, de si sich in die ewigen gotheit wellent
ziehen und legen bi der ewigen heligen menscheit vnsers herren
Jesu cristi. Weñe sich die vindent in hohenheit so gebent si
sich in den ewigen vlůch. Si wellent doch die heiligosten sin.
Si habent iren spot vf gotz wort, die von der menscheit vnsers
herren sint gescriben.

Du allerarmester mensche, bekantestu werlich die ewigen
gotheit, so were de vnmůgelich, du bekantest öch die ewigen
menscheit, die da swebet in der ewigen gotheit, du můstest öch
bekeñen den heligen geist, der da erlůhtet des cristanmenschen
herze und smeket in siner sele über alle sůssekeit und leret des
menschen siñe über alle meisterschaft, de er diemůtekliche da
sprach, des (er) vor gotte vollekoññen mag. [1])

----

[1]) Der Text scheint verdorben.

XLVIII. Wie die miñe wart gesehen mit iren jungfröwen.

In der naht sprach ich alsus ze vnserm herren: Herre, ich wone in eime lande dc heisset ellende, dc ist disů welt, wand alles dc da iñe ist, dc cnmag mich getrôsten noch gevrôwen ane pinc. Daiñc han ich ein hus, dc heisset pinenvol, dc ist das hûs, da min sele iñe gevangen lit, min lichame. Dis hus ist alt, clein und vinster. Dis sol man geistlich vernemen. In disem hus han ich ein bette, dc heisset vnrůwe, wan mir ist mit allen dingen we, die gotte nit zů hôrent. Vor dem habe ich einen stûl, der heisset vngemach. Dc vngemach git mir vrômdc sünde ze bekeñende, der ich nie wart schuldig. Vor dem stûle han ich einen tisch, der heisset vnwille, dc ich geistliches lcbendes vnder geistlichen lûten sol cleine vindeu. Vf dem tische lît ein tischlachen, dc ist reine, dc heisset armûte, dc hat in ime vil manige helige gûte. Wolte man es rehte gebruchcn, so hette man es von herzen liep. Die liebin richtûmes ist ciu diep des armûtes. Vf den tische kunt mir ein spise, dc heisset bitterkeit der sûnden, darzů sol dc heissen gûtwillig arbeit. Das drank heisset kume lobeu, wan ich leider alzekleine gûter werke an mir han.

Dis sach ich vinster enbiůcn, do offenbarte sich mir die geware gotzmiñe. Dic wc glich einer edelen keyserin jungfröwcn. Si was adellich gebildet an irmc libe, wis unde rot in blůiender jugent. Si hatte mit ir vil manige tugent, die warent alle jungfröwen glich; damit diente si mir ob ich selber wolte. Joch wolten si sich mir alle gerne ze dienste geben. Si wc gecrônet merc deñe mit dem lůhtenden golde. Ir gewant wc gelich grûnem zendale.

Do ich si rehte angesach, do wart min vinster hus erlůhtet, dc ich alles dc bekaute, dc da iñe was, und dc je da iñe geschach. Do ich si gesach, do bekante ich si wol, wan ich si ôch gesehen hette, do si min liebe conpanine wc. Des wil ich nu swigen, wan die sint ôch in dem bûche geschriben. — Do sprach ich: Eya allerlicbestû jungfrowe, nu bistu merc deñe tusendvalt vber mich; noch deñ so dienest du mir mit also grossen

eren, als ob ich mer deñ ein keyserin were. Do sprach si:
Do ich dich in dem luteren willen vant, de du dich von allen
vergenglichen dingen wollest begeben, do enwolte ich nit alleine
din vrôwe wesen, ich mûste ôch din stetû juncfrôwe sin, also
sere lustet mich eins lutern herzen, de sich dur die waren gotz-
miñe hat gelôset von allen irdenschen dingen. (Das meinet si:
Wie vil man irdenscher dingen hat, de es doch den menschen
nit ze herzen clebet.)

Liebû jungfrôwe, sit du mir so lange hast gedienet, de ist
der snôden vrôwen reht, de si der edeln jungfrôwen erlichen
lonen. Ich habe dir ze lone gegeben alles de ich hatte und de
mir in ertrich mohte geschehen sin. Do sprach si:

Ich han es alles vfgelesen,
Ich wil es dir mit grossen eren wider geben.
Ich enweis vrowe, we ich dir me sol geben;
Deñ wiltu mine sele, die wil ich dir alzegerne geben.
Do sprach si: des han ich lange an dir begert,
Nu hastu mich des jungesten gewert.
Sprich ôch minen jungfrôwen zû,
De si dir vlisseklichen dienen
So mag ich bliben bi dir in warer gotzliebin,
Die ich selber bin.
   So spricht dû sele der ersten jungfrôwen zû der rûwe:
Vrôw ware rûwe, koment har zû mir
Und bringent mir helige trehene,
Die machen mich sûnde ane.
Frô diemûtekeit, sitzent hie bi mir,
Und tribent homût und ital ere von mir.
Weñe si ẏch bi mir sehent, so mûssen si vor mir vliehen.
Liebin Frô senftmûtekeit,
Sitzent hie bi mir under min cleit,
So blibet mir die miñesamekeit bereit.
Eya edeler gehorsam, ich gibe mich dir
In allen minen werken vndertan,
Du solt niemer von mir gan,
So mag ich behalten in allen minen werken
Dû gotlich warheit ane lugine,
Die gotz vrûnden wol stat.
   Liebû vrôw erbarmherzekeit,
Sint bi mir, so ich den siechen dienen vlissig,
De ich die koste wol môge liden,
De ich den diene mit gûte und mit libe.

Eya liebů vrowe kůschekeit,
Ich bevil ủch min magetlich kleit,
Do es jemer luter und reine si,
Wand min lieber brůtgöm Jesus Christ,
Der ist ze allen ziten bi mir.

Vrŏ gedult, ich habe grosse kraft
In swigende und in lidende,
Ir benement aller miner anevehtunge ir maht,
De si mir nit mögen schaden.
Ich wil ủch mit arbeiten bi mir halton.

Vrŏ helikeit, koment har zů mir,
Und kůssent miner sele munt,
Und wonent in mines herzen grunt,
So blibe ich jemer mere gesuut.

Frŏ hoffunge, ich bitte ủch,   ╲
Das ir zesamen bindent alle min herzenwunden,
Die mir die miñe hat gesclagen,
De ich je behalte den gotz segen,
Was mir vngemaches werde gegeben.

Eya erlicher, heliger cristaner gelöbe,
Du erlůhtest je miner sele öge,
De ich wol weis war ich gekert bin
An cristanlichen dingen;
Ich bevilhe dir minů werk und mine slñe.

Eya liebe vröwe verbůte, sitzent nit,
Stant ze allen ziten mir bi, [1]
So belibe ich von ủbel vrî.

Vröwe messekeit, wesent ze allen ziten mir bi,
So mag ich gotte zů allen ziten
Zů sime dienste bereit sin.

Vröwe genůglicheit, ir sint min liebů kamereriñe,
Ich můs ủch sere miñen,
Ir machent min herte bette senft,
Mine groben spise smakbaft,
Ir gebet mir macht in dem armůte,
Dis kunt von gotz gůti.

Vride und stillekeit mag ich nit enberen,
Ir můssent mit mir wandelen in allen minen wegen.
Di vil sprechent und vil runent
Und die behaltent ire ere kume;
Die vil růme redent
De mag in niemer alles nütze wesen.

Die wisheit ist ze allen ziten bi der miñe.
Und ist aller jungfröwen meisteriñe.

---

[1] Handschrift: bi mir.

Si behaltent swas die miñe git,
Si machet den menschen nützo wc er leret oder llset.
Die küsche schemede hat sunderliche tugent an ir,
Si ist gerne vngelobet in aller lüten gegenwirtekeit.
    Nu bin ich mit jungfröwen wol besessen;
Noch sint zwôi der wil ich nit vergessen,
Vorhto unde stetekeit —
Dû zwôi sôllent jemer bi mir wesen,
So mögent alle mine jungfröwen
Irs ambahtes wol enpflegen.
    Ich danke dir, liebû gotzmiñe,
Vröwe keyseriñe;
De hast du alles zo helfe mir gegeben
In mime ellendigen himelwege.

XLIX. *Von eim leienbrûder.*

In der predierorden wart ein brûder erslagen von dem tunre; do wart vûr sine sele gebetten mit getrûwer geruuge, eb iht an ime were vngewandelt, de ime de werde vergeben. Do wart sin sele demselben menschen bewiset, der vûr in bat, do was er schône in himelscher wuñe und hatte kein pine. Das was davon, als sin sele sprach: Ich was diemûtig in minen werken, ich was vorhtig an minen siñen, ich was gûtwillig in allen minen werken, darumbe hab ich keine piue. *Die sele:* Warumbe vôre du nit zehant zû dem himelriche: Do sprach er: Ich mûs allererst hie enphahen gotliche bekantnisse und himelsch miñe, der hette ich in ertriche nit. „Wavon ist de, de du den cleinen vleken hast an dinem antlize?" — Do sprach er: Ich wiste min antlize ernst den, die minen willen nit taten, das bleip vngewandelt an mir. — „Wamit mag man dir den vleken benemen?" — Do sprach er: Hette ich einen sûfzen! — Do mohte ime davon nit geschehen von dem menschen, wan diewile wart im gegeben. Do vröwete er sich und sprach: Nu ist es enweg. — „Wavon tragest du dise cronen? Nu bistu noch zû dem himelrich nit komen." — Do sprach er: Ich hatte einen sunderlichen tot, davon hat got mir si gegeben.

L. *Von der pinlichin gottes.*

Eya lieber herre Jesu Criste, der da ist ein ewig got mit dem ewigen vatter, gedenke min. Ich danke herre, dir diner

sûnlichen gaben, da du mich mitte rûrest ane vnderlas, die alles
min gebein und alle min adern und alles min vleisch dursnidet.
Swene ich dir des herre, mit heliger dankberkeit danken mag,
so bin ich sicher und anders nit. Du maht wol dinen snôden
snôdenlich halten, wan, herre, din meinunge ist gût und besser
dene gût; wand manig ding heisset gût, de also gût nit enist
als de dine, de du mir tûst. Wan du aber mich rûrest mit diner
überheren sûssekeit, die mine sele und minen lichamen al dur-
gat, so vôrhte ich mich, de ich diner gôtlichen wollust alzevil
in mich mag geziehen, wan ich ir in ertriche vnwirdig bin.
Darumbe bitte ich dich vnderwilen vûr ander lûte me dene vûr
mich, de ich miner wollust verzibe dur gotz liebi und dur cri-
stanliche trûwe.

Hienach vorhte ich die vfstigunge des homûtes, die den
werdesten engel vs dem himelriche warf. Ich vôrhte ôch den
sclangen der italen eren die Evam betrôg. Ich vôrhte die vn-
trûwe die Judam von gotte sclûg. Bin ich gotte getrûw so he-
stan ich mit allen tugenden, mit aller gûte in aller hûte, bi
gotte mit vnser lieben vrôwen siner megtlichen mûter.

LI. *Ein gebet vor versumekeit.*

Ich allerminste, ich allersnôdeste, ich allervnwirdigoste vnder
allen menschen kûne, ich gere, ich bitte dich himelscher vatter,
herre Jesu Christe, herre heliger geist, herre heligû drivaltekeit,
de du mir hûtte wellest vergeben alle die versumekeit, da ich mich
mit versumet han an dinem heligen dienste nit alleine durch nutz
und dur notdurft, mere dur mine sündige bosheit, die ich wol
gelassen hette eb ich wolte. Nu enpfahe herre, dise cleine bes-
serunge, die ich dir nu leiste mit minem willen und diner lieben
mûter ze eren und allen den heligen, die man hûtte begât in
der heligen cristanheit, und allen gottesheligen ze lobe und ze
eren in selekeit, da si, lieber herre, mitte zû dir komen sint.

Nu hilf mir, lieber herre, sogetaner wandelunge an minem
lebende, de ich diner heligen geselle mûsse werden in ertriche
alse in heligem lebende, de ich in dinem riche ir gesellschaft

möge besitzen vor dinem heren antlütze und alle die mit mir, die mines gebettes begerent.

LII. *Wie sich die miñende sele neiget under die hant gottes.*

Ich sprich minen fûnf siñen zû: Neigent ůch vnder die almehtigen haut gottes, wan die viende von der helle müssen sich neigen und bôgen, wie homûtig si sint, in iren vûrigen banden vnder dem herten getwange des almehtigen gottes.

> Die in dem vegfûr sint,
> Die müssent sich neigen in irre schult vnder die bûsse,
> Untz in die jungesten stunden,
> De si luter werden vnnden.

Die sûndere vf dem ertrich, die müssen sich neigen vnder die burdin irre schult in dem vrteile mit der rûwe in die bûsse oder in die ewigen helle.

Die gûten lûte vf deme ertriche die müssent sich neigen mit der ... ') in die bûsse alle ir tage.

Die vserwelten reinen die vnsern herrengot mit allen trûwen meinent, die sint sere betwungen, und si lident manigen heligen kumber. Si ñeigent und bôgent sich vnder alle pine und vnder alle creaturen mit swebender miñe. In ist homût vil tûre. Hie an sol ich gedenken, und ich wil und mûs vsser demselben napfe triuken, da min vater vs getrunken hat, sol ich sin rich besitzen.

Das himelrich neiget sich mit allen heligen engelen mit wuñeklicher helikeit, wan de si sint und lebent, de hat in got vergebens gegeben.

> Die heligen neigent sich und bôgent sich vor gotte
> In vliessender miñe und wuñenklicher gerunge
> Mit vlizeklicher annemekeit.
> So danken si gotte,
> De inen sine gaben in iren nôten
> In ertriche we so miñeklichen bereit;
> Damit vertrûgen si alles ir herzeleit.
> Also mûsse mir geschehen,
> Wan ich ôch dur sine liebin
> In manger pine bin.

') Das Wort fehlt in der Handschrift.

LIII. Von dem gevengnisse geistlicher lúten.

Mich erbarmet in minem herze der kumber diser samenunge
da ich bin. Do sprach ich in der naht in der einóte mines
herzen vnserm herren alsus: Herre, wie behaget dir dis gevceng-
nisse? Do sprach vnser herre: Ich bin gevangen in im. — In
diseme worte wart mir gegeben der sin aller dirre worten alsus:
Ich vastete mit in in der wostunge.
Ich wart bekort von dem viende mit in.
Ich arbeite alle mine tage gezogenliche in nützer vruht mit in.
Ich wart verraten mit hasse mit in.
Ich wart verköffet ime glöben mit in, also si sich offenten mir in gotzdienste.
Ich wart gesûchet in der vare mit in.
Ich wart angegriffen mit in in ganzem grime.
Ich wart gevangen mit giriger abgunst mit in.
Ich wart gebunden in der gehorsami mit in.
Ich wart verspottet in grosser vngunst mit in.
Ich wart georschlaget mit grosser vnschult mit in.
Swas si nôte hôrent, de sol si nit betrûben.
Ich wart für gerihte gezogen mit in als ein schuldig diep.
Des sont si gedenken im capittele und in der biht.
Ich wart gegeiselet mit in; alse si sich geiselent, so sônt si min gedenken.
Ich trûg min crúze mit in.
Weñe si beswerent sint, dabi sôllent si gedenken min.
Ich wart mit in an de crúz geschlagen,
Dur de si gerne liden und nôte cumber clagen.
Ich bevalch minen geist an minem tode minem vater mit in;
Also sôllent si sich mir bevelhen in allen iren nôten.
Ich starp mit in in einem heligen ende,
Also sol los werden alle ire gebende.
Ich wart begraben mit in in einem irdenischen steine;
Also sôllent si wesen und beliben, von allen irdenischen dingen reine.
Ich stûnt vf von dem tode, also sônt si jemer von iren brúchen vfstân,
So mögent si die himelschen clarheit in ire sele enpfân.
Ich vôr ze himele mit miner gotlichen craft,
Dar sôllent si mir volgen in aller dirre vorhte maht.

Ich hoffe des werlich, de ir de ane vnderlas leistent und
hekeñent. An wem es noch nit ensi, das müsse noch der ware
got an ime vollebringen!

LIV. Von vier dingen des gelöben.

Das man cristanliche gelöbet an got, und de man got he-
lekliche miñet und de man Jesum Cristum werliche bekeñet, de

man siner lere getrůwelichen volget untz in des menschen ende,
des gelöb ich, das man in disen vier dingen de ewige leben
vinde. Wir gelöben cristanliche, niht alse juden, noch als vn-
gelöbige cristanlůte. Si wellent gelöben gotte und nit an sin
allerheligosten werk die er worchte, das ist, de er vns sin ein-
gebornen sun gegeben hat; den versmahent si. Herre got de
clagen wir dir. Wir gelöben ime vntz an den willen gotz, da
er vns sin eingebornen sun gesant hat in dise welt. Wir ge-
löben an die werk und an den tot vnsers herren Jesu Cristi, da
er vns mitte gelöset hat. Wir gelöben an den heligen geist,
der alle vnser selekeit vollebraht hat in dem vatter und in dem
sun und noch vollebringet in allen vnsern gůten werken.

Wie söllen wir got helekliche miñen? Wir söllen alles de
miñen de die helige drivaltekeit heisset. Got hat die sünde nit
geschaffen, darumbe hasset er si an vns. Got miñet die gůte
an vns, die er selber ist.

Wie söllen wir Jesum Cristum bekeñen? Bi sinen werken
söllen wir in bekeñen und söllen in vber vns miñen. Wie söllen
wir siner lere volgen? Als er vns geleret hat und sine volgere
vns noch lerent. Diewile de wir hie sint, so wirt vnser selekeit
gemeret.

LV. *Also schribet ein frúnt sineme frúnde.*

Wand du got miñest vber dine menschlichen maht, wand
du got liep hast mit aller diner sele craft, wan du got bekeñest
mit aller diner sele wisheit, wan du gotzgabe enpfangen hast
mit maniger heliger dankberkeit, — darumbe sende ich dir
disen brief.

Der grosse vbervlus götlicher miñe, die niemer stille stat
und vlússet jemer me ane vnderlas, ane allerhande arbeit, mit
also sússem vlusse jemer vnverdrossen, de vnser clein vesselin
vol und vbervlússig wirt, — wellen wir es nit verstopfen mit
eigenem willen, so vlússet vnser vesselin jemer über von gotz
gabe.

Herre, du bist vol und machest vns öch vol mit diner gabe.
Du bist gros und wir sint clein, wie sollen wir dir glich werden?

Herre, du hast vns gegeben und wir sollen och vurbas geben. Alleine wir ein cleines vesselin sin, so hastu es doch gefullet. Man mag ein clein vol vas so dike giessen in ein grosses vas, de das grose vas vol wirt von dem cleinen vasse. Das grosse (ist) die gnûgunge gotz, die er von vnsern werken cupfât; wir sin leider also cleine, de vns ein vorhtelin von gotte oder von der heligen schrift also vol machet, de wir nit me mögen zů der stunde. So giessen wir die gabe aber wider us in de grosse vas de got ist. Wie sollen wir das tůn? Wir sollen es mit heliger gerunge giessen uf die sundere, de si gereiniget werden, so wirt es aber vol. So giessen wir es aber vf die vnvollekomenheit geistlicher lûte, de si vurbas criegen und vollekomen werden und bliben. So wirt es aber vol, so giessen wir es aber vs uf die not der armen selen, die in dem vegefûr qwelent, de in got dur sine gûte ir manigvaltige not beneme. So giessen wir (es) mit heliger barmherzekeit (vf) die not der heligen cristanheit die in manigen sünden stet. Vnser herre got hat vns allererst gemînet, er hat och allererst für vns gearbeitet, er hat och dur uns allermeist gelitten. De selbe sollen wir im widergeben, wellen wir im glich wesen.

Also sprach vnser herre zů einem menschen: Gib mir alles de din ist, so gib ich dir alles de min ist. Das widergelt der mine de wir got leisten, de ist vil sûsse. De widergelt der arbeit de ist vns leider vil dike swere, wan de die mine hat inwendig verzert, des mûs leider der mensche vnderwilen vswendig enbern. Wie swere de si, vraget man mich? De möhte ich doch mit menschlichen sinen niemer vurbringen. Vnser herre hat vil vûr vns gelitten bis in den tot. Nu dunket vns leider ein cleines liden also gros, des mûs ich mich selber versmahen und gotte clagen, de ich also cleine tugende han. Die mine machet liden sûsse, me dene man gesprechen möge, und wellen wir got werden glich, so müssen wir sigen über manigen strit. De gehûgenisse gotz und der minenden sele kumet zesamene glicherwis als dû suñe und der luft mit der edelen gotzkraft sich zesamene mengent in einem sûssen gedrenge, de die suñe dem luft sin keltnisse und vinsternisse vberwindet.

De man nit mag gemerken es sie alles ein suñe;
De kumet von der gôtlichen wuñe.
Got gebe vns und behalte vns allen dise miñe! Amen.

LVI. Wie got rûret sine frúnde mit der pine.

Sweñe der mensch eine trûbekeit hat,
Da er nit nach erstat
Und cleine schulde an im hat;
Alsus spricht vnser herre darzû:
Ich habe si gerûret. *Glosa.*
Ze glicher wis als mich min vatter ruôren lies vf ertriche,
Also, die ich zû mir zühe vf ertriche,
Deñe tût der zug vil we.
Si sôllent de vúrwar wissen,
So ich si swerer zû mir zühe
Je nahor si mir koment.
Weñe der mensche vber sich selber gesiget,
Also de er pine und trost glich wiget,
So wil ich in in die sûssekeit heben,
Also sol ime smeken das ewige leben.

LVII. Ein wenig von dem paradyso.

Dis wart gewiset und ich sach wie das paradys geschaffen
was. Siner breiti und siner lengi, der vant ich kein ende. Do
ich erste zûkam, de we zwischent dirre welte und des paradyses
begiñe, do sach ich bôme, lôp und clelich gras und nit vncrutes.
Etteliche bôme trûgen ôppfel und dû meiste menigi nit wan lôp
mit edelme gesmake. Snellû wasser vliessent da durch und
sudenwind zû norden. Do begegente in den wasseren irdenschû
sûssekeit getempert mit himelscher wuñe. Do we der luft sûsser
deñe ich gesprechen mag. Da iñe was tier noch vogele, wan
got hatte es alleine dem menschen bevolhen, de er mit gemache
da iñen wonen solte.

Do sach ich zwene man iñe, de we Enoch und Helyas.
Enoch der sas und helyas der lag an der erden in grosser iñe-
keit. Do sprach ich Enoch zû. Ich vragete in, was si lebten
na menschlicher nature? Do sprach er: Wir essen ein wenig
von den ôppfelen und trinken ein wenig des wassers, de der
lichame sine leblicheit behalte, und de grôsseste ist.die gotzkraft.
Ich vragete in: Wie keme du har? — Ich kam har, de ich nit

wiste wie ich har kam und wie mir was ê ich har sas. Ich
vragete vmbe sin gebette. — Gelôben und hoffunge, darus betten
wir. — Ich vragete, wie îm were, eb in it verdrusse da zů
sinde. Do, sprach er: mir ist alles wol und niergen we. —
Vôrbtestu iht vor dem strite, der da in der welte noch sol ge-
schehen? — Got sol mich waffenen mit siner craft, de ich dem
stiche (stehen?) wol vermag. — Bittest du iht vůr dů cristan-
heit? — Ich bitte das si got von sünden löse und bringe in sin
riche. Elyas rihte sich vf; do we sin antliz schône vůrig, himel-
var, als wissů wolle we sin har. Si waren gekleidet als arme
mañe, die mit dem stabe vmb ir brot gant. Do vragete ich
helyam, wie er bettete vůr die cristanheit. — Ich bitt barmherzig,
diemûtig und getrůwe unde gehorsam. — Bittest ṽt vůr die
selen? — Ja, als ich gere, so wirt ir pine gemindrot.¹) Als ich
bitte, so gat öch die pine abe. — Werdent si it gelöset? — Ja,
ville. — Warumbe hat ṽch got harbraht? — Das wir helfer sin
der cristanheit und gotz vor dem iungesten tage.

Ich sach zwivalt paradys. Von dem irdenschen teil han ich
gesprochen; das himelsche ist da oben, de hat de irdensche teil
beteket vor allem vngewitter. In dem höhsten teil da sint iñe
die selen, die des vegevûres nit wûrdig waren und doch noch
nit in gotz rich waren komen.

> Si swebent in der wuñe
> Als der luft in der suñe.
> Herschaft und ere, lon und cronen
> Habent si noch nit, eb si in gotzrich komen.
>   Sweñe alles ertrich zergat
> Und de irdensche paradys nit gestat,
> Als got sin gerihte hat getan,
> So sol de himelsche paradys öch zergan.
> Es sol alles in dem gemeinen huse wonen
> De (was) zů gotte wil komen.
> So ensol kein siechhus me wesen;
> Wer in gotz rich komet,
> Der ist vor aller sûchete vrî.
> Gelobet mûsse Jesus Cristus wesen,
> Der vns sin riche hat gegeben!

---

¹) Hier scheint eine Frage zu fehlen.

LVIII.   Von Sante Gabriel.

Helig engel gabriel, gedenk min!
Miner gerunge botschaft bevilhe ich dir.
Sage minem lieben herre Jesu cristo,
Wie miñesiech ich sie nach ime.
Sol ich jemerme genesen,
So mûs er selber min arzat wesen.
Du maht ime in trûwen sagen,
Die wunden die er mir selber gesclagen,
Die mag ich nit langer vngesalbet tragen
Und ungebunden.
Er hat mich gewunden
Untz in den tot;
Lat er mich nu ungesalbet ligen,
So mag ich niemer genesen.
Weren alle berge ein wuntsalbe
Und alle wasser ein arzatin trank
Und alle bôme mit blûmen ein heilsam wundenbant,
Damitte môhte ich niemer genesen.
Er mûs sich selber in miner sele wunden legen.
Helig engel gabriel, gedenk min!
Dise miñe-botschaft bevilhe ich dir.
Swer got liep haben welle,
Diser miñebrief erweket sine siñe,
Ob er got volgen welle.

LIX.   Wie die botschaft für got kam.

Ich habe die warheit in mime geiste wol vernomen,
Min botschaft ist zû gotte komen.
Die antwort die mir da wider sol komen,
Die ist so gros,
So creftig, so grundelos,
So manigvaltig, so wuñerich und so überclar,
De ich si nit mag enpfän,
Diewile ich irdensche wesen sol,
Ich entscheide aller ein cleine wile
Von diseme armen leben.
Also de ich da niemer blibe.
Nu mûs ich beswinde der rede geswigen;
Ich enmohte nit me davon enpfän,
De man offenlich davon sprechen sol
Mer ich sach sant Gabrielen in wuñenklicher ere
In der hiñelschen hôhin vor gotte stân,
Als ich arme es mohte enpfän.

Im waren angetan
Nûwi miñevúrige cleider, die wurden ime ze lone,
Do er ware botschaft so erlich werben kan.
Sin antliz sach ich miñevúrig spilende clar.
Er was mit der gotheit vmbevangen und durgangen.
Sine wort mohte ich noch verstân noch gehôren,
Wan ich bin noch glich einem irdenschen toren.

LX. *Wie das kint gesehen wart.*

In der naht, als gotz sun geboren wart, do wart das kint
gesehen in armen túchern bewunden und mit snûren gebunden.
De kint lag alleine vf dem herten ströwe vor zwein tieren. Do
sprach ich der mûter zû: Eya liebû fröwe, wie lange sol din
liebes kint alsust eine ligen? Weñe wiltu es nemen vf din schose?
Do sprach vnser vrowe, si enlies doch de kint niergen vs iren
ôgen; si reichte im ir hende[1]) und sprach: Es sol dise siben
stunden under naht und vnder tage vf diseme ströwe ligen. Siu
himelscher vatter wil es also. Dem himelschen vatter we sunder
wol damitte, de bekante ich do. Ich bat de kint vúr die, die
sich mir bevolhen hatten. Do sprach ein stiñe vs dem kinde,
es regte doch sinen munt niergen: Wellent si mich halten in
irme gehúgenisse, so wil ich sie halten in minen hulden. Ich
han in nit ze gebende deñe minen lip und de ewige leben. In
presepio de kint lag vf dem ströw herten, sin himelscher vatter
wolte also.

LXI. *Wie man sich bereiten sol zû gotte.*

De der vogel lange bi der erden ist, da mitte verböset er
sine vlúgel und sine vedern werdent swere. So hebet er sich
vf in eine hôhin und weget sine vederen und zûhet sich vf in
eine hôhin also lange, untz er den luft ergriffet, so kumet er
in dem vluge. Je lenger er vlúget, je er wuñenklicher swebet,
kume als vil de er de ertrich berûret de er sich labe. Also hat
ime der miñe vlúgel die irdensche wollust benomen, glicher wis
sollen wir vns bereiten, also wir zû sollen komen. Wir sollen
die vederen vnser gerunge jemer vfwegen zû gotte. Wir sollen

---

[1]) Handschrift: in ir hêde.

vnsere tugenden und unsrû gûten werk hohen mit der miñe,
wellen wir hie nit abe lassen, so werden wir gottes iñe.

(Vacat.)

Eya begerende miñe,
Du rûffest manige sûsse stiñe
In de ore dines lieben herren;
Din rûwe die ist cleine.
Nu frôwe dich und swige nit,
Er wil sich noch mit vrôden zû dir keren.

Eya sinkende miñe,
Du lidest manige sûsse not,
Din ellende de ist gros.
Wie soltu Jesum gewiñen?
Er löffet dir alzelange vor.
Du hast in doch vûr die sûnde erkorn
Und hast dich selber in im verlorn,
Des mûst du manige pine liden;
Ich wil mich in ime erholen.

Eya *volle*¹) miñe,
Du spengest sere min herze und mine siñe,
De ich balde wil von hinan,
Ich enkan dich doch nach wunsche nit gewiñen,
So mûs ich doch nach jamer miñen.

Eya creftige miñe, du bist in grosser hûte,
Du meinest alle ding mit gûte,
Du tragest sere über alle not,
Din hoffunge und din gelöbe ist gros,
Du solt vberwinden alle din not.

Eya wisû miñe, du hast helige ordenunge,
Wie du got dariñe lobest und bekeñest
Und sinen willen in allen dingen vollebringest.
Tûstu dis mit trûwen,
So mahtu in gotte rûwen,
Haran wil ich mich vrôwen.

LXII. *Wie die jungfrowen dienent ir frôwen der künegin.*

Also die rede wart geoffenbaret einem menschen in sinem
geiste alsust: Ich sach einen weg, der gieng von osten da
die suñe vfgat, untz in westen da si vndergat. In dem
wegen wandelten alle die von gûtem willen sint ze gotte. Si
wandelten alle bi tale und ileten doch vngeliche. Si wandelten

¹) Handschrift: wlû — wole?

alse bilgerine, die gelassen hetten dc si liep hetten und wolten
süchen dc allerbeste, dc got ist. Semliche kerten wider mit der
wollust, die si gelassen hatten und die vollegiengen nit. Sem-
liche rûweten in dem grase der manigvaltigen wollust und in
dem blûmen der italkeit, die bliben vil lange in dem wege.
Den wirt danach vil swere beseme des bitteren vegcvûres ge-
geben, eb si doch ane hôbetsünde lebent.

Hiezû antwurt vnser herre alsus: Semliche lûte, die wan-
delnt mit gûtem willen an heligen werken, und hant doch an
în selben also swere sitten und machen sich mit ire swindekeit
also vnbekeme, dc man si kume mag erliden, în den lûten ist
min vrteile behalten. Si solten sere min barmherzekeit süchen
mit diemûtigen worten, so behielten si ire gûten werk vnverlorn
und die bitterkeit irs herzen wûrde ze nihtc, also môhten si zû
în selber komen. Der mine barmherzikeit sûchet, der mag
vinsternisse nit erliden.

Einer gieng alleine in dem wege. Das wc davon, dc ime
irdenschû wollust an siner sele nit einen trost mohte geben.
Do sach er zwôi menschen vor im gan. Der eine gieng zer
lingen hant der ander ze der rehten hant des weges. Do vra-
gete der mensche, wer si weren und wes si pflegen. Do sprach
der zer lingen hant:

Ich bin gotz gerehtekeit,
Gotz gerihte dc wart mir gegeben, dc ist min,
Do Adam in dem paradyso sünde tet.
Min gerihte hat gewesen lange und gros;
Nu ist gekomen dise jungfrowe, die bi mir gat,
Die ist worden min genos,
Die heisset barmherzekeit.
Alle die si sûchent und steteklich anrûffent,
Die vberwindent alles ir herzeleit.
Si ist sere vollekomen,
Si hat mir mine rehtekeit benomen.
Swas kumbers an dem menschen geschihet,
Und der dene mit rûwe zû mir vlûhet,
So leit si ire senfte hant vf dc crumbe,
So stân ich als ein tumbe
Und mag dawider nit getûn.
Dis machet alles der geware gottes sun,
Der hat mir mit siner barmherzekeit

Benomen mine grôsten gerehtekeit.
Si trôstet den betrûbeten, si heilet den wunden,
Si vrôwet alle die zû ir komen,
Si hat mir grossen gewalt benomen.
Si hat mich liep und ich sie;
Wir sôllen jemer bisamen sin
Untz an den jungesten tag, so ist dc gerihte min.
    Gottes gerihte und gottes gerehtekeit
Dc ist nit alles ein.
Das gerihte erteilet die schulde,
Die ime ane rûwe vorgevallet,
Die gerehtekeit ist ein helig leben, [1])
Die hat got allen sinen lieben vrûnden gegeben;
Der wolte er selber an sinem lebende pflegen,
Wan er in allem sinem tûnde gereht wc;
Also weis er dc wir pflegen,
So môgen wir luter mit im wesen.

Dirre gottes barmherzekeit und sines sunes helige gerehte-
keit, die er selber hielt in ertriche an sinem lebende und ir
beider heliger geistes gabe, dem volgete in dem wege ein er-
lichû schar. Die waren alle jungfrowen glich. Do ich si sach,
do bekañte ich alle wol, doch so wolte ich si vragen vf de,
dc ich antwurt von in haben wolte. Ich vragete wer si werin
und wc ambahtes si pflegen. Do sprachen si:

Wir sin jungfrôwen edel und wolgezogen.
Und dienen gotte ze sinem lobe
An siner allerliebsten kûnigiñe,
Die got hat erkorn ob allen dingen, —
Dc ist des menschen sele und lip.
Wir dienen vnser vrôwen der kûnigiñe,
Dc si mit allem vlise und mit allen irem siñe
An allen dingen irs herren willen vollebringe
In cristanlicher ordenunge,
So wirt si niemer schuldig vunden.
    „Vrô wisheit, wc kûñent ir dienen
Mit vwer swester der bescheidenheit?" —
Wir leren mine vrôwen die kûnegin,
Dc si jemer kûñe scheiden dc bôse von dem gûten
Mit gôtlicher wisheit
In heliger bescheidenheit,
Dc si denken wie es nu si

[1]) Das biblische: justitia justus.

Und wie es noch môge komen.
Des gewiñet si in allen dingen vromen.
   „Vrŏ warheit, was kŏnent ir dienen ze hove
Mit ûwer swester der helikeit?" —
Ich diene mineme herrn und miner vrŏwe der kûnegin
Mit allen trûwen, dc si irme herren
In allen iren nôten jemer getrûwe sin;
Davon blibet si sicher und vri,
Und dc si jemer inwendig helig si,
In allen dingen irme herren vndertan,
So blibet si vswendig lobesam.
   „Vrŏ diemûtekeit, wc kŏnent ir dienen
Mit vwer swester, der senftmûtekeit?"
Ich lere mine vrŏwen, die kûnegiñe,
Da si mines herren willen
Und alle sine gaben von herzen miñe.
So mag si rûwen in heliger sânfmûtekeit,
So vertribet si mit vrŏden als ir herzeleit.
   „Vrŏ miltekeit, wc kŏnent ir gedienen
Mit ûwer swester der gehorsamkeit?"
Ich lere mine vrŏwen die kûnegin,
Dc si je mit gerender gotzmiñe
In irme gebette milte si
Den bôsen und den gûten,
Den lebenden und den toten.
Der schatz ist manigvalt und gros,
Der kunt aller wider in ir schos.
Wil si tûn irs herren willen,
So sol si die helige gehorsami
In allen iren werken vollebringen,
So blibet si gotz kûnegin.
   „Vrŏ starkeit, wc kŏnent ir gedienen
Mit vwer swester, der stetekeit?" —
Ich lere mine vrŏwen, dc si stark si in allem strite,
So mag si in irme riche bliben.
Dc si jemer stete si,
So blibet si je von irme herren vri.

Dirre jungfrŏwen ist vil ane menschlich zal, wan alles dc
der gûte mensche in got tût inwendig und vswendig, da hôrent
alles tugenden zû. Mit disen jungfrŏwen in dem wege wandelte
ein gros herre, der wc glich eime heligosten und eime aller-
gewaltigosten bischof, dc wc vnser cristan gelŏbe, der wc vûrig
in biñen und brante alles von gotlicher miñe. Mit allen disen
tugenden diente er diser kûnigiñe. Oben in der hôhin swebte

ein jungfröwe, die we glich eime guldin aren. Si we vmbe-
vangen mit eime himelschen schine, si lûhtete und si lerete und
si temperte alle dise jungfröwen ze dienste irre vröwe der
kúnegin.

Dise miñe wonet in dem cristangelöben, si rûwet in dem
palaste ir vrowen der kúnegin. Das ist ir ambaht.

Das si liep zû liebe twinget.
Got zû der sele und die sele zû gotte,
Darumbe stat si in dem ersten gebotte.

LXIII. Gotz wille ist ein fúrste in allem wesende.

Stete gerunge in der gerunge,
Stete wetage in lichamen,
Stete pine in den siñen,
Stete hoffunge in dem herzen nach Jesu alleine.
Alle die sich selber verlassen habent in gotte,
Die merkent wol we ich meine.
Ich was zwene tage und zwo naht
In also gros ungemach komen,
De ich hoffenunge hate, de min ende were komen.
Do dankete ich gotte als verre ich mohte vmb sine gaben.
Do gerete ich zû gotte, de er mich zû ime neme,
Ob es sin liebste wille were.
„Jedoch herre, mag din lop davon iht gemeret werden,
So wil ich gerne dur dine liebin blîben
In disem armen libe.
Herre, ich han gelebt alsus manig jar und manigen tag,
De ich dir herre, nie also swere oppfer gegab.
Herre din wille geschehe und nit der min,
Wan ich min selbes nit enbin,
Mer in allen dingen din.“

Do sach ich in verren hohe ein bereitunge der heligen, als
eb si komen wolten zû minem ende. Ire personen die si waren,
der ensach ich nit zwischen în, wan mir we ein also creftig
lieht, das da in mitten schein, das mich das duhte, do ich mit
în were ein. Dis we hohe in dem westen, da die suñe vnder-
gât. Von norden waren komen vbele geiste, die hielte da bi,
die mûsten min gerihte besehen. Si hatten sich zesamen ge-
wunden und waren getwungen als die beslagenen hunde. Si
wrgetent mit irme halse ze mir. Ich vorhte iro nit, ich vrö-
wete mich.

Do bekañte ich dc si got ze eren dar müssent komen,
Da got sinen vrúnden alle ir not hat benomen,
Und si defie mit irme lastere wider zû der helle komen.
In disen dingen wart mir in minem libe
Eine wandelunge gegeben,
Do ich mûste bliben
In disem bitterm, ellendigem leben.
Ich was also sicher und also vri,
Ane vorhte und ane pine. O wi, o wi, o wi!
Und de do nit mohte bliben im tode gotz gûte,
So were mir nu we ze mûte.
Hette ich nu menschliche maht und götliche mine,
So wolte ich nu allererst gotte dienen beginñen;
Das wolte ich vf ein gûte ende bringen,
Als ich jo wolte und noch wil.

LXIV. *Wie got dem menschen dienet.*

Alsus spricht ein betlerin in irme gebete ze gotte: Herre ich danke dir, sit du mir mit diner mine benomen hast allen irdenschen richtûm, dc du mich nu cleidest und spisest mit vrömdem gûte, wan alles das mir in eigenschaft mit wollust nût in dem herzen cleidet, das mûs mir alles vrömde wesen.

Herre, ich danken dir, sit dû mir benomen hast die maht miner ögen, dc du mir nu dienest mit vrömden ögen.

Herre, ich danken dir, sit du mir benomen hast die maht miner henden....

Herre, ich danken dir, sit du mir benomen hast die maht mines herzen, dc du mir nu dienest mit vrömden (henden und) herzen.

Herre, ich bitte dich vûr si, dc du es in wellest lonen in ertrich mit diner götlichen mine, dc si dir mûssen vlehen und dienen mit allen tugenden untz in ein helig ende. Alle die mit luterm herzen allû ding lassent dur gotz liebin,

Die sint alle erzebettelere;
Die söllent an dem jungesten tage
Dc gerihte besitzen mit Jesu vnserm lösere.
Herre, alles dc ich dir clage,
Dc mûsestu wandelen an mir und an allen súnderen. -
Herre, alles des ich dich bitten,
Des mûsestu mich geweren
Und allen vnvollekomenen geistlichen lúten,

Dur din selbes ere.
Herro, din lop müsse an minem herzen niemer geswigen,
Swas ich tû, lasse und lîde. Amen.

LXV. *Wie got die sele zieret mit der pine.*

Swene die jungfröwen ze allen ziten sint gekleidet nach
dem willen irs brütegömes, so bedürfent si nihtes me dene hoch-
zit cleidern, de ist, de man pinevol si in süchede, in wêtagen
in anvehtunge und in manigem herzeliden, des wir vil vinden
in der sündigen cristanheite.

Dis sint die hochzitcleider der minenden sele; aber die werk-
tagcleider, das ist vasten, wachen, discipline, bihten, süfzen,
weinen, betten, vörhten die [1]) sünde, herte getwang der sinen
und des libes in gotte dur got, süsse hoffunge und ane vnderlas
mineckliche gerunge, und ane vnderlas ein bettende herze in
allen werken. Dis sint die werktagcleider des güten menschen.
Swene wir siech sin, so tragen wir die hochzitcleider; swene
wir aber gesunt sin, so tragen wir die werktagcleider.

Alsust spricht der gepineget licham zû der ellendigen sele:

Wene wiltu vliegen mit den vedern diner gerunge
In wuneklichen höbin, zû Jesu, diner ewigen liebe?
Danke im da, vröwe, für mich,
Alleine ich snöde und unwirdig si,
De er doch min wölte sin,
Do er in die ellende kam
Und vnser menscheit an sich nam,
Und bit, de er mich ane schult behalte
In sinen lutern hulden untz in ein helig ende,
Wene du, liebü sele, von mir wendest.

Die sele. Eia min allerliebste gevengnisse,
Da ich ine gebunden bin,
Ich danken dir alles, des du hast gevolget mir.
Alleine ich dike betrübet bin von dir,
So bistu doch mir ze helfe komen.
Dir wirt noch alle din not benomen
An dem jungesten tage.
So wellen wir nit me clagen,

---

[1]) Handschrift: dîse.

So sol es vns allen wol behagen,
De got mit vns hat getan,
Wiltu du nu vaste stan
Und süsse hoffunge han.

Die gehorsami ist ein helig bant, si bindet die sele ze gotte und den lichamen zů Jesu und die fünf siñe ze dem heligen geiste. Je langer si bindet, je me die sele miñet. Je snôder sich der licham haltet, je snôder sinů werk vor gotte, und vor den lûten mit gûtem willen.

Explicit liber.

Zusatz über die sieben tagzeiten.

(Von gleicher Hand und gleichzeitig.)

Man sol prûven ze mettinzit, eb die craft der gotheit an die sele komen si, und habe den menschen vfgezogen von der kargheit dines libes und der blintheit dines herzen. Da hôrent zwene gezüge zû, ein binunge des libes mit einem sûchenden vlisse, stetekeit des geistes in gotte.

Man sol prûven ze primezit, eb die wisheit der gotheit an die sele komen si, de man bekeñen kôñe vollekomenheit und vnvollekomenheit. Da hôrent zû zwene.... [1])

Man sol prûven ze mittem morgenzit, eb de für der gotheit an die sele komen si und habe abgebrant alle vleken der sünde. Dazû hôrent zwene gezüge, ein herzeklich blangen nach vnserm herren und iñige trehene nach gôtlicher liebi.

Man sol prûven ze mittemtagezit, eb die miltekeit der gotheit an die sele komen si, und habe begeben alle weltliche vründe. Dazû hôrent zwene gezüge, ellendekeit vs allen creaturen, stetekeit des geistes in gotte.

Man sol prûven ze nonezit, we got an das crûze brahte, menschlich barmherzekeit und gôtliche trûwe. Da hôrent zwen gezüge zû, de man vnsern herren bekeñe und de man in miñe. Swie vil tugenden wir hetten, wir sôllen allewegen einen hunger und einen turst haben nach vnserm herren.

Man sol prûven ze vesperzit, eb der vride gotz in die sele komen si, eb der mensche vriden habe mit gotte und mit allen menschen und mit im selber und mit allen creaturen. Dazû hôrent zwen gezüge, swigen und de einôde.

----

[1]) Die Zeugen sind nicht genannt.

Man sol prûven ze completezit, eb de gôtliche wander an die sele komen si, das gotte zûsprach an dem crûze. Dazû hôrent vier gezûge: De man got vlisseklich sûche und de man în behalte in berzeklicher miûe und de man sîn gebruche. Der getrûwe kneht vnsers herren, der sol niemer sin einen tag, er si eintweder an ỷbunge gûter werken oder an vlisse der lere, das er sine siñe lere, wie si got von herzen miñen sôllen oder an bevindunge der sûssekeit oder an gebruchunge der vrôden. Ein reht geistlich mensche, de ist allewege mê besorget vmbe glûke dirre welte, de es ime iht ze sere zûgê, deñe er besorget si vmbe sine notdurft. Das sint, die gotte wol behagent, wer· liche es gange în wol alder úbel.

Bruchstük über mystisches leben von einem unbekanten.

Das edelste und de nûzeste, das alle meister und alle gotz-vrûnde gesprechen mûgent von gotte, de sint die artikel cristans gelôben. Mer nu ist ein verborgen abgrunt in der sele, das rûffet ane vnderlas mit einer wilden, abgrûntlicher vnbegriffen-licher stiñe (vs) deme gôtlichen abgrunde, so de der vernunfte als in einem ôgenblike endeket wirt. So wirt si gereisset in ein ỷberwunderlich gros jagen danach und kan ir doch nit werden in der zit. Mer de hohste, de nützeste und das edelste de ir hie werden mag, de ist, de si allû wort, alle gedenke, alle be-girde, alle miñe, die sele alzemale, nach ir ziehe und versenke und ertrenke in dem gotlichen abgrunde und de die vernunft harus bringe wie gros de sî. De ist doch nûwan (nur) dû al-mûsen schûssele und die brosemen, die von der herren tisch vallent. Und wie hoch und ỷberswenkig de der vernunfte si und schine, als es ir von miñe ze eigen gegeben si, so mag si es doch niemer bas behalten vn sichorlicher, deñe de si es wider von miñen verliere in dem gôtlichen grundelosen abgrunde, da alleine allû ding eweklich iñe behalten siut.

Aber die tegeliche spise, die den ifieren und den vsseren menschen von not bliben můs hie vs, do ist ein vernůnftig warnemen der ordenunge gotz gegen got, gegen im selben, gegen sinem ebenmenschen, der gnůg sin, in welicher wise sie do erbůtet, es sî in tribende zů dem sacramente, oder vf ein ifier abgescheiden růwe, oder zů einem ifiern vernůnftigen reissen, bekefien götliche warheit, oder ze gebet, oder ze offenbarungen, oder ze geistlicher gesiht, oder ze götlicher sůssekeit, oder ze vsseren mifiewerken, oder ze einem vernůnftigen, mifienden, reissenden, claffenden der vrůnde gotz vndereinander, von der edelsten götlichen warheit. Und alles, de hie nůwes geborn und gewufien wirt, de sol also geteilet werden, de de edelste verlorn und wider geoppfert werde in das vorgenant abgründe, und mit dem audern gespiset werde die vorgenant ordenunge in einem einzigen zůnemende götlicher wisheit in Christo Jesu. Dis ist alleine dem rehte willigů armůt und das allervollckomenest leben, danach alle ware gotzvrůnde jagent, und wo in andere wis geboren wirt, de verblibet und vervallet in manigvaltig vngeordent pinlich wise, der got niemer gantwurtet, oder vallent in vngeordent vernůnftige vriheit des geistes und de ist der schedelichest val oder keret sich aber wider zů der welte. ')

') In der Handschrift folgen drei leere Seiten, womit der vierzehende Sextern endet.

Einige Worterklärungen.

Abe, davon.

abegunst, Neid.

achter = after, nach (einem Ziel.)

adan, Athem, auch atten, aten.

agestein, Bernstein, Magnetstein.

ahte, aht, acht.

alleine, obschon.

ambaht, Amt, Dienst..

amehtikeit, Unmacht.

anderhalp, auf der andern Seite.

anderwarbe, noch einmal.

aneth, ohne.

ar, Adler.

arnen, büßen, sühnen.

artedine, Schatzhüterin.

arzat, Arzt; arzatine, Aerztin.

ass, als daß.

aten, atten, s. adan.

aureole, Nimbus, Glorie.

Bagen, zanken, schelten.

bat, Bad.

beiten, warten, entbehren.

bekeme, angenehm.

bekeñen, kennen.

bekoren, versuchen; bekorung, Versuchung.

bermint, Pergament.

besagen, verläumden.

beslagen, geschlagen.

besmen, Besen, Ruthe.

bewellen, bewollen, beflecken.

bewaren, gewahren.

bewisen, weisen, hinzeigen.

beworcht, gewirkt?

bibenen, biben, beben.

biñen, innerhalb; auch: sich für etwas halten.

bleken, zeigen, bloß sein.

bliken, blitzen, glänzen.

blüme (der), Jungfrauschaft.

bobe, über, oben.

bobenheit, Hoheit.

borien, Bohrer.

Bremen, zubremen, murren, zumurren, fremere.

bröde, brodekeit, gebrechlich.

bruch, Raum?

bruchung, Genuß.

bulge, Woge, Welle. Auch Trinkgefäß.

bürnen, brennen.

büten, bieten. . .

C siehe K.

Dahte, Docht.

den, denen.

deñe, dañe, dann.

der, deren.

dilker, Tilger.

doln, tragen, dulben.

drahte, Schwangerschaft, von tragen.

druhten, trinken, pflegen.

dürfeu, bedarf.

durnehtig, vollkommen, ganz.

E, ehe, zuvor.

ē, Gesetz.

eb, bevor.

egeslich, egestlich, scheußlich.

ehte, Eheleute?

eigenschlich, zugehörend.

einvaltig, einfach.

eisen, schaudern, erschrecken.

eisunge, Schauder.

enbeisen, enbizen, genießen.

end, Ort.

engetar (ich), ich darf nicht.

entgelten, gelten lassen.

enthalten, zurückhalten.

entreinen, beschmutzen.

entrihten, verwirren.

entrisen, reis, rirn, entfallen.

entschulden (sich), sich beklagen.

entwichen, erweichen.

erarnen, abbüßen.

erdriezen, satt haben, übersatt sein.

erschellen, erschallen.

ervlougen, in die Flucht jagen, fugere,

erwegen, aufregen.

Ettesw, etzwe, etwa.
F, siehe V.
Gaden, Haus (Kloster).
gebende, Kopfzeug der Frauen.
gebur, Bauer.
gebürlich, wohlanständig.
gedenke, Gedanken.
gegen, entgegen.
gegerwe, heiliger Schmuck, Meßkleid.
gehügenisse, gehügnisse, Gedächtniß.
gelass, Kleid?
gelôte, Gewicht zu einer Wage.
gelten, gelten (aktiv), s. Schuld.
gemeine, gemeinlich.
geneiste, Funken.
genemen, nennen.
genenden, erkühnen.
gere, Begier.
geringe, leicht, flink.
gerûchen, geruhen, belieben.
getempert, richtig gestimmt, geordnet.
getrosten, entbehren.
gewenen, entwöhnen.
gewete, Kleid.
gift, Mitgift, Morgengabe.
grañe, Bart an der Aehre, Schnurrbart.
grans, Schnabel, Rüssel.
grein, greinen, murren.
grel, grell.
grendel, Riegel.
grinen wie greinen.
groiren, gloriren.
Harte, sehr.
heimlich, vertraut.
herten, ausharren.
hinderrede, Nach-Rede (böse).
hitzen, heißwerden.
hohen, erhöhen.
hor, g. hor wes. m. Koth.
horwetig, kothig.
hüffe, Wange.
hüfhaltz, hüffehalz, hüftenlahm.
hügenisse, hüge, Freude.
hülzin, hölzern.
hungerlachen, hungertûch, langes Tuch, in der Fasten die Altäre zu verhüllen.
iergen, irgend.
joch, und doch.
jtal, leer.
juncherre, Junker, Jungherr.
K und C.
careñe, Quadragene, Fasten.
klelich von kle, Samen, fruchtbar.
clote, Klause.
kopf, köpfe, Becher.
kosen, kiesen, wählen.
kouwen, kinwen, Gaumen.

Krank, schwach.
krantwurzen, Wachholder, Juniperus.
kriegen, schreien, zanken.
crisen, chrisam oder kreisen.
culter, culteren, Decke über die Matraze.
kume, kaum.
künde, Kenntniß.
kuñe, Geschlecht, Verwandtschaft.
Langen, erreichen; ast langen?
lassen, nachlassen.
leid, unverträglich, mürrisch.
lid, Glied (Augenlid).
lidig, ledig, frei.
Magen, Kraft, auch Verwandte.
man, Mond.
manslaht, Krieg, Schlacht.
masse, Maaß.
me, mehr.
meit, die meide, froh, Freude.
mer, aber.
mere, als, außer.
meslichor, mäßiger.
miner, minder.
mortlich, tödtlich, bis zum Tode.
mü, muß von müssen.
müre, Morast.
mütwillen, muthiger Wille, guter Wille.
Nar, Narbe.
nemen, nennen.
niet, Haft, Stift.
nuwar, nur.
nüwen, erneuen.
Olei, öl, oleien, die letzte Oelung geben.
ôlú, alle.
Peize, beize, Lockspeise.
pellol bovivir, Pelzträger?
pfeffelich, priesterlich.
pfellel, Seidenstoff.
Qwelen, leiden.
Ram, Rachen, Schlund.
rans, Schnabel, Rachen.
reien, Tanzen, (Reigen).
reise, Kriegszug.
reissen, reizen.
rief, Reif, pruina.
rum, Raum.
runen, flüstern, raunen.
rûren, berühren.
rûch, Häher, Saatkrähe.
rûchen, geruhen.
Sache, Ursache.
saf, Saft.
samenung, Sammlung, Kloster.
schappel, Myrthenkranz.
scheffenisse, Beschaffenheit.
schöpnisse, Schöpfung.
schreigen, anschreien.
schriken, springen.

Sege, Neb.
segen (sich), segnen.
seist, sagst (bu).
selwen, entfärben.
semlich, sämmtlich.
sere, Wunde.
sid dem male, sintemal.
siech, krank.
simelen, Semmel.
sinkrank, blödsinnig.
sinwel, sine-welle, Wölbung.
sleht, einfach.
slinden, sclinden, schlingen, schluden.
smaken, neutr., schmählich, gering sein oder werben.
snöd, ärmlich, verachtet.
sogetan, sogtan, solch.
sömer, Lastträger.
spengen, spannen.
sprechen, heißen.
stein, Fels.
stral, Pfeil.
stüle, Thron; stülen, thronen.
stuppe, Staub.
sümlich, Jemand, sümliche, Einige.
sünlich, kindlich.
surögge, triefäugig.
sus, so.
swarheit, Schwere.
swindekeit, heftiges, zähes Wesen.
Tepet, Teppich, Tapete.
togen, dogen, taugen.
tören, sich bethören.
torsten, dürfen.
tötlich, sterblich.
tris, Schatz; triskamer, Schatzkammer.
trisemvas, Schatz.
tumbe, Narr, (dumm).
twagen, zwagen, zwiden.
twahen, waschen, bunt machen.
tynavel von tiße, Zinne. Auch frontispicium oder Getäfel.
Ueberhere, übergroß.
ufwegen, emporwiegen, aufwiegen.
ulin, Höhle.
umbetal, Umfang.
unberhaftig, nicht gebärend, unfruchtbar.
undersniden, abstechen.
ungebe, werthlos.
ungewandelt, unersetzt, ungeübt?
unschuldigen, von Schuld reinigen, entschuldigen.
unsehelich, unsichtbar.
urlüg, Krieg.
üwele, Eule.

Var, Trug.
vare, Farbe.
vederschlagen, Flügelschlagen, flattern.
verdümet, verbannt.
vergebens, umsonst.
verkiesen, vergessen, übersehen.
verslinden, verschlingen.
verwahsen, kraftlos werden, verwünscht.
verworchten, verwirken, (z. B. die Gnade.)
verzehren, benützen.
vielaten, Veilchen.
vögen, fügen.
volburt, Bestätigung, voll = borten, beistimmen, bestätigen.
volger, Begleiter, Folger.
volleist, volle Leistung, Wirkung.
voren, führen,
vöre, warum,
vörhtelin, kleine Furcht.
vosspor, Fußspur.
vreislich, schrecklich.
vriesen, frieren.
vrom, fremb.
vrome (die), Freude.
vrömelich, nützlich — von frumen, Nutzen.
vröwen, erfreuen.
vülen, fülen, fühlen, wahrnehmen.
vuoge, gefügt, kunstreich.
Waffen! Weh!
wage (die), Wiege.
wan, denn.
war, woher, wohin.
wegen, wenden.
weinig, betrübt.
werlich, beständig, dauerhaft.
westbäre, Plural, die bald nach der Taufe gestorbenen Kinder.
wil, indessen, bieweil.
wirren, werren, hindern, wehren.
wlu, „Eya wlu miße", volle Minne.
wor, worin.
wöstunge, Wüste, Verwüstung.
wrang, ringen, luctari.
wunderlich, sonderbar, launisch, wunderbar.
Zage, furchtsam.
zagel, Schwanz, Schweif.
zelen, zielen, zeugen.
zendal, halbseiden Zeug, Schettertaffel.
zihen, zeihen, anklagen.
zißen, schaffen?
zöfer, Zauber.